普通高等教育新形态教材

ZHENGFU KUAIJI ◀

政府会计

李 莉 丁淑霞 孙 越 ◎主 编

李 琴 毛杰明 ◎副主编
代佳原 张逸忖

U0361858

清华大学出版社
北 京

内 容 简 介

本书依据《财政总预算会计制度》《政府会计制度——行政事业单位会计科目和报表》《政府会计准则——基本准则》和存货、投资、固定资产、无形资产、公共基础设施、政府储备物资、会计调整、负债、财务报表编制和列报、政府和社会资本合作项目合同等 10 项政府会计具体准则以及固定资产准则应用指南进行编写。

本书共分三篇，共十二个项目，每个项目都设定了知识目标和能力目标，介绍了项目任务并进行了任务解析和任务导入。本教材配有丰富的教学资源，并以二维码的方式嵌入"微课视频""在线测试"等相关线上教学内容，体例新颖，表现力丰富。

本书可作为应用型本科和高职院校财务会计专业教学使用教材，也可作为行政事业单位会计人员工作参考工具和培训教材，有助于行政事业单位会计人员尽快掌握新制度的主要变化，规范执行政府会计基本准则、具体准则和政府会计制度。

图书在版编目(CIP)数据

政府会计/李莉，丁淑霞，孙越主编. —北京：清华大学出版社，2022.4(2024.1重印)
普通高等教育新形态教材
ISBN 978-7-302-60374-0

Ⅰ.①政… Ⅱ.①李… ②丁… ③孙… Ⅲ.①预算会计-高等学校-教材 Ⅳ.①F810.6

中国版本图书馆 CIP 数据核字(2022)第 047585 号

责任编辑：刘志彬
封面设计：汉风唐韵
责任校对：宋玉莲
责任印制：沈　露

出版发行：清华大学出版社
　　　网　　　址：https://www.tup.com.cn，https://www.wqxuetang.com
　　　地　　　址：北京清华大学学研大厦 A 座　　　　邮　　编：100084
　　　社　总　机：010-83470000　　　　　　　　　　邮　　购：010-62786544
　　　投稿与读者服务：010-62776969，c-service@tup. tsinghua. edu. cn
　　　质量反馈：010-62772015，zhiliang@tup. tsinghua. edu. cn
印　装　者：三河市铭诚印务有限公司
经　　　销：全国新华书店
开　　　本：185mm×260mm　　　印　　张：17.5　　　字　　数：416 千字
版　　　次：2022 年 4 月第 1 版　　　　　　　　印　　次：2024 年 1 月第 3 次印刷
定　　　价：49.00 元

产品编号：095408-01

前　言

　　中国共产党十八届三中全会提出了"建立权责发生制政府综合财务报告制度"的重大改革举措，于 2014 年新修订的《中华人民共和国预算法》对各级政府提出了按年度编制以权责发生制为基础的政府综合财务报告的新要求。自 2015 年以来，财政部按照改革要求，相继出台了《政府会计准则——基本准则》(简称《政府会计准则》)和存货、投资、固定资产、无形资产、公共基础设施、政府储备物资、会计调整、负债、财务报表编制和列报、政府和社会资本合作项目合同等 10 项政府会计具体准则以及固定资产准则应用指南，政府会计准则体系建设取得了积极进展。2017 年 10 月 24 日，财政部又发布了《政府会计制度——行政事业单位会计科目和报表》(简称《政府会计制度》)，自 2019 年 1 月 1 日起施行，执行本制度的单位不再执行原制度。至此，政府会计核算新的制度体系基本建立。本教材正是基于上述背景，依据政府会计改革的最新内容编撰而成。本教材具有以下特点。

　　一、反映了政府会计改革的最新成果

　　本教材依据以上至今为止国家出台的《政府会计准则》《政府会计制度》和《财政总预算会计制度》，以"财务会计和预算会计适度分离并相互衔接"的会计核算方式为基本原则进行编写，反映了政府会计改革的最新成果。

　　二、体例清晰，操作性强

　　本教材共设计了 3 篇 12 个项目 65 个任务，以"情景化、任务式"体例来呈现教材内容。每个项目以知识目标、能力目标和任务导入为开篇，在讲解理论知识的同时设计了大量的实务案例，并采用宋体和楷体两种字体编写会计分录，便于学生掌握操作技能。每个项目学习结束后，本教材还配有实务训练题，可使教、学、做合一。教材脉络清晰、体例新颖，具有较强的操作性。

　　三、理论适度，突出能力

　　本教材的内容紧紧围绕会计专业的职业能力培养目标展开，理论阐述以"够用"为原则，同时考虑知识的连贯性，系统介绍了各项经济业务的工作流程和账务处理，注重学生职业能力的培养和职业素质的养成。

　　四、印刷精美、资源丰富

　　本教材配有丰富的教学资源，除在讲解时加入了大量的实务案例以外，还在每个项目学习结束后设计了实务训练题。为了教师备课和批改作业的方便，我们还编写了教学课件和实务训练题的答案，为教师教学提供了便利。本书为新形态教材，以二维码形式嵌入"微课视频""在线测试"等相关线上教学内容，体例新颖，表现力丰富。

本教材由甘肃交通职业技术学院李莉教授和丁淑霞副教授及黑河学院孙越担任主编，甘肃交通职业技术学院李琴老师、黑龙江科技大学毛杰明、临沂科技职业学院代佳原及事业单位高级会计师张逸忖任副主编。

本教材可作为应用型本科和高职院校财务会计专业教学使用，也可作为行政事业单位会计人员工作参考工具和培训教材，有助于行政事业单位会计人员尽快掌握新制度的主要变化，规范执行政府会计准则、具体准则和政府会计制度。

本教材在编写过程中得到了编者所在院校的领导、同事的热情帮助和大力支持，并得到一些具有行政事业单位会计工作经验的实务专家的慷慨指导，以及清华大学出版社的大力支持，在此一并深表感谢！

虽然我们在本教材的编写过程中尽了最大的努力，但由于参加编写的同志水平所限，书中难免有不妥之处，恳请专家、学者不吝赐教，希望广大读者多提宝贵意见，以便使之日趋完善。

编　者

目　　录

第三篇　行政事业单位会计

第一篇　政府会计总论

项目一　政府会计概述

知识目标

1. 政府会计的概念、特点和组成体系；
2. 政府会计核算的基本前提和会计信息质量要求，以及会计要素和会计等式；
3. 政府会计报告。

能力目标

通过完成本任务，你应该：

1. 能够了解政府会计的概念、特点和组成体系；
2. 能够掌握政府会计的要素、等式；
3. 能够了解政府会计的科目与账户；
4. 能够了解政府决算报告和财务报告的编制原则。

项目任务

◆ 任务一：政府会计的概念
◆ 任务二：政府会计的主体及其适用范围
◆ 任务三：政府会计的特点及其组成体系
◆ 任务四：政府会计假设和会计基础
◆ 任务五：政府会计信息质量要求
◆ 任务六：政府会计要素
◆ 任务七：政府决算报告和财务报告

▌任务导入 ▌

政府会计准则改革背景与改革方向

我国政府会计核算标准体系基本上形成于 1998 年前后，涵盖财政总预算会计、行政单位会计与事业单位会计，主要以收付实现制为核算基础，以提供反映预算收支执行情况的决算报告为目的，无法准确、完整反映政府资产负债"家底"，以及政府的运行成本等情况，难以满足编制权责发生制政府综合财务报告的信息需求。

2013 年 11 月，党的十八届三中全会通过的《中共中央关于全面深化改革若干重大问题的决定》做出了"建立权责发生制的政府综合财务报告制度"的重要战略部署。2014 年 12 月，国务院批转了《财政部：权责发生制政府综合财务报告制度改革方案》（国发〔2014〕63 号，以下称《改革方案》），正式确立了我国权责发生制政府综合财务报告制度改革的指导思想、总体目标、基本原则、主要任务、具体内容、配套措施、实施步骤和组织保障。

自 2015 年以来，财政部按照改革要求，相继出台了《政府会计准则——基本准则》和存货、投资、固定资产、无形资产、公共基础设施、政府储备物资、会计调整、负债、财务报表编制和列报、政府和社会资本合作项目合同等 10 项政府会计具体准则，以及固定资产准则应用指南。政府会计准则体系建设取得积极进展。2017 年 10 月 24 日，财政部又发布了《政府会计制度——行政事业单位会计科目和报表》，自 2019 年 1 月 1 日起施行，由此，加快了政府会计核算标准体系的建设。

资料来源：财政部会计司网站，〔2017-11-09〕.

会计是随着人类的生产实践而产生的，以货币为主要计量单位，核算和监督经济活动过程的一种管理活动。会计按其核算、监督的对象及适用范围来划分，可分为企业会计和政府会计两大体系。

任务一 政府会计的概念

一、政府会计的含义

企业会计（也叫营利组织会计）是以企业为主体的会计体系，它以资本循环为中心，以营利为目的，以成本核算为重点，核算和监督社会再生产过程中属于生产、流通等领域中各类企业的生产经营资金运动和结果。与政府及非营利组织不同，企业的创立和存在，其基本的目的是获取经营利润。因此，作为企业管理重要组成部分的企业会计，主要是为企业实现其获取利润的目的而服务的。

政府会计（也叫非营利组织会计）是以各级政府部门、行政事业单位为主体的会计体系，政府及行政事业单位不以营利为目的，一般不直接生产物质产品，其目的是通过各自的业务（服务）活动，为上层建筑、生产建设和人民生活服务。在现代社会中，人类的生存和发展，既离不开企业所创造的生产资料和消费资料，同时也离不开政府和行政事业单位对人民日常生活的维护和保障。

政府会计是会计体系的重要分支，它是运用专门的会计方法对政府及其组成主体(包括政府所属的行政事业单位等)的资产负债、运行情况、现金流量、预算执行等情况进行全面核算、监督和报告的会计信息系统。

政府会计由预算会计和财务会计构成。预算会计是指以收付实现制为基础对政府会计主体预算执行过程中发生的全部收入和全部支出进行会计核算，主要反映和监督预算收支执行情况。财务会计是指以权责发生制为基础对政府会计主体发生的各项经济业务或者事项进行会计核算，主要反映和监督政府会计主体财务状况、运行情况和现金流量等。

政府会计以政府预算和行政事业单位预算管理为中心，以国家经济和社会事业发展为目的，以预算收支核算为重心，是预算管理的重要组成部分。国家预算是指国家制订的年度财政收支计划，包括政府总预算和单位预算。国家预算是国家的基本财政计划，国家预算的执行必须依赖政府会计为其记录、核算、反映和监督，没有政府会计为其服务，国家预算就不能顺利执行。可见，政府会计与国家预算有着密切的联系，是国家预算管理的重要组成部分。

二、政府会计的发展与改革

(一) 政府会计的发展

自新中国成立以来，我国政府会计根据不同历史时期的经济体制和财政管理的需要，经历了70多年的实践、总结、改革、发展和完善，已经形成了比较符合我国国情的政府会计体系，在预算管理工作中发挥重要的作用。新中国成立初期和"一五"计划时期，是我国政府会计的起步阶段。

随着我国政治体制改革的不断深入和发展，我国政府会计制度改革也在不断深入。2012年2月7日，财政部重新修订颁布了《事业单位会计规则》，自2012年4月1日起实施。2012年12月，财政部重新修订颁布了《事业单位会计准则》《事业单位会计制度》和《行政单位会计规则》，并自2013年1月1日起全面实施。2013年12月18日，财政部重新修订颁布了《行政单位会计制度》，并自2014年1月1日起全面实施。2015年10月10日，财政部重新修订了《财政总预算会计制度》，自2016年1月1日起实施。

党的十八届三中全会提出了"建立权责发生制政府综合财务报告制度"的重大改革举措，2014年新修订的《预算法》对各级政府提出了按年度编制以权责发生制为基础的政府综合财务报告的新要求。自2015年以来，财政部按照改革要求，相继出台了《政府会计准则——基本准则》和存货、投资、固定资产、无形资产、公共基础设施、政府储备物资、会计调整、负债、财务报表编制和列报、政府和社会资本合作项目合同10项政府会计具体准则，以及固定资产准则应用指南，政府会计准则体系建设取得积极进展。2017年10月24日，财政部又发布了《政府会计制度——行政事业单位会计科目和报表》，自2019年1月1日起施行，由此加快了政府会计核算标准体系的建设。

(二) 政府会计的改革

自新中国成立以来，我国政府会计的改革主要有以下几个方面。

(1) 会计制度名称的变化。总预算会计制度在1951—1953年称为《各级人民政府暂行总预算会计制度》，自1999年至今称为《财政总预算会计制度》。单位预算会计名称与此类似，从最初的《各级人民政府暂行单位预算会计》改为《单位预算机关会计制度》，再改为

《行政事业单位会计制度》。直到 1996 年将该制度拆分为《行政单位会计制度》和《事业单位会计制度》。2017 年又将这两个制度的名称合并为《政府会计制度——行政事业单位会计科目和报表》。

（2）记账方法的变化。记账方法在新中国成立初期为借贷记账法和现金收付记账法并存，到 1954 年实行借贷记账法，从 1965 年开始至 1998 年采用资金收付记账法。随着我国的改革开放，国际交流活动增加，预算会计为与国际会计制度接轨，在 1998 年后改为借贷记账法。

（3）会计等式的变化。会计等式从新中国成立初期的资产负债对应平衡演变到 1965 年的"资产来源－资产运用＝资产结存"，再发展到 1998 年的"资产＋支出＝收入＋负债＋净资产"或"资产＝负债＋净资产"。随着政府会计制度的改革，2019 年政府会计等式变为"资产＝负债＋净资产"（财务会计）和"预算结余＝预算收入－预算支出"（预算会计）。

（4）会计核算基础的变化。2019 年以前，政府会计采用收付实现制进行核算，2019 年以后，则采用收付实现制和权责发生制并行的方法进行会计核算。

任务二　政府会计的主体及其适用范围

一、政府会计的适用范围

政府会计的适用范围，即各级政府（财政总预算部门）、行政机关和事业单位。

（1）我国财政总预算包括中央、省、市（地区）、县、乡（镇）5 级政府的财政预算，即一级政府一级预算。各级政府部门是组织国家财政收支，办理国家预算、决算的行政机关。

（2）行政机关是国家为实现对社会公共事务的有效管理而按一定的法律程序建立起来的组织实体，包括国家权力机关、行政机关、司法机关、检察机关以及各级党政机关和人民团体。

① 国家权力机关：主要指中央和地方各级人民代表大会及其常务委员会的常设机构。

② 国家行政机关：主要指国务院及地方各级人民政府的常设机构及其派出机构。

③ 司法机关：主要指中央及地方各级法院和检察机关。

④ 列入国家行政编制的各党派和人民团体。

军队，在政府预算管理上列为独立的军队财务单位，不作为行政单位。

（3）事业单位是指不具有社会生产职能和国家管理职能，直接或间接为上层建筑、经济建设和人民生活服务的单位，主要包括以下单位。

① 科学、教育、文化、体育、卫生、广播电视等。

② 农林、水利、环保、气象等。

③ 社会保障及其他事业单位（会计事务所等中介机构）。

二、政府会计的主体

会计主体是会计为之服务的单位或组织。政府会计的主体为各级政府、各部门、各单位。各部门、各单位是指国家机关、政党组织、社会团体、事业单位和其他单位，即与本级政府财政部门直接或者间接发生预算拨款关系的行政单位和事业单位。但军队、已纳入企业财务管理体系的单位和执行《民间非营利组织会计制度》的社会团体不是政府会计的会计主体。

需要注意的是，财政总预算会计的主体是各级政府而不是财政机关，因为财政总预算各项收支的使用，是国家各级政府的职权范围，财政机关只是代表政府执行预算，管理财政收支。行政单位会计和事业单位会计的主体，是会计为之服务的各类行政机关和事业单位。

任务三　政府会计的特点及其组成体系

一、政府会计的特点

微课视频 1-1
政府会计特点

政府会计的特点是相对于企业会计而言的。企业会计核算和监督社会再生产过程中生产、流通领域企业经营资金的运动及其结果。政府会计则是核算和监督社会再生产过程中分配领域资金的运动及其结果。政府及行政事业单位不是物质产品的生产单位，只是集中、分配、领取、运用预算资金的单位，其目标在于谋求最广泛的社会效益。由上可知，政府会计与企业会计在核算对象、任务和具体要求上都有区别，因此形成了政府会计自己的特点，主要体现在以下几个方面。

（一）会计核算基础不同

在我国，政府会计由预算会计和财务会计构成，政府会计的预算会计以收付实现制为核算基础，财务会计以权责发生制为核算基础，而企业会计则以权责发生制为核算基础。

（二）会计要素不同

政府会计的预算会计要素分为预算收入、预算支出与预算结余，财务会计要素分为资产、负债、净资产、收入和费用。而企业会计的会计要素则是资产、负债、所有者权益、收入、费用和利润。

由于会计核算基础不同，政府会计比企业会计多了预算会计要素，而两者财务会计要素也不尽相同：一是政府会计不存在所有者权益，对资产与负债的差额表述为净资产。二是政府会计没有利润要素。政府会计投资的主要目的是社会效益，不以营利为目的，仅核算收支相抵后的结余，所以没有利润要素。

（三）会计等式不同

由于会计要素的不同，不同会计主体下的会计等式也是有所区别的。不同会计主体下的会计等式如表 1-1 所示。

表 1-1　不同会计主体下的会计等式

会 计 主 体	会 计 等 式
政府会计	预算结余＝预算收入－预算支出　（预算会计）
	资产＝负债＋净资产　（财务会计）
企业会计	资产＝负债＋所有者权益　（基本等式）
	资产＋费用＝负债＋所有者权益＋收入　（拓展等式）

（四）会计报告不同

政府会计主体应当编制政府决算报告和政府财务报告。政府决算报告包括决算报表和其他应当在决算报告中反映的相关信息和资料，政府财务报告包括财务报表和其他应当在财务报告中披露的相关信息和资料。而企业会计只需编制财务报告，包括资产负债表、利润表、现金流量表和附注。

二、政府会计的组成体系

我国现行的政府会计包括财政总预算会计、行政单位会计和事业单位会计三大主体会计，另外，还包括执行政府总预算出纳保管业务的国库会计，执行政府总预算收入业务的收入征解会计和执行预算基建拨款的基本建设拨款会计等。

（一）财政总预算会计

财政总预算会计，是各级政府财政部门核算、反映和监督各级政府的总预算执行过程和结果的会计。财政总预算会计还包括参与国家预算执行的财政国库支付执行机构会计和预算外资金财政专户会计。

（二）行政单位会计

行政单位会计是指中央和地方各级政府所属行政单位核算、监督本单位预算资金的收支情况及其结果的专业会计。行政单位为实现国家对社会公共事务的有效管理，必须具有一定的资金，其资金来源就是国家财政的预算拨款。行政单位会计必须对财政预算资金的领拨、使用及其结果进行全面、连续、系统的核算和监督。

（三）事业单位会计

事业单位会计是以事业单位自身发生的经济业务为对象，核算和监督事业单位发生的各项经济活动及其结果的专业会计。事业单位资金来源渠道较多，按其接受财政拨款方式可分为全额拨款事业单位、差额拨款事业单位和自收自支事业单位3种。全额拨款事业单位所需事业经费全部由国家预算拨款，如中小学。差额拨款事业单位，按差额比例，财政承担部分，由财政列入预算，单位承担部分，由单位在税前列支，如医院等。自收自支事业单位国家财政不拨款，单位靠业务收入解决资金需要，如咨询服务等中介事业单位、设计院等。

（四）国库会计、收入征解会计、基本建设拨款会计

国库是国家金库的简称，负责办理政府预算资金的收纳和拨付。政府的一切预算收入全部缴入国库，一切预算支出全部通过预算拨付。国库会计是指核算、监督预算资金的收纳和支付的专业会计。收入征解会计是指核算、监督税务机关、海关等组织各项税收的实现、征收、减免、上解入库的专业会计。基本建设拨款会计是指核算、监督基本建设预算资金拨款业务的专业会计。

任务四 政府会计假设和会计基础

一、政府会计假设

会计假设（也称会计核算的基本前提），是对会计核算所处的时间、空间环境所作的合

理设定。它是会计人员面对不断变化的社会经济环境，对会计工作的先决条件做出合理的限定，以确保会计信息的明确性。会计人员在确定会计核算对象、选择会计政策和搜集会计数据时，都要以会计核算的基本假设为依据。政府会计假设包括会计主体、持续运行、会计分期和货币计量。

（一）会计主体

会计主体，是指会计工作为其服务的特定单位或组织，它规定了会计核算和监督的空间范围。政府会计主体包括国家各级政府及各类行政单位和事业单位。如前所述，它们为之服务的特定空间范围是不相同的，财政总预算会计的主体是各级政府而不是各级财政机关；行政单位会计的主体是指会计为之服务的行政单位；事业单位会计的主体是指会计为之服务的各类事业单位。

（二）持续运行

持续运行是指政府会计主体的业务活动在可以预见的将来能够持续不断地运行下去，是针对由于某些因素可能导致会计主体终止经济业务活动的非正常情况而言的，是对政府会计核算的时间范围的限定。因而，政府会计应当以政府会计主体持续运行作为组织正常会计核算的基本前提。

（三）会计分期

会计分期又称会计期间，是指把政府主体持续运行的期间人为地划分为若干连续的、首尾相接的区间，以便分期结算账目和编制会计报表，确定各期间的财务状况、运行情况。会计分期假设是持续运行假设的必要补充。

我国政府会计期间至少分为年度和月度。会计年度、月度等会计期间的起讫日期采用公历日期。会计年度自公历 1 月 1 日起，至 12 月 31 日止。

（四）货币计量

货币计量是指会计主体在会计核算中采用货币作为主要计量单位，对会计主体的各种会计信息以价值形式对外传递，以便综合、全面、系统、完整地反映会计主体的经济活动。根据这一假设，政府会计的核算对象只限于那些能够用货币来计量的经济活动。

我国政府会计核算应当以人民币作为记账本位币。发生外币业务时，应当将有关外币金额折算为人民币金额计量，同时登记外币金额。

二、政府会计基础

政府会计核算基础是指政府会计主体在确认和处理一定会计期间的收入和费用时，选择的处理原则和标准。政府会计核算基础有两种，一种是权责发生制，另一种是收付实现制。

（一）权责发生制会计核算基础

权责发生制，是指以取得收取款项的权利或支付款项的义务为标志来确定本期收入和费用的会计核算基础。凡是当期已经实现的收入和已经发生的或应当负担的费用，不论款项是否收付，都应当确认为当期的收入和费用；凡是不属于当期的收入和费用，即使款项已在当期收付，也不应当确认为当期的收入和费用。

在政府会计主体日常业务活动中，交易或事项的发生时间与相关资金的收付时间并不一致。例如，某事业单位 2019 年 3 月发生电费 2 万元，但该笔电费是在 5 月支付的。按权责发生制的要求，虽然款项在 3 月尚未支付，但相关费用是在 3 月发生的，发生的费用应该在 3 月进行确认。因此，权责发生制主要从时间上规定会计确认的基础，其核心是根据权、责关系实际发生的时间来确认收入和费用，能够更加真实、公允地反映相关政府会计主体在特定会计期间的财务状况和运行情况。

（二）收付实现制会计核算基础

收付实现制，是指以现金的实际收付为标志来确定本期收入和支出的会计核算基础。凡在当期实际收到的现金收入和实际支付的现金支出，均应当确认为当期的收入和支出；凡是不属于当期的现金收入和支出，均不应当确认为当期的收入和支出。

根据收付实现制，货币资金的收支行为在其发生的期间全部记作当期收入和支出，而不考虑与现金收支行为相关的经济业务活动是否发生。例如前述权责发生制的业务，因为电费是在 5 月份支付的，在收付实现制核算基础下，2 万元的电费应确认为 5 月的支出。

任务五　政府会计信息质量要求

政府会计信息质量要求是对政府会计所提供会计信息的基本要求，是处理具体会计业务的基本依据，是衡量会计信息质量的重要标准。政府会计信息质量要求包括以下几个方面。

一、客观性要求

政府会计主体应当以实际发生的经济业务或者事项为依据进行会计核算，如实反映各项会计要素的情况和结果，保证会计信息真实可靠。

二、全面性要求

政府会计主体应当将发生的各项经济业务或者事项统一纳入会计核算，确保会计信息能够全面反映政府会计主体预算执行情况、财务状况、运行情况和现金流量等。

三、相关性要求

政府会计主体提供的会计信息，应当与反映政府会计主体公共受托责任履行情况以及报告使用者决策或者监督、管理的需要相关，应当有助于报告使用者对政府会计主体过去、现在或者未来的情况做出评价或者预测。

四、及时性要求

政府会计主体对已经发生的经济业务或者事项，应当及时进行会计核算，不得提前或者延后，以便使用者及时利用会计信息。失去时效的会计信息，便成了历史资料，将大大降低信息使用者决策的有用性。

五、可比性要求

政府会计主体提供的会计信息应当具有可比性。同一政府会计主体不同时期发生的相同或者相似的经济业务或者事项，应当采用一致的会计政策，不得随意变更。确需变更的，应当将变更的内容、理由及其影响在附注中予以说明。不同政府会计主体发生的相同或者相似的经济业务或者事项，应当采用一致的会计政策，确保政府会计信息口径一致，相互可比。

六、明晰性要求

政府会计主体提供的会计信息应当清晰明了，便于报告使用者理解和使用。数据记录和文字说明要能一目了然地反映经济活动的来龙去脉，对有些不易理解的问题，应在财务情况说明书中做出说明。

七、实质重于形式要求

政府会计主体应当按照经济业务或者事项的经济实质进行会计核算，而不应当仅仅按照它们的法律形式作为会计核算的依据。在实际工作中，交易或事项的外在形式或人为形式并不能完全真实地反映其实质内容，因此会计信息拟反映的交易或事项，必须根据交易或事项的实质和经济现实，而非根据他们的法律形式进行核算。

任务六　政府会计要素

政府会计由预算会计和财务会计构成。政府预算会计要素包括预算收入、预算支出和预算结余。政府财务会计要素包括资产、负债、净资产、收入和费用。

一、政府预算会计要素

（一）预算收入

预算收入是指政府会计主体在预算年度内依法取得的并纳入预算管理的现金流入。预算收入一般在实际收到时予以确认，以实际收到的金额计量。

（二）预算支出

预算支出是指政府会计主体在预算年度内依法发生并纳入预算管理的现金流出。预算支出一般在实际支付时予以确认，以实际支付的金额计量。

（三）预算结余

预算结余是指政府会计主体在预算年度内预算收入扣除预算支出后的资金余额，以及历年滚存的资金余额。

预算结余包括结余资金和结转资金。结余资金是指年度预算执行终了，预算收入实际完成数扣除预算支出和结转资金后剩余的资金。结转资金是指预算安排项目的支出年终尚未执行完毕或者因故未执行，且下年需要按原用途继续使用的资金。

二、政府财务会计要素

(一) 资产

资产是指由政府会计主体过去的经济业务或者事项形成的，由政府会计主体控制的，预期能够产生服务潜力或者带来经济利益流入的经济资源。服务潜力是指政府会计主体利用资产提供公共产品和服务以履行政府职能的潜在能力。经济利益流入表现为现金及现金等价物的流入，或者现金及现金等价物流出的减少。

政府会计主体的资产按照流动性，分为流动资产和非流动资产。流动资产是指预计在1年内(含1年)耗用或者可以变现的资产，包括货币资金、短期投资、应收及预付款项、存货等。非流动资产是指流动资产以外的资产，包括固定资产、在建工程、无形资产、长期投资、公共基础设施、政府储备资产、文物文化资产、保障性住房和自然资源资产等。

(二) 负债

负债是指由政府会计主体过去的经济业务或者事项形成的，预期会导致经济资源流出政府会计主体的现时义务。现时义务是指政府会计主体在现行条件下已承担的义务。未来发生的经济业务或者事项形成的义务不属于现时义务，不应当确认为负债。

政府会计主体的负债按照流动性，分为流动负债和非流动负债。流动负债是指预计在1年内(含1年)偿还的负债，包括应付及预收款项、应付职工薪酬、应缴款项等。非流动负债是指流动负债以外的负债，包括长期应付款、应付政府债券和政府依法担保形成的债务等。

(三) 净资产

净资产是指政府会计主体资产扣除负债后的净额。净资产金额取决于资产和负债的计量。

(四) 收入

收入是指报告期内导致政府会计主体净资产增加的，含有服务潜力或者经济利益的经济资源的流入。

(五) 费用

费用是指报告期内导致政府会计主体净资产减少的，含有服务潜力或者经济利益的经济资源的流出。

任务七　政府决算报告和财务报告

政府会计主体应当编制决算报告和财务报告。决算报告和财务报告相互补充，共同反映政府会计主体的预算执行信息和财务信息。

一、政府决算报告

(一) 政府决算报告概述

政府决算报告是综合反映政府会计主体年度预算收支执行结果的文件。政府决算报告应当包括决算报表和其他应当在决算报告中反映的相关信息和资料。决算报表一般包括预算收入支出表、预算结转结余变动表和财政拨款预算收入支出表。

在现行实务中，政府决算报表分别由财政总预算会计报表和行政事业单位预算会计报表组成。其中，财政总预算会计报表反映一级政府层面财政预算执行情况，行政事业单位预算会计报表反映行政事业单位预算执行情况。行政事业单位预算会计报表按政府部门汇总后，形成政府部门预算会计报表，反映政府部门预算执行情况。

政府决算报告的编制主要以收付实现制为基础，以预算会计核算生成的数据为准。

（二）政府决算报告的目标

决算报告的目标是向决算报告使用者提供与政府预算执行情况有关的信息，综合反映政府会计主体预算收支的年度执行结果，帮助决算报告使用者进行监督和管理，并为编制后续年度预算提供参考和依据。政府决算报告使用者包括各级人民代表大会及其常务委员会、各级政府及其有关部门、政府会计主体自身、社会公众和其他利益相关者。

二、政府财务报告

（一）政府财务报告概述

政府财务报告是反映政府会计主体某一特定日期的财务状况和某一会计期间的运行情况和现金流量等信息的文件。政府财务报告应当包括财务报表和其他应当在财务报告中披露的相关信息和资料。

政府财务报告包括政府综合财务报告和政府部门财务报告。其中，政府综合财务报告是指由政府财政部门编制的，反映各级政府整体财务状况、运行情况和财政中长期可持续性的报告。政府部门财务报告是指政府各部门、各单位按规定编制的财务报告。

在政府财务报告中，财务报表是对政府会计主体财务状况、运行情况和现金流量等信息的结构性表述。财务报表包括会计报表和附注。会计报表一般包括资产负债表、收入费用表和净资产变动表，单位可根据实际情况自行选择编制现金流量表。财务会计报表附注是对在资产负债表、收入费用表、现金流量表等报表中列示项目所作的进一步说明，以及对未能在这些报表中列示项目的说明。

政府会计主体应当根据相关规定编制合并财务报表。

政府财务报告的编制主要以权责发生制为基础，以财务会计核算生成的数据为准。

（二）政府财务报告的目标

财务报告的目标是向财务报告使用者提供与政府的财务状况、运行情况（含运行成本，下同）和现金流量等有关信息，反映政府会计主体公共受托责任履行情况，帮助财务报告使用者做出决策或者进行监督和管理。政府财务报告使用者包括各级人民代表大会常务委员会、债权人、各级政府及其有关部门、政府会计主体自身和其他利益相关者。

▎在线测试▎

扫描封底刮刮卡　获取答题权限

在线测试

第二篇　财政总预算会计

项目二　财政总预算会计概述

知识目标

1. 理解财政总预算会计的概念、特点、职能及任务等；
2. 熟悉政府预算管理体制、国库单一账户制度等法规体系；
3. 掌握财政总预算会计科目的设置及使用。

能力目标

通过完成本任务，你应该：

1. 能够熟悉和理解财政总预算会计的核算原则、核算特点、核算内容等；
2. 能够掌握财政总预算会计科目类型；
3. 能够掌握国库单一账户核算程序及账户设置。

项目任务

◆ 任务一：财政总预算会计的基础知识
◆ 任务二：财政总预算会计科目的设置
◆ 任务三：政府预算管理体制
◆ 任务四：国库单一账户制度

▌任务导入▐

国库集中支付业务 实现"无纸化"运行

兴业银行江门分行在江门市财政局、中国人民银行江门市中心支行的大力支持下，共同研发了江门市财政国库电子化支付电子凭证库系统。该系统经过 8 个月的开发、测试、验收，于 2020 年 4 月 26 日正式投产上线。

据悉，该系统使兴业银行江门分行与政府机关单位之间的数据共享达到了真正的协同管理，实现了国库集中支付业务的"无纸化"运行。数据传输更加准确、快速、安全，大大提升了该行为广大客户办理业务的效率。

兴业银行江门分行成功对接江门市财政国库电子化支付电子凭证库系统后，获得了2019—2021年江门市财政国库授权支付业务代理银行资格，可为江门市本级预算单位在该行开立预算单位零余额账户，并通过系统、资质、结算绑定机构客户，有效提升了兴业银行江门分行的机构存款业务。同时，对基层预算单位而言，国库电子凭证库系统使基层预算单位会计人员实现了全程网上办公，无须进行电子信息与纸质单据的人工核单，不仅减少了会计人员的"跑腿"工作，而且节约了大量时间；对江门市财政部门而言，国库电子凭证库系统改变了财政资金运行的监控方式，保证了财政资金审核的专业性，提高了财政资金的下拨安全性，保证了财政资金的流向，降低了财务风险。

财政国库电子化支付电子凭证库系统的成功上线，不仅有效促进了银行与财政局、中国人民银行各分支行之间紧密协作关系，而且提升了政府机关对国库集中支付的有效监督，对于探索新形势下服务当地发展新模式具有重要意义。

资料来源：江门日报，[2020-05-15].

任务一　财政总预算会计的基础知识

2015年10月，财政部根据《中华人民共和国会计法》《中华人民共和国预算法》及其他有关法律法规，修订了《财政总预算会计制度》(财库〔2015〕192号)，并自2016年1月1日起实施。

微课视频2-1
财政总预算
会计认知

一、财政总预算会计的概念及分级

财政总预算会计是指各级政府财政部门用以核算、反映和监督一般公共预算资金、政府性基金预算资金、国有资本经营预算资金、社会保险基金预算资金、财政专户管理资金、专用基金及代理资金等财政性资金活动情况的专业会计。

我国政权划分为中央、省(自治区、直辖市)、市(地、州)、县、乡(镇)5级。因此，相应地，财政总预算会计也分为5级。在财政部设立中央财政总预算会计，在省(自治区、直辖市)财政厅设立省财政总预算会计，在市(地、州)财政局设立市财政总预算会计，在县财政局设立县财政总预算会计，在乡(镇)财政所设立乡(镇)财政总预算会计。

需要说明的是，财政总预算会计的主体是各级政府，而不是各级政府的财政部门。财政部门本身的行政经费开支，属于行政单位会计管理的范畴，财政总预算会计不能兼办自身的行政单位会计核算业务。

二、财政总预算会计的核算对象

财政总预算会计的核算对象是各级政府总预算执行过程中的预算收入、预算支出和预算结余，以及在资金运动过程中形成的资产、负债和净资产。总预算收入反映财政收入的规模、收入积累的水平以及缴入国库的进度；总预算支出则反映财政支出的范围、方向和预算拨款的进度；收支结余反映预算收入和支出的差额。同时，在执行总预算的过程中发生的各项资金运动，必然会形成资产、负债和相应的净资产。

三、财政总预算会计的一般原则

财政总预算会计的一般原则，是指财政总预算会计在组织会计核算时应当遵循的基本要求和行为规范。它具体包括以下内容。

（1）客观性原则。财政总预算会计核算应当以实际发生的经济业务为依据，如实反映财政收支执行情况和结果。

（2）相关性原则。财政总预算会计信息应当符合预算法的要求，适应国家宏观经济管理和上级财政部门及本级政府对财政管理的需要。

（3）可比性原则。财政总预算会计应当按照国家规定的会计处理方法进行会计核算，保证各级政府财政总预算会计的核算口径一致，所提供的会计核算信息相互可比。

（4）整体性原则。财政总预算会计管理的各项财政资金，包括一般公共预算资金、纳入预算管理的政府性基金、专用基金、财政周转金等，都应当纳入总预算会计核算管理。

（5）一致性原则。财政总预算采用的会计处理方法前后各期应当一致，不得随意变更。如确有必要变更，应将变更的情况、原因和对会计报表的影响在预算执行报告中说明。

（6）及时性原则。财政总预算会计核算应当及时进行，包括财政总预算会计信息的搜集、处理和报送等。

（7）明晰性原则。财政总预算会计提供的会计信息应当清晰明了、便于理解，对于重要的经济业务，应当单独反映。

（8）收付实现制原则。财政总预算会计核算以收付实现制为基础，即在确认各项收入和支出时，一般以实际收到或者付出的货币资金为标准，而不是以应收或应付的财政预算资金为标准。

（9）专款专用原则。财政总预算会计对有指定用途的资金，必须按规定用途使用，并分别进行单独的核算和反映。

任务二　财政总预算会计科目的设置

一、会计科目的分类

会计科目是对会计对象的具体内容按照一定的原则进行科学分类的一种方法，是对会计要素进一步分类的项目。会计科目是设置账户和处理账务的依据，会计科目的设置在很大程度上还决定了会计报表的内容和结构。

会计科目按其核算层次分为总账科目和明细科目。总账科目是指对其核算对象的总括分类，是设置总账的依据。明细科目是指对某总账科目所属内容进一步分类，是设置明细账的依据。

财政总预算会计科目按其反映的经济内容分为5大类：资产类科目、负债类科目、净资产类科目、收入类科目、支出类科目。

二、财政总预算会计科目表

按照现行的《财政总预算会计制度》和部分补充规定的要求，财政总预算会计设置的会计科目如表 2-1 所示。

表 2-1　财政总预算会计科目

类　别	序　号	科目编码	会计科目名称
资产类	1	1001	国库存款
	2	1003	国库现金管理存款
	3	1004	其他财政存款
	4	1005	财政零余额账户存款
	5	1006	有价证券
	6	1007	在途款
	7	1011	预拨经费
	8	1021	借出款项
	9	1031	与下级往来
	10	1036	其他应收款
	11	1041	应收地方政府债券转贷款
	12	1045	应收主权外债转贷款
	13	1071	股权投资
负债类	14	2011	应付国库集中支付结余
	15	2012	与上级往来
	16	2015	其他应付款
	17	2017	应付代管资金
	18	2022	借入款项
	19	2026	应付地方政府债券转贷款
	20	2027	应付主权外债转贷款
	21	2091	已结报支出
净资产类	22	3001	一般公共预算结转结余
	23	3002	政府性基金预算结转结余
	24	3003	国有资本经营预算结转结余
	25	3005	财政专户管理资金结余
	26	3007	专用基金结余
	27	3033	预算周转基金
	28	3081	资产基金
收入类	29	4001	一般公共预算本级收入
	30	4002	政府性基金预算本级收入
	31	4003	国有资本经营预算本级收入
	32	4005	财政专户管理资金收入
	33	4007	专用基金收入
	34	4011	补助收入
	35	4012	上解收入
	36	4013	地区间援助收入

续表

类　别	序　号	科目编码	会计科目名称
收入类	37	4021	调入资金
	38	4031	动用预算稳定调节基金
支出类	39	5001	一般公共预算本级支出
	40	5002	政府性基金预算本级支出
	41	5003	国有资本经营预算本级支出
	42	5005	财政专户管理资金支出
	43	5007	专用基金支出
	44	5011	补助支出
	45	5012	上解支出
	46	5013	地区间援助支出
	47	5021	调出资金
	48	5031	安排预算稳定调节基金

任务三　政府预算管理体制

一、政府预算管理概述

（一）政府预算的概念

政府预算也称为国家预算，是由政府编制、立法机构批准的国家或政府在一定期间财政收支活动的计划，反映了国家或政府在财政年度内收支活动所应达到的收支指标和收支总额之间的平衡关系，是国家财力计划和经济管理的重要手段，也是民众及立法机构评价政府受托责任履行情况的依据。

（二）政府预算分类

▶ **1. 按收支管理范围分类，政府预算可分为总预算和单位预算**

总预算是指各级政府的基本财政收支计划，它由各级政府的本级预算和下级政府总预算组成。单位预算是政府预算的基本组成部分，是各级政府的直属机关就其本身及所属行政事业单位的年度经费收支所汇编的预算，另外还包括企业财务收支计划中与财政有关的部分，它是机关本身及其所属单位履行其职责或事业计划的财力保证，是各级预算构成的基本单位。

▶ **2. 按照预算的级次分类，政府预算可分为中央政府预算和地方政府预算**

中央政府预算是指经法定程序审查批准的，反映中央政府活动的财政收支计划。我国的中央政府预算由中央各部门的单位预算、企业财务收支计划和税收计划组成，财政部将中央各部门的单位预算和中央直接掌管的收支等，汇编成中央预算草案，报国务院审定后提请人民代表大会审查。中央预算主要承担国家的安全、外交和中央国家机关运转所需的经费，因而在政府预算体系中占主导地位。地方政府预算是指经法定程序审查批准的，反映各级地方政府收支活动计划的总称。它是政府预算体系的有机组成部分，是组织、管理政府预算的基本环节，由省（自治区、直辖市）、市、县、乡（镇）预算组成。地方预算担负着地方行政管理和经济建设、文化教育、卫生事业以及抚恤等支出的任务，它在政府预算中占有重要单位。

（三）政府预算的编制程序

微课视频 2-2
政府预算的
编制程序

我国政府预算的编制实行"两上两下"的程序。具体如下。

"一上"是指基层预算单位在预算年度的收支建议数须上报上级部门。上级部门根据国务院关于编制预算的指标和财政部下达的编制要求，结合国家社会和本部门的具体情况，提出本部门预算数，并上报财政部门。

"一下"指财政部门根据政策要求和工作任务，认真审核各主管部门上报的预算收支建议数，再根据征收部门报来的财政收入测算数，审核汇总成年度预算收支草案报政府批准。财政部门将政府批准的预算控制数下达到各主管部门，再层层下达到各基层预算单位。

"二上"是指各主管部门按照下达的预算控制数，根据情况下达所属下级预算单位，落实到具体项目，并按照财政部门要求编制本单位预算草案，由主管部门汇编成本部门的预算草案上报财政部门。

"二下"指财政部门收到各主管部门的预算草案后，汇编成本级政府总预算草案，报同级人民政府批准后，向人民代表大会提交预算草案，人民代表大会审核批准政府预算草案后，政府预算即具有法律效力。财政部门在规定时间内批复部门预算，主管部门接到批复的预算后，再在规定时间内批复所属单位预算。

"两上两下"政府预算编制流程如图 2-1 所示。

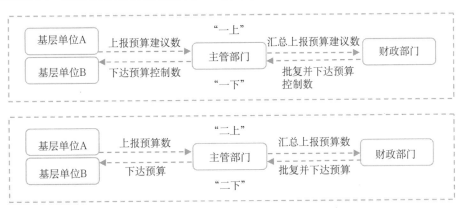

图 2-1 "两上两下"政府预算编制流程

任务四　国库单一账户制度

一、国库单一账户制度的概念

国库单一账户制度，是指政府在国库或国库指定的代理银行开设账户，集中收纳和支付财政性资金的一种结算制度。

二、国库单一账户制度体系

国库单一账户体系是指实行财政国库集中支付后，用于所有财政性资金收支核算管理的账户体系，具体包括国库单一账户、财政零余额账户、预算单位零余额账户、预算外资金专户和特设专户。其中，单位最常使用的、最重要的账户为财政零余额账户和预算单位零余额账户。

微课视频 2-3
国库单一账户
体系

（一）国库单一账户

国库单一账户即财政部门在中国人民银行及其分支机构开设的国库存款账户，用于记录、核算和反映纳入预算管理的财政收入和支出活动，并用于同财政部门在商业银行开设的零余额账户进行清算，实现财政资金的支付。

（二）财政零余额账户

财政部门在商业银行为本单位开设的零余额账户，用于财政直接支付和与国库单一账户进行清算。该账户只办理转账业务，原则上不能提取现金，每日营业终了与国库进行清算，余额为零。财政零余额账户在国库会计核算中使用。

（三）预算单位零余额账户

财政部门为预算单位在商业银行开设零余额账户，用于财政授权支付和与国库单一账户进行清算。该账户每日发生支付，于当日营业终了与国库进行清算后，余额为零。预算单位零余额账户只能在财政部门规定的用途和授权的额度内支付及提取现金，不得违反规定向预算单位其他账户内划拨资金。预算单位零余额账户在行政事业单位会计中使用。

（四）特设账户

经国务院和省级人民政府批准或授权，财政部门开设特殊过渡性账户（简称特设专户），该账户用于记录、核算和反映预算单位的特殊专项支出活动，并与国库单一账户清算。预算单位不得将特设专户的资金转入本单位其他银行账户，也不得将其他银行账户资金转入特设专户。

（五）预算外资金专户

预算外资金专户是财政部门在商业银行开设的，用于记录、核算和反映预算外资金收入和支出，并对预算外资金日常收支进行清算的账户。在国库单一账户体系内专门设置预算外资金专户，主要是考虑目前预算外资金来源较复杂，以及相当规模的财政性资金未纳入预算管理，目前还难以全部纳入国库单一账户，仍需要设置财政专户进行管理。但是，随着改革的不断深化，预算外资金已经逐步纳入国库单一账户管理。

三、国库单一账户财政资金收缴及支付方式

财政收入可以划分为税收收入、非税收入、社会保障收入、转移与赠与收入、贷款回收本金与产权处置收入、债务收入等。为了适应建立国库单一账户体系的要求，财政性资金的收缴和支付主要采用以下方式。

微课视频 2-4
财政资金收缴
方式

（一）财政资金收缴方式

▶ 1. 直接缴库

直接缴库是由预算单位或缴款人按有关法律法规的规定，将应缴收

入直接缴入国库单一账户，属预算外资金的，则直接缴入预算外资金财政专户，不再设立各类过渡性账户。

▶ **2. 集中汇缴**

集中汇缴方式是由征收机关和依法享有征收权限的单位，按规定将所收取的应缴收入汇总后直接缴入国库单一账户，属预算外资金的，汇总后直接缴入预算外资金财政专户，也不再通过过渡性账户收缴。实行集中汇缴方式的收入，主要包括小额零散税收和非税收入中的现金缴款。

(二) 财政资金支付方式

根据不同的支付主体，对不同类型的支出，分别实行财政直接支付和财政授权支付。

微课视频 2-5
财政资金的
支付方式

▶ **1. 财政直接支付**

财政直接支付，即预算单位按照批复的部门预算和资金使用计划，向财政国库支付执行机构提出支付申请，财政国库支付执行机构根据批复的部门预算和资金使用计划及相关要求对支付申请审核无误后，向财政代理银行发出支付令，并通知中国人民银行国库部门，通过财政代理银行进入银行清算系统实时清算，财政资金从国库单一账户划拨到收款人的银行账户。财政直接支付通过财政零余额账户与国库单一账户实现支付。实行财政直接支付的支出主要包括工资支出、购买支出、中央对地方的专项转移支付、拨付大型工程项目或大型设备的采购资金等支出。

财政直接支付流程如图 2-2 所示。

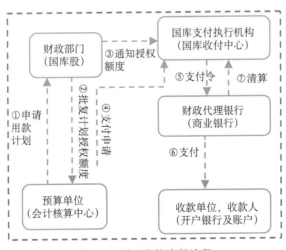

图 2-2 财政直接支付流程

▶ **2. 财政授权支付**

财政授权支付，即预算单位按照批复的部门预算和资金使用计划，向国库支付执行机构申请授权支付的月度用款限额，国库支付执行机构将批准后的限额通知预算单位代理银行和预算单位，并通知中国人民银行国库部门，预算单位在月度用款限额内自行开具支付令，通过国库支付执行机构转由预算单位代理银行向收款人付款，并与国库单一账户清算。财政授权支付是通过预算单位零余额账户和小额现金账户与国库单一账户实现支付。

实行财政授权支付的支出包括未实行财政直接支付的购买支出和零星支出。

财政授权支付流程如图 2-3 所示。

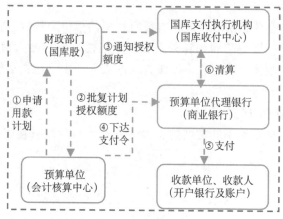

图 2-3 财政授权支付流程

在线测试

在线测试

项目三 财政总预算会计资产和负债

知识目标

1. 了解财政总预算资产及负债的概念、内容、特点及分类;
2. 掌握财政总预算会计资产及负债的账务处理。

能力目标

通过完成本任务,你应该:

1. 能够熟悉和理解财政总预算会计资产及负债所包含的内容及会计科目的设置;
2. 能够熟练掌握财政总预算会计资产及负债的核算。

项目任务

◆任务一:财政总预算会计资产概述
◆任务二:财政存款类资产
◆任务三:与下级往来、预拨经费、借出款项等
◆任务四:债权、股权类资产
◆任务五:财政总预算会计负债
◆任务六:与上级往来、借入款项及其他应付款项
◆任务七:其他负债

任务导入

政府财务报告编制中关于资产和负债的最新规定

据财政部网站消息,财政部近日发布关于开展 2019 年度政府财务报告编报工作的通知,通知指出,严格执行政府会计准则制度,详细记录政府内部往来、收支对象等相关信息并及时组织核对账务,扎实做好政府股权投资、公共基础设施、保障性住房、政府储备物资、文物文化资产的会计核算管理工作,切实做到账实相符、账证相符、账账相符、账表相符,为编制政府财务报告提供完整可靠的会计信息。编制政府财政报告,全面准确反映政府财务状况和运行情况,对加强资产负债管理、防范财政风险、促进政府财务管理水平提高、服务国家治理体系和治理能力现代化具有重要意义。具体规定如下。

(1)严格执行政府会计准则制度。详细记录政府内部往来、收支对象等相关信息并及

时组织核对账务，扎实做好政府股权投资、公共基础设施、保障性住房、政府储备物资、文物文化资产的会计核算管理工作，切实做到账实相符、账证相符、账账相符、账表相符，为编制政府财务报告提供完整可靠的会计信息。

（2）加强基础管理。健全内部控制机制，按规定定期清查资产负债，未入账的资产负债要及时确认入账，已投入使用的在建工程要及时转为固定资产。认真清理往来事项，及时处置财务挂账。加强财政国库部门与资产、债务管理部门的沟通协调，做好政府财务报告与国有资产报告、部门决算、财政总决算、地方政府债务统计报告等相关数据共享衔接。

（3）强化信息系统支撑。省级财政国库部门要负责牵头协调，按照《财政核心业务一体化系统实施方案》和《预算管理一体化规范（试行）》有关要求和政府财务报告编制需要，完善本地政府财务报告信息系统，做好与中央系统对接工作，确保政府财务报告电子数据通过系统按时准确上报。

资料来源：中国经济网，［2020-05-14］.

任务一　财政总预算会计资产概述

一、财政总预算会计资产概述

财政总预算会计资产是指政府财政拥有或控制的，能以货币计量的经济资源。按资产的流动性分为流动资产和非流动资产。流动资产是预计在1年内（含1年）变现的资产，非流动资产是指流动资产以外的资产。

财政总预算会计资产具体包括财政存款、有价证券、应收股利、在途款、借出款项、预拨款项、应收转贷款及股权投资等。财政总预算会计本身没有现金和固定资产、材料等实物资产业务的核算。

微课视频 3-1
财政总预算会计
资产概述

二、财政总预算会计资产核算的会计科目表

根据自 2016 年 1 月 1 日起实施的《财政总预算会计制度》，财政总预算会计资产的会计科目名称及核算内容如表 3-1 所示。

表 3-1　财政总预算会计资产的会计科目名称及核算内容

序　号	科目编码	会计科目名称	会计科目核算内容
1	1001	国库存款	政府财政存放在国库单一账户的款项
2	1003	国库现金管理存款	政府财政实行国库现金管理业务存放在商业银行的款项
3	1004	其他财政存款	政府财政未列入"国库存款""国库现金管理存款"账户的各项存款
4	1005	财政零余额账户存款	财政国库支付执行机构在代理银行办理财政直接支付业务的科目
5	1006	有价证券	政府财政按照有关规定取得并持有的有价证券，一般为国库券
6	1007	在途款	在决算清理期和库款报解整理期内收到的属于上年度的收入和收回的不应在上年度列支的款项

序　号	科目编码	会计科目名称	会计科目核算内容
7	1011	预拨经费	政府财政预拨给预算单位的尚未列为支出的款项
8	1021	借出款项	政府财政按照对外借款管理规定借给预算单位临时急需的款项
9	1031	与下级往来	本级财政与下级财政之间的往来待结算款项
10	1036	其他应收款	政府财政临时发生的、未列入以上债权类科目的其他应收、暂付、垫付款项
11	1041	应收地方政府债券转贷款	本级政府财政转贷给下级政府财政的地方政府债券资金的本金及利息
12	1045	应收主权外债转贷款	本级政府财政转贷给下级政府财政的外国政府和国际金融组织等主权外债资金的本金和利息
13	1071	股权投资	政府持有的各类股权投资，包括国际金融组织股权投资、投资基金股权投资等

任务二　财政存款类资产

一、财政存款概述

财政存款是指政府财政部门代表政府管理的财政资金，包括国库存款、国库现金管理存款、其他财政存款等，财政存款的支配权属于同级政府财政部门。为了进行核算，财政总预算会计资产类要素设置"国库存款""国库现金管理存款""其他财政存款"等总账科目。

二、财政存款的管理要求

《财政总预算会计制度》明确规定：要对财政存款进行严格管理，主要包括集中支付，统一调度；严格控制国库存款开户；按预算计划和用款进度拨款；转账结算，不能提取现金；在存款余额内支付，不得透支；凭借特定的合法凭证拨款等。

三、财政存款的账户设置及具体核算

（一）国库存款

国库存款是指各级政府财政部门存放在中国人民银行（国库）或国库代理支库的财政预算资金存款，如一般预算资金存款、政府性基金存款和国有资本经营预算资金存款等。国库存款的支配权属于同级财政部门，并由财政总预算会计负责管理，统一支付。

为了反映和监督国库存款的增减变化及其结存情况，各级财政总预算会计应设置"国库存款"账户。该账户借方登记国库存款的增加数，贷方登记国库存款的减少数，余额在借方，反映国库存款的结存数。该账户可按一般公共预算存款、政府性基金预算存款和国有资本经营预算存款分户进行明细核算。

财政总预算会计收到国库存款时，借记"国库存款"账户，贷记"一般公共预算本级收入""政府性基金预算本级收入"和"国有资本经营预算本级收入"等账户。办理库款支付时，借记"一般公共预算本级支出""政府性基金预算本级支出"和"国有资本经营预算本级支出"

等账户，贷记"国库存款"账户。

国库存款的增加或减少以中国人民银行财政国库存款账户实际收到或支付的数额为准。具体来讲，国库存款的增加以财政国库存款账户实际收到的缴款人缴入国库的数额为准。国库存款的减少则分为以下两种情况：一是在传统的财政实拨资金方式下，财政国库存款账户的减少以实际向预算单位拨付的预算资金数额为准；二是在国库单一账户制度下，以财政国库存款账户实际向财政零余额账户或预算单位零余额账户偿付或清算资金的数额为准。

【例 3-1】 某省财政厅收到国库报来的"预算收入日报表"及缴款书，内列当日省级一般公共预算收入 300 万元，政府性基金预算收入 20 万元，国有资本经营预算收入 50 万元。账务处理如下：

借：国库存款——一般公共预算存款	3 000 000
——政府性基金预算存款	200 000
——国有资本经营预算存款	500 000
贷：一般公共预算本级收入	3 000 000
政府性基金预算本级收入	200 000
国有资本经营预算本级收入	500 000

【例 3-2】 某省财政厅用一般公共预算资金向省政协拨付办公费 10 万元，用民航基础设施建设基金安排支出 150 万元，用国有资本经营预算资金安排支出 20 万元。账务处理如下：

借：一般公共预算本级支出	100 000
政府性基金预算本级支出	1 500 000
国有资本经营预算本级支出	200 000
贷：国库存款——一般公共预算存款	100 000
——政府性基金预算存款	1 500 000
——国有资本经营预算存款	200 000

（二）国库现金管理存款

国库现金管理，是指在确保国库资金安全完整和财政支出需要的前提下，对国库现金进行有效的运作管理，实现国库闲置现金余额最小化、投资收益最大化的一系列财政资金管理活动。国库现金管理对象主要包括库存现金、活期存款和与现金等价的短期金融资产。

微课视频 3-2
国库现金管理
存款

国库现金管理的操作方式包括商业银行定期存款、买回国债、国债回购和逆回购等。在国库现金管理初期，主要实施商业银行定期存款和买回国债两种操作方式。

注："国库现金管理存款"科目即为实施商业银行定期存款方式所产生。

"国库现金管理存款"账户核算政府财政实行国库现金管理业务存放在商业银行的款项。该账户借方登记国库现金管理存款的增加数，贷方登记国库现金管理存款的收回数，余额在借方，反映政府财政实行国库现金管理业务持有的存款数额。

按照国库现金管理有关规定，将库款转存商业银行时，按照存入商业银行的金额，借记"国库现金管理存款"账户，贷记"国库存款"账户；将国库现金管理存款收回国库时，按照实际收到的金额，借记"国库存款"账户，按照原存入商业银行的存款本金金额，贷记"国库现金管理存款"账户，按照两者之间的差额，贷记"一般公共预算本级收入"账户。

【例3-3】　某省财政厅现有闲置资金200万元，按照国库现金管理规定，将其存入指定的商业银行，期限1年，年利率4%。账务处理如下：

（1）转存时

借：国库现金管理存款 2 000 000

　　贷：国库存款 2 000 000

（2）1年后，该省财政总预算会计的收到本息合计208万元时

借：国库存款 2 080 000

　　贷：国库现金管理存款 2 000 000

　　　一般公共预算本级收入 80 000

（三）其他财政存款

其他财政存款是指各级政府财政存款未列入"国库存款""国库现金管理存款"账户的财政资金存款，包括财政周转金存款、未设国库的乡（镇）财政在商业银行的预算资金存款、财政部门指定存入商业银行的专用基金存款、未纳入预算并实行财政专户管理的资金存款、特设账户存款等。

为了反映和监督其他财政存款的增减变化及其结存情况，各级财政总预算会计应设置"其他财政存款"账户。该账户的借方登记其他财政存款的增加数，贷方登记其他财政存款的减少数，余额在借方，反映各级财政持有的其他财政存款的实际结存数。该账户应按其他财政存款的缴存地点和资金性质分户进行明细核算。

各级财政总预算会计应根据经办银行报来的收入日报表或银行收款通知书借记"其他财政存款"账户，贷记相关账户。其他财政存款产生的利息收入，除规定作为专户资金收入外，其他利息都应缴入国库，纳入一般公共预算资金管理。根据有关的支付凭证，借记有关账户，贷记"其他财政存款"账户。

【例3-4】　某省财政厅收到中央财政拨来的粮食风险基金500万元，并按规定存入指定的农业银行。账务处理如下：

借：其他财政存款——粮食风险基金存款 5 000 000

　　贷：专用基金收入 5 000 000

【例3-5】　某省财政厅收到应纳入预算管理的行政性收费120万元。账务处理如下：

借：其他财政存款——财政专户管理存款 1 200 000

　　贷：财政专户管理资金收入 1 200 000

【例3-6】　某省财政厅向所属A市拨付粮食风险基金50万元。账务处理如下：

借：专用基金支出 500 000

　　贷：其他财政存款——粮食风险基金存款 500 000

（四）财政零余额账户存款

财政国库支付执行机构是财政部门审核、监督财政资金收付工作的延伸，其重要职责之一是办理财政资金的支付业务。国库支付执行机构会计是总会计工作的延伸，其会计核算执行《财政总预算会计制度》。根据国库支付执行机构业务活动的特点，财政总预算会计核算需要设置"财政零余额账户存款"和"已结报支出"两个特殊的总账科目。

为了核算财政国库支付执行机构在代理银行办理财政直接支付业务，设置"财政零余额账户存款"账户。贷方登记财政国库支付执行机构当天发生的财政直接支付资金数，借方登记当天国库单一账户存款划入冲销数，当日资金结算后，余额为零。

财政国库支付执行机构为预算单位直接支付款项时（财政直接支付），借记有关预算支出账户，贷记"财政零余额账户存款"账户；财政国库支付执行机构每日将按部门分"类""款""项"汇总的预算支出等结算单与中国人民银行国库划款凭证核对无误后，送财政总预算会计结算资金，按照结算的金额，借记"财政零余额账户存款"账户，贷记"已结报支出"账户。

【例 3-7】 某省财政厅国库支付执行机构为某预算单位直接支付一笔财政资金，用一般公共预算资金安排支出，金额 50 万元。账务处理如下：

借：一般公共预算本级支出　　　　　　　　　　　　　　　　　　　500 000

　　贷：财政零余额账户存款　　　　　　　　　　　　　　　　　　500 000

【例 3-8】 某省财政厅当日汇总"一般公共预算支出结算清单"，直接支付金额 120 万元，该清单已送财政总预算会计结算资金。账务处理如下：

借：财政零余额账户存款　　　　　　　　　　　　　　　　　　　1 200 000

　　贷：已结报支出——财政直接支付　　　　　　　　　　　　　1 200 000

任务三　与下级往来、预拨经费、借出款项等

与下级往来、预拨经费、借出款项及其他应收款等属于政府财政在业务活动中形成的往来待结算款项，要及时清理结算，不得长期挂账。

一、与下级往来

与下级往来（款）是指上下级财政部门之间的往来待结算款项，主要包括本级财政借给下级财政部门的临时款项；体制结算中下级财政应上缴本级财政的收入款项；体制结算中本级财政应付给下级财政的补助款项等。

财政总预算会计应设置"与下级往来"账户，用来核算与下级往来待结算款的增减变动情况。该账户是一个双重性质的账户。借方登记借给下级财政的款项或下级财政应上缴款项的增加数以及应付给下级财政款

微课视频 3-3
与下级往来

项的减少数。贷方登记应付给下级财政款项的增加数以及借给下级财政款项的收回减少数和下级财政应缴款项的上缴减少数。借方余额反映下级财政欠本级财政的款项，贷方余额反映本级财政欠下级财政的款项。县级及县级以上财政总预算会计应设置"与下级往来"账户，乡镇财政总预算会计不设"与下级往来"账户。

该账户应及时进行清理结算，转作有关收入或支出的部分应在当年清算，其他年终未能清算的余额应结转下年。当该账户出现贷方余额时，在资产负债表中以负数反映。

本级财政借给下级财政款项时，借记"与下级往来"账户，贷记"国库存款"等账户。体制结算中应由下级财政上缴的收入数，借记"与下级往来"账户，贷记"上解收入"账户。借

款收回、转作补助支出或体制结算中应补给下级财政款时，借记"国库存款""补助支出"等有关账户，贷记"与下级往来"账户。

【例3-9】 某省财政厅借给所属A市财政局临时用款60万元。账务处理如下：

借：与下级往来——A市财政局	600 000
贷：国库存款——一般公共预算存款	600 000

【例3-10】 某省财政厅因体制结算应收所属B市财政局款项28万元。账务处理如下：

借：与下级往来——B市财政局	280 000
贷：上解收入	280 000

【例3-11】 某省财政厅因体制结算应补助下属C市财政局50万元。账务处理如下：

借：补助支出	500 000
贷：与下级往来——C市财政局	500 000

【例3-12】 某省财政厅收回借给A市财政局的临时借款60万元。账务处理如下：

借：国库存款——一般公共预算存款	600 000
贷：与下级往来——A市财政局	600 000

【例3-13】 某省财政厅实际拨付C市财政局体制结算补助款50万元。账务处理如下：

借：与下级往来——C市财政局	500 000
贷：国库存款——一般公共预算存款	500 000

二、预拨经费

预拨经费是财政部门用预算资金预拨给行政事业单位的尚未列入预算支出的经费。预拨经费包括以下两项内容：一是年度预算执行中预拨给用款单位应在以后各期列支的经费；二是年度终了前预拨给用款单位下年度的经费款。

预拨经费属于待结算资金，虽已从国库存款中拨出，但并未实际使用，原则上不能作为预算支出。各级财政总预算会计不得以拨作支出，领款单位不得以领代报。

财政总预算会计设置"预拨经费"账户，用来核算财政部门预拨给预算单位的尚未列作预算支出的资金增减变化情况。借方登记预拨经费的增加数，贷方登记预拨经费的转销或收回减少数，期末余额在借方，反映尚未转列支出或尚待收回的预拨经费数。该账户应按预拨款单位分户进行明细核算。

财政总预算会计预拨经费时，借记"预拨经费"账户，贷记"国库存款"账户（未设国库的乡镇总预算会计，贷记"其他财政存款"等账户，下同）。转列支出或收回预拨款项时，借记"一般公共预算本级支出"或"国库存款"等账户，贷记"预拨经费"账户。

【例3-14】 某省财政厅根据用款计划预拨给省教育厅一般预算经费350万元，省水利厅一般预算经费180万元。账务处理如下：

借：预拨经费——省教育厅	3 500 000
——省水利厅	1 800 000
贷：国库存款——一般公共预算存款	5 300 000

【例3-15】 省财政厅前期预拨给省教育厅的一般预算经费转列预算支出300万元，收回50万元。预拨给省水利厅的一般预算经费180万元全部转列预算支出。账务处理如下：

借：一般公共预算支出	4 800 000

国库存款——一般预算存款   500 000

  贷：预拨经费——省教育厅   3 500 000

      ——省水利厅   1 800 000

三、借出款项

借出款项是指政府财政按照对外借款相关规定借给预算单位临时急需的，并需要按期收回的资金，借出款项也可根据实际情况审批后转列支出。

财政总预算会计应设置"借出款项"账户，用来核算财政部门借给预算单位临时急需的款项。借方登记款项借出数，贷方登记收回或核销后转化为支出数，平时余额在借方，反映尚未收回的借出款项。本账户应及时清理结算，年终原则上应无余额。

各级政府财政借给预算单位临时急需的款项时，借记"借出款项"账户，贷记"国库存款""其他财政存款"账户。收回或转作预算支出时，借记"国库存款""其他财政存款"或有关支出账户，贷记"借出款项"账户。

【例 3-16】 某省财政厅临时借给省教育厅修理危险校舍款 250 万元。账务处理如下：

借：借出款项——省教育厅   2 500 000

  贷：国库存款——一般公共预算存款   2 500 000

【例 3-17】 某省财政厅从一般预算存款账户临时借给省卫生厅防疫资金 60 万元。账务处理如下：

借：借出款项——省卫生厅   600 000

  贷：国库存款——一般公共预算存款   600 000

【例 3-18】 经批准借给省教育厅的修理校舍款 250 万元，收回 50 万元，其余转作经费拨款。账务处理如下：

借：国库存款——一般公共预算存款   500 000

  一般公共预算本级支出   2 000 000

  贷：借出款项——省教育厅   2 500 000

四、其他应收款

其他应收款是指政府财政临时发生的其他应收、暂付及垫付款项等。项目单位拖欠外国政府和国际金融组织的贷款本息和相关费用导致政府财政履行担保责任，代偿的贷款本息等，也通过本科目核算。

财政总预算会计应设置"其他应收款"账户，用来核算其他应收款的增减变化情况。借方登记债权的增加数，贷方登记其他应收款收回数，期末余额在借方，反映尚未收回的应收、暂付款项。该账户应按借款单位分户进行明细核算。

财政总预算会计发生其他应收款时，借记"其他应收款"账户，贷记"国库存款""其他财政存款"等账户。收回时，借记"国库存款""其他财政存款""一般公共预算本级支出"等账户，贷记"其他应收款"账户。

【例 3-19】 某省财政厅垫付突发交通事件处理资金 80 万元。账务处理如下：

借：其他应收款——省交通厅   800 000

  贷：国库存款——一般公共预算存款   800 000

【例 3-20】 上述垫款归还 30 万元，经批准转作一般预算支出 50 万元。账务处理如下：

借：一般公共预算本级支出   500 000

     国库存款——一般预算存款   300 000

   贷：其他应收款——省交通厅   800 000

五、在途款

为了精准反应各财政年度财政收支的数额，应设置国库存款的报解整理期，通常为年度终了后 10 天内。在途款是指在国库存款规定的报解整理期和决算清理期内，收到的属于上年度的收入、收回的不属于上年度的支出和其他需要作为在途款过渡的款项。

财政总预算会计应设置"在途款"账户，用来核算各种在途款的增减变化情况。借方登记在途款的增加数，贷方登记在途款的减少数，期末余额在借方，反映在途款的结余数。该账户应按在途款项目分户进行明细核算。

报解整理期内收到属于上年度收入时，借记"在途款"账户，贷记"一般公共预算本级收入"等账户。收回预拨用款单位的拨款或已列支出时（该支出不属于上年度），借记"在途款"账户，贷记"预拨经费""一般公共预算本级支出"等账户。冲转在途款时，借记"国库存款"账户，贷记"在途款"账户。

【例 3-21】 某省财政厅在报解整理期内收到属于上年度的预算收入 8 万元。账务处理如下：

（1）上年度账务处理

借：在途款   80 000

   贷：一般公共预算本级收入   80 000

（2）新年度账务处理

借：国库存款——一般公共预算存款   80 000

   贷：在途款   80 000

【例 3-22】 某省财政厅在报解整理期内收回上年度对有关单位的预拨款 20 万元。账务处理如下：

（1）上年度账务处理

借：在途款——收回预拨款   200 000

   贷：预拨经费——某单位   200 000

（2）新年度账务处理

借：国库存款——一般公共预算存款   200 000

   贷：在途款——收回预拨款   200 000

【例 3-23】 某省财政厅在决算清理期内收回不属于上年列支为一般公共预算支出的财政资金 12 万元。账务处理如下：

（1）上年度账务处理

借：在途款——收回列支款   120 000

   贷：一般公共预算本级支出   120 000

（2）新年度账务处理

借：国库存款——一般公共预算存款 120 000

  贷：在途款——收回列支款 120 000

任务四 债权、股权类资产

财政总预算会计债权类资产主要包括有价证券、应收转贷款，股权类资产主要包括股权投资。

一、有价证券

（一）有价证券的管理要求

有价证券是指政府财政按照有关规定取得并持有的政府债券。各级财政部门只能用财政结余资金购买国家指定有价证券，如国库券、国家重点建设债券等，一般不得购买股票。有价证券的管理要求如下。

（1）购入的有价证券视同货币资金妥善保管，保证账券相符。

（2）购入的有价证券作为政府持有的资产，不得作预算支出核算。

（3）只能用财政结余资金购买国家规定的有价证券。

（4）有价证券到期兑换时，本金按原资金渠道恢复相应的预算结余。当期取得的有价证券的兑付利息及转让有价证券取得的收入与账面成本的差额，区别资金性质计入当期收入。

（二）有价证券的核算

为了反映和监督各级财政部门有价证券的购买、兑换及结存情况，设置"有价证券"账户。购入有价证券时，借记"有价证券"账户，贷记"国库存款""其他财政存款"账户。到期兑付有价证券时，按兑付的本息借记"国库存款""其他财政存款"账户，其兑付的本金贷记"有价证券"账户，利息按照资金来源贷记"一般公共预算本级收入""政府性基金预算本级收入"等账户。

【例3-24】 某省财政厅动用一般公共预算结余和政府性基金预算结余各10万元购买1年期国库券，利率6%。账务处理如下：

借：有价证券——国库券 200 000

  贷：国库存款——一般公共预算存款 100 000

    ——政府性基金预算存款 100 000

【例3-25】 上例中购买的国库券到期，兑付本金20万元，利息1.2万元。账务处理如下：

借：国库存款——一般公共预算存款 106 000

  ——政府性基金预算存款 106 000

  贷：有价证券——国库券 200 000

    一般公共预算本级收入 6 000

    政府性基金预算本级收入 6 000

二、应收转贷款

(一)应收转贷款的认知

应收转贷款是指政府财政部门使用借入的资金,转贷给部门(预算单位)、下级政府的款项,包括应收国债转贷款、应收地方政府债券转贷款、应收主权外债转贷款等。

应收主权外债转贷款是指本级政府财政转贷给下级政府财政的外国政府和国际金融组织贷款等主权外债的本金及利息;应收地方政府债券转贷款核算本级政府转贷给下级政府财政的地方政府债券资金的本金及利息。本节主要介绍"应收地方政府债券转贷款"。

"应收地方政府债券转贷款"科目下应设置"一般债券转贷款"和"专项债券转贷款"明细科目,其下分别设置"应收本金"和"应收利息"三级明细科目,并按照转贷对象进行明细核算。

(二)应收地方政府债券转贷款核算

向下级政府财政转贷地方政府债券资金时,借记"债务转贷支出"账户,贷记"国库存款"账户;按照到期应收回的转贷本金及利息金额,借记"应收地方政府债券转贷款"账户,按本息金额贷记"资产基金——应收地方政府债券转贷款"账户;实际收到下级政府财政偿还的转贷本息时,借记"国库存款"账户,贷记"其他应付款"或"其他应收款"账户,同时借记"资产基金——应收地方政府债券转贷款"账户,贷记"应收地方政府债券转贷款"账户。

【例3-26】 某省财政厅转贷下级某市财政局地方政府债券10 000万元,用于该市安居工程建设,期限5年,利率2%,每年末计提利息,到期一次还本付息。账务处理如下:

(1)转贷给下级某市财政局地方政府债券本金时

借:债务转贷支出		100 000 000
贷:国库存款		100 000 000

(2)按照到期应收回的转贷本金

借:应收地方政府债券转贷款——专项贷款(应收本金)		100 000 000
贷:资产基金——应收地方政府债券转贷款		100 000 000

(3)每年末计提利息

借:应收地方政府债券转贷款——专项贷款(应收利息)		2 000 000
贷:资产基金——应收地方政府债券转贷款		2 000 000

(4)到期一次还本付息

借:国库存款		110 000 000
贷:其他应收款		110 000 000
借:资产基金——应收地方政府债券转贷款		110 000 000
贷:应收地方政府债券转贷款——专项贷款(应收本金)		100 000 000
——专项贷款(应收利息)		10 00 000

三、股权投资

(一)"股权投资"科目

"股权投资"科目核算政府持有的各类股权投资,包括国际金融组织股权投资、投资基金股权投资和企业股权投资等。"股权投资"科目应当按照"国际金融组织股权投资""投资基金股权投资""企业股权投资"设置一级明细科目,在一级明细科目下,可根据管理需要,按照被投资主体进行明细核算。对每一被投资主体还可按"投资成本""收益转增投资""损益调整""其他权益变动"进行明细核算。股权投资一般采用权益法进行核算。"股权投资"科目期末借方余额反映政府持有的各种股权投资金额。

（二）股权投资核算

政府财政代表政府认缴各项股本时，按照实际支付的金额及投资资金的性质，借记"一般公共预算本级支出"等账户，贷记"国库存款"账户；同时根据股权投资确认相关资料，借记"股权投资——国际金融组织股权投资""股权投资——投资基金股权投资（成本）"等账户，贷记"资产基金——股权投资"账户。被投资方宣告发放现金股利时，借记"应收股利"账户，贷记"资产基金——应收股利"账户，同时按照相等的金额，借记"资产基金——股权投资"账户，贷记"股权投资——投资基金股权投资（损益调整）"账户；实际收到现金股利或利润，借记"国库存款"账户，贷记相关收入账户，同时借记"资产基金——应收股利"账户，贷记"应收股利"账户。

【例 3-27】 某省财政厅代表政府出资参股设立中小企业发展基金。企业总规模 1 000 万元，政府出资 200 万元，取得 20% 的股权。账务处理如下：

（1）出资投资

借：一般公共预算本级支出   2 000 000

    贷：国库存款——一般预算存款   2 000 000

借：股权投资——投资基金股权投资（成本）   2 000 000

    贷：资产基金——股权投资   2 000 000

（2）被投资单位宣告发放股利 60 万元，政府按比例计算股利，并按规定上缴财政

借：应收股利   120 000

    贷：资产基金——应收股利   120 000

借：资产基金——股权投资   120 000

    贷：股权投资——投资基金股权投资（损益调整）   120 000

（3）被投资单位发放现金股利

借：资产基金——应收股利   120 000

    贷：应收股利   120 000

借：国库存款——一般公共预算存款   120 000

    贷：一般公共预算本级收入   120 000

任务五　财政总预算会计负债

一、财政总预算会计负债的概念

财政总预算会计负债是指由各级财政承担的能以货币计量，须以资产偿付的债务。按照负债的流动性分为流动负债和非流动负债。流动负债是指预计在 1 年内（含 1 年）偿还的债务；非流动负债是指流动负债以外的负债。

财政总预算会计核算的负债具体包括应付国库集中支付结余、与上级往来、其他应付

微课视频 3-4
财政总预算会计
负债概述

款、应付代管资金、借入款项、应付地方政府债券转贷款、应付主权外债转贷款及已结报支出等。各种负债应按实际发生数额记账，并应及时结算，属于应付暂收款及不明性质的款项应及时清理结账。

二、财政总预算会计负债核算的会计科目表

根据自 2016 年 1 月 1 日起实施的《财政总预算会计制度》，财政总预算负债类的会计科目名称及核算内容如表 3-2 所示。

表 3-2　财政总预算会计类的会计科目名称及核算内容

序　　号	科目编码	会计科目名称	会计科目核算内容
1	2011	应付国库集中支付结余	政府财政采用权责发生制列支，预算单位尚未使用的国库集中支付结余资金
2	2012	与上级往来	本级政府财政与上级政府财政的往来待结算款项
3	2015	其他应付款	政府财政临时发生的暂收、应付及收到不明性质的款项；也核算税务机关代征入库的社会保险费、项目单位使用并承担还债责任的外国政府及国际金融组织贷款等
4	2017	应付代管资金	政府财政代为管理的、使用权属于被代理主体的资金
5	2022	借入款项	政府财政部门以政府名义向外国政府和国际金融组织等借入的款项，以及国务院批准的以其他方式借入的款项
6	2026	应付地方政府债券转贷款	本级政府财政从上级政府财政借入的地方政府债券转贷款的本金及利息
7	2027	应付主权外债转贷款	本级政府财政从上级政府财政借入的主权外债转贷款的本金及利息
8	2091	已结报支出	政府财政国库执行机构已清算的国库集中支付支出数额（财政国库支付执行机构未单设的地区，不使用该科目）

三、财政总预算会计负债的计量、确认和列报

财政总预算会计核算的负债，应当按照承担的相关合同金额或实际发生金额进行计量。对符合负债定义的债务，应当在对其承担偿还责任，并且能够可靠地进行货币计量时确认。

符合负债定义并确认的负债项目，应当列入资产负债表。承担或有责任的负债（偿债责任需要通过未来不确定事项的发生或不发生予以证实），不列入资产负债表，但应在报表附注中披露。

任务六　与上级往来、借入款项及其他应付款项

一、与上级往来

与上级往来（款项）是指本级财政与上级财政之间的往来待结算款项，包括从上级财政无偿借入的款项、体制结算应上缴上级财政的款项、体制结算应由上级财政补助的款项。

各级财政总预算会计应设置"与上级往来"账户，用来核算与上级财

微课视频 3-5
与上级往来

政的往来待结算款项，贷方登记从上级财政借入款项和体制结算应上缴上级财政款项的增加数以及应由上级财政补助款项的减少数；借方登记从上级财政借入款项和体制结算应上缴上级财政款项的减少数以及应由上级财政补助款项的增加数，期末贷方余额反映本级财政欠上级财政的款项，借方余额为上级财政欠本级财政的款项。该账户应按有往来款项的上级财政部门进行明细核算。有政府性基金往来的地区，可按资金性质分户进行明细核算。

本账户应及时进行清理结算，年终未能结清的余额，结转下年。期末余额如在借方，在编制"资产负债表"时，应以负数反映。

本级财政向上级财政借款或体制结算中发生应上缴上级财政款项以及收到应由上级财政补助款项时，借记"国库存款""上解支出"等账户，贷记"与上级往来"账户。归还借款、转作上级补助收入或体制结算中应由上级补给款项时，借记"与上级往来"账户，贷记"国库存款""补助收入"等账户。

【例 3-28】 某省财政厅发生以下与上级往来业务。编制会计分录如下：

（1）向国家财政部借入临时周转资金 200 万元。

借：国库存款——一般公共预算存款	2 000 000
贷：与上级往来——国家财政部	2 000 000

（2）体制结算发生应上缴国家财政的款项 50 万元尚未缴纳。

借：上解支出	500 000
贷：与上级往来——国家财政部	500 000

上缴上述款项时，

借：与上级往来——国家财政部	500 000
贷：国库存款——一般公共预算存款	500 000

（3）体制结算应由国家财政部补助款项 700 万元尚未收到。

借：与上级往来——国家财政部	7 000 000
贷：补助收入	7 000 000

收到上述补助款时，

借：国库存款——一般公共预算存款	7 000 000
贷：与上级往来——国家财政部	7 000 000

二、借入款项

借入款项是指按照法定的程序核定的预算举借的债务，即指中央财政按全国人民代表大会批准的数额举借的国内和国外债务，以及地方财政根据国家法律或国务院批准举借的债务，主要有政府借款、向国际组织借款、其他国外借款、发行国库券等。举借债务主要用于弥补预算收入和预算支出之间的差额，即弥补财政赤字。

财政总预算会计应设置"借入款项"账户，用来核算财政借入款项的增减变化情况。贷方登记借入款项的增加数，借方登记借入款项的减少数，期末余额在贷方，反映尚未偿还的借入款项。该账户应按借款种类或债权人分户进行明细核算。

各级财政发行债券或举借债务收到款项时，借记"国库存款""其他财政存款"等账户，贷记"债务收入"账户；同时按照债务管理部门转来的相关资料，借记"待偿债净资产——

借入款项"账户,贷记"借入款项"账户。到期偿还本金时,借记"借入款项"账户,贷记"待偿债净资产——借入款项"账户,同时借记"债务还本支出"账户,贷记"国库存款"等账户。举债期间产生的利息,根据债务性质列入当年财政支出,借记"一般公共预算本级支出""政府性基金预算本级支出"等账户,贷记"国库存款"账户。

【例3-29】 某年中央财政发生以下借入款业务,分别编制会计分录如下:

(1) 根据全国人大决定财政部向外国政府举借债务折合人民币5亿元

借:国库存款——一般公共预算存款	500 000 000
贷:债务收入	500 000 000
借:待偿债净资产——借入款项	500 000 000
贷:借入款项——国外债务(某国政府)	500 000 000

(2) 到期归还外国政府债务5亿元

借:借入款项——国外债务(某国政府)	500 000 000
贷:待偿债净资产——借入款项	500 000 000
借:债务还本支出	500 000 000
贷:国库存款——一般公共预算存款	500 000 000

(3) 支付利息800万元

借:一般公共预算本级支出	8 000 000
贷:国库存款——一般公共预算存款	1 005 000 000

三、其他应付款项

其他应付款项是指各级财政临时发生的应付、暂收和其他不明性质的款项。其他应付款有的需要退还,有的可能转为收入。

财政总预算会计应设置"其他应付款"账户,用来核算各种其他应付款的增减变化情况。贷方登记其他应付款的增加数,借方登记冲转和退还数,期末余额在贷方,反映尚未结清的其他应付款项。该账户应按资金性质、债权单位或款项来源分户进行明细核算。

财政总预算会计收到暂存款时,借记"国库存款""其他财政存款"等账户,贷记"其他应付款"账户。清理退还暂存款或转作收入时,借记"其他应付款"账户,贷记"国库存款""其他财政存款"或"一般公共预算本级收入"等账户。

【例3-30】 某省财政厅发生下列暂存款业务,分别编制会计分录如下:

(1) 收到性质不明的预算款项30 000元

借:国库存款——一般预算存款	30 000
贷:其他应付款——收入项目待查款	30 000

(2) 经查以上款项是省公安厅交来罚没款,予以转销

借:其他应付款——收入项目待查款	30 000
贷:一般公共预算本级收入	30 000

任务七　其他负债

一、应付地方政府债券转贷款

应付转贷款是指地方政府财政向上级政府财政借入转贷资金而形成的负债，包括应付主权外债转贷款和应付地方政府债券转贷款。本节主要讲述应付地方政府债券转贷款。

财政总预算会计设置"应付地方政府债券转贷款"账户，用来核算地方财政从上级财政借入的地方政府债券转贷款的本金及利息核算情况。可根据用途设置"一般债券转贷款""专项债券转贷款"一级明细科目，再按照本息分别设置"应付本金""应付利息"二级明细。贷方登记应付地方政府债券转贷款的增加数，借方登记退还数，期末余额在贷方，反映尚未偿还的应付地方政府债券转贷款。

收到上级财政转贷资金时，借记"国库存款""其他财政存款"等账户，贷记"债务转贷收入"账户；同时根据债务管理部门转来的相关资料，借记"待偿债净资产——应付地方政府债券转贷款"账户，贷记"应付地方政府债券转贷款"账户。

【例3-31】　某市财政局从省财政厅收到地方政府债券转贷款8 000万元，用于安居工程，专项资金已到账，存入国库，则市财政局账务处理如下：

借：国库存款——一般预算存款　　　　　　　　　　　　　　　80 000 000
　　贷：债务转贷收入　　　　　　　　　　　　　　　　　　　　　80 000 000
同时，借：待偿债净资产——应付地方政府债券转贷款　　　　　　80 000 000
　　贷：应付地方政府债券转贷款　　　　　　　　　　　　　　　　80 000 000

二、已结报支出

已结报支出核算政府财政国库支付执行机构已清算的国库集中支付支出的数额，贷方登记国库支付执行机构当天与财政国库资金和财政专户存款资金已结清的支出数，借方登记年终转账数，年终转账后无余额。

每日汇总清算后，财政国库支付执行机构会计根据划款凭证回执联，对财政直接支付，借记"财政零余额账户存款"账户，贷记"已结报支出"账户；对于财政授权支付，借记"一般公共预算本级支出""政府性基金预算本级支出"等账户，贷记"已结报支出"账户；年终"已结报支出"账户合计金额一定等于"一般公共预算本级支出""政府性基金预算本级支出"等支出类科目的合计金额，结转做相反的会计分录。

微课视频3-6
已结报支出

【例3-32】　省财政国库支付执行机构汇总"预算支出结算清单"，财政直接支付500万元，已结算资金；代理银行送来"财政支出日报表"内列一般公共预算支出200万元。账务处理如下：

借：财政零余额账户存款　　　　　　　　　　　　　　　　　　5 000 000
　　贷：已结报支出——财政直接支付　　　　　　　　　　　　　　5 000 000
借：一般公共预算本级支出　　　　　　　　　　　　　　　　　2 000 000
　　贷：已结报支出——财政授权支付　　　　　　　　　　　　　　2 000 000

【例3-33】 省财政国库支付执行机构年终余额为：已结报支出 1 000 万元（其中财政直接支付金额 700 万元，财政授权支付金额 300 万元），一般公共预算支出 600 万元，政府性基金预算支出 400 万元。

借：已结报支出——财政直接支付   7 000 000
     ——财政授权支付   3 000 000
 贷：一般公共预算本级支出   6 000 000
   政府性基金预算本级支出   4 000 000

▎在线测试 ▎

在线测试   实务技能训练

项目四　财政总预算会计收入、支出及净资产

知识目标

1. 了解财政总预算会计收入、支出和净资产的概念，包含的内容及三者之间的结转关系；

2. 熟悉收入、支出及净资产科目的设置；

3. 掌握财政总预算收入、支出及净资产的账务处理。

能力目标

通过完成本任务，你应该：

1. 能够熟悉财政总预算会计收入、支出及净资产的核算内容及核算原则；

2. 能够掌握财政总预算会计收入、支出及净资产的账务处理及三者之间的结转关系。

项目任务

◆任务一：财政总预算会计收入

◆任务二：一般公共预算收入

◆任务三：政府性基金预算收入

◆任务四：国有资本经营预算收入

◆任务五：专项收入及转移性收入等

◆任务六：财政总预算会计支出

◆任务七：一般公共预算支出

◆任务八：政府性基金预算支出

◆任务九：国有资本经营预算支出

◆任务十：专项支出及转移性支出

◆任务十一：财政总预算会计净资产

◆任务十二：财政总预算会计净资产的核算

任务导入

财政部发布 2019 年财政收支情况

2019 年全国一般公共预算收支情况

一、一般公共预算收入支出情况

2019 年，全国一般公共预算收入为 190 382 亿元，同比增长 3.8％。其中，中央一般公共预算收入为 89 305 亿元，同比增长 4.5％；地方一般公共预算本级收入为 101 077 亿元，同比增长 3.2％。全国税收收入为 157 992 亿元，同比增长 1％；非税收入为 32 390 亿元，同比增长 20.2％。2019 年，全国一般公共预算支出 238 874 亿元，同比增长 8.1％。其中，中央一般公共预算本级支出 35 115 亿元，同比增长 6％；地方一般公共预算支出 203 759 亿元，同比增长 8.5％。其中教育支出和科学技术支出增长分别为：教育支出 34 913 亿元，同比增长 8.5％；科学技术支出 9 529 亿元，同比增长 14.4％。财政支出在教科领域增长率明显高于往年。

二、全国政府性基金预算收支情况

2019 年，全国政府性基金预算收入为 84 516 亿元，同比增长 12％。其中，中央政府性基金预算收入为 4 040 亿元，同比增长 0.1％；地方政府性基金预算本级收入为 80 476 亿元，同比增长 12.6％，其中国有土地使用权出让收入增长 11.4％。2019 年，全国政府性基金预算支出 91 365 亿元，同比增长 13.4％。其中，中央政府性基金预算本级支出 3 113 亿元，同比增长 0.8％；地方政府性基金预算相关支出 88 252 亿元，同比增长 13.9％，其中国有土地使用权出让收入安排的支出（含棚户区改造、土地储备专项债券收入安排的支出等）增长 8.8％。

三、全国国有资本经营预算收支情况

2019 年，全国国有资本经营预算收入为 3 960 亿元，同比增长 36.3％。其中，中央国有资本经营预算收入为 1 636 亿元，同比增长 23.3％；地方国有资本经营预算收入为 2 324亿元，同比增长 47.2％。全国国有资本经营预算支出 2 287 亿元，同比增长 6.2％。其中，中央国有资本经营预算本级支出 987 亿元，同比下降 3.7％；地方国有资本经营预算支出 1 300 亿元，同比增长 15.3％。

资料来源：财政部网站，[2020-02-10].

思考：2019 年财政收支情况是财政结余还是财政赤字？如果出现财政赤字，政府要采取哪些措施，以弥补财政赤字，达到收支平衡。

任务一　财政总预算会计收入

一、财政总预算会计收入的概念

财政收入是指政府为实现其职能，根据法律法规所取得的非偿还性资金，是一级财政的资金来源。财政总预算会计收入包括一般公共预算本级收入、政府性基金预算本级收入、国有资本经营预算本级收入、财政专户管理资金收入、专用基金收入、转移性收入、债务收入、债务转贷收入等。

二、财政总预算会计收入核算的会计科目表

根据自 2016 年 1 月 1 日起实施的《财政总预算会计制度》，财政总预算会计收入的会计科目名称及核算内容如表 4-1 所示。

表 4-1　财政总预算会计收入的会计科目名称及核算内容

序　号	科目编码	会计科目名称	会计科目核算内容
1	4001	一般公共预算本级收入	政府财政筹集的纳入本级一般公共预算管理的税收收入和非税收入
2	4002	政府性基金预算本级收入	政府财政筹集的纳入本级政府性基金预算管理的非税收入
3	4003	国有资本经营预算本级收入	政府财政筹集的纳入本级国有资本经营预算管理的非税收入
4	4005	财政专户管理资金收入	政府财政纳入财政专户管理的教育收费等资金收入
5	4007	专用基金收入	政府财政按照法律法规和国务院、财政部规定设置或取得的粮食风险基金等专用基金收入
6	4011	补助收入	核算上级政府财政按照财政体制规定或因专项需要补助给本级政府财政的款项，包括税收返还、转移支付等
7	4012	上解收入	核算按照体制规定由下级政府财政上交给本级政府财政的款项
8	4013	地区间援助收入	核算受援方政府财政收到援助方政府财政转来的可统筹使用的各类援助、捐赠等资金收入
9	4021	调入资金	核算政府财政为平衡某类预算收支，从其他类型预算资金及其他渠道调入的资金
10	4031	动用预算稳定调节基金	核算政府财政为弥补本年度预算资金的不足而调用的预算稳定调节资金
11	4041	债务收入	政府财政按照国家法律、国务院规定以发行债券方式取得资金，以及向外国政府、国际金融组织等机构借入并纳入预算管理的债务收入
12	4042	债务转贷收入	核算省级以下（不含省级）政府财政收到上级政府财政转贷的债务收入

任务二　一般公共预算收入

一般公共预算收入是财政收入的主要来源，是指政府凭借国家政治权力，以社会管理身份筹集纳入一般公共预算管理的财政收入，主要用于保障和改善民生、维持国家行政职能正常运转、保障国家安全等方面，其主要来源是税收收入。

一、一般公共预算收入的构成

一般公共预算收入项目的具体划分和内容，按《政府收支分类科目》办理。按照现行《政府收支分类科目》(2017 年)，一般公共预算收入主要包括以下几类。

（一）税收收入类

税收收入反映政府从开征的各种税收中取得的收入。其在一般公共预算收入中占最主要的份额，体现政府与纳税人之间的非交换性交易关系。

（二）非税收入类

非税收入反映政府从开征的各种税收之外取得的收入。非税收入总体上体现政府与缴款人之间直接的物品或服务非等价交换关系或成本补偿关系，或体现直接的行政管理关系，或体现缴款人使用国有资产的利益关系，或体现政府所从事的专门活动的成本补偿关系等。主要包括以下几种。

（1）专项收入。反映按照有关规定，如《排污费征收使用管理条例》等征收的专项收入。

（2）行政事业性收费收入。反映依据法律、行政法规、国务院有关规定、国务院财政部门会同价格主管部门共同发布的规章或规定所收取的各项收费收入。

（3）罚没收入。反映执法机关依法收缴的罚款（罚金）、没收款、赃款，没收物资、赃物的变价收入。

（4）国有资源（资产）有偿使用收入。反映有偿转让国有资源（资产）使用权而取得的收入。

（5）其他收入。反映除上述项目以外的捐赠收入等其他非税收入。

（三）债务收入类

债务收入是指政府财政按照国家法律、国务院规定以发行债券的方式取得资金，以及向外国政府、国际金融组织等机构借入并纳入预算管理的债务收入。

（四）转移性收入

转移性收入是指财政体系内部上下级财政之间的资金调拨，以及同级财政不同类型资金之间平衡划转过程中取得的收入。

备注：财政总预算会计核算的一般公共预算本级收入只包括税收收入和非税收入两类。发行债券取得收入通过"债务收入""债务转贷收入"等科目核算。转移性收入通过"补助收入""上解收入""调入资金"等科目核算。

二、一般公共预算收入的收缴、划分与报解

（一）一般公共预算收入的收缴

为了保证各项预算收入及时足额征集入库，加强各项预算收入的监督管理，国家专门设立了征收机关，即负责预算收入的征收管理的机构，包括财政机关、税务机关和海关。其在预算收入征收过程中的具体分工为：财政机关主要负责征收国有资本经营预算收入及其他预算收入等；税务机关主要负责国家各项工商税收、企业所得税和由税务机关征收的其他预算收入的征收；海关主要负责关税及国家指定其负责征收的其他预算收入的征收；不属于以上范围的预算收入，由国家指定征收机关，未经国家批准不得自行增设征收机关。

根据财政国库管理制度改革规定，一般公共预算收入都应直接缴入财政部门在中国人民银行开设的国库存款账户。收缴的方式有直接缴库、集中缴库和征收单位自收汇缴3种，各种收缴方式的程序如下。

（1）直接缴库。它是由基层缴款单位或缴款人按照国家有关法律法规的规定，将应缴纳的款项直接缴入财政国库的方式。在这种收缴方式下，直接缴库的税收收入，由纳税人

或税收代理人提出纳税申请,经征收机关审核无误后,由纳税人从其开户银行将税款直接缴入财政部门在中国人民银行开设的国库存款账户,直接缴库的其他收入参照上述程序缴入财政国库存款账户。

(2)集中汇缴。它是由征收机关按照有关法律法规的规定,将所收取的应缴款项汇总缴入财政国库的收缴方式。在这种收缴方式下,小额零散税收和其他应缴非税收入,特别是非税现金收入,由征收机关于收到应缴款项的当日,汇总缴入财政部门在中国人民银行开设的国库存款账户。

采用直接缴库或集中汇缴的收缴方式,征收机关均不需要设立应缴款项的过渡账户,即征收机关不需要将收到的应缴款项先存入自身在银行开设的专门账户,再通过该专门账户将应缴款项缴入财政国库存款账户。直接缴库和集中汇缴是财政国库单一账户制度下一般公共预算收入的两种收缴方式。

(3)征收单位自收汇缴。这是传统的一般公共预算收入的收缴方式,适用于尚未实行国库单一账户制度的情况。在这种收缴方式下,征收机关将按规定收取的应缴财政预算的款项先存入各自在银行开设的存款账户,再通过各自的存款账户将应缴财政款项缴入财政国库存款账户。自收汇缴方式下征收机关各自在银行开设的存款账户成为一般公共预算收入在收缴过程中的过渡账户。

(二)一般公共预算收入的划分与报解

无论采用何种收缴方式,财政国库在收到一般公共预算收入后,都应按照国家财政管理体制的规定,将一般公共预算收入在中央财政和地方财政之间,以及在地方各级财政之间进行划分。现行规定划分包括以下方面。

(1)中央财政固定收入,如消费税、车辆购置税、关税等。

(2)地方财政固定收入,如城镇土地使用税、耕地占用税、土地增值税、房产税、车船税、契税等。

(3)中央财政与地方财政共享收入,如增值税中央财政与地方财政分享比例为50:50,企业所得税、个人所得税、资源税、城市维护建设税、印花税等都属于中央财政与地方财政共享收入。

一般预算收入在地方各级财政之间的划分,由上一级财政部门制定本级财政与下级财政之间的管理体制,规定具体划分方法,各级财政按规定方法执行。

财政国库在对收到的一般预算收入进行划分后,将各级财政应得到的一般预算收入款项解入相应级别的财政国库存款账户,并同时以预算收入日报表的形式报送给相应级别的财政总预算会计。

根据预算法及其实施细则的规定,财政国库分为中央财政国库和地方财政国库,分别对中央财政和地方财政负责。县级以上各级预算必须设立国库;具备条件的乡镇也应设立国库,组成地方国库。中央国库业务由中国人民银行经理;地方国库业务由中国人民银行分支机构经理;未设中国人民银行分支机构的地区,委托有关金融机构办理。

中央国库分为总库、分库、中心支库、支库四级,分别由中国人民银行总行、各省(自治区、直辖市)分行、市(地、自治州)中心支行、县(市)支行经理。国库的业务工作实行上下级直接领导,分库以下各级国库的工作,直接对上级国库负责,下级国库应定期向上级国库报告工作情况,上级国库可以直接对下级国库布置检查工作。

三、一般公共预算收入的核算

财政总预算会计设置"一般公共预算本级收入"账户，用来核算各级财政的一般公共预算收入。贷方登记财政国库报来的各项预算收入数，当日预算收入为负数时，以红字记入，采用计算机记账的以负数反映，借方登记年终转销数，平时贷方余额反映年度内一般公共预算收入的累计数，年终结转"一般公共预算结转结余"账户后无余额。

收到国库报来的预算收入时，借记"国库存款"账户，贷记"一般公共预算本级收入"账户。年终结账将"一般公共预算本级收入"账户贷方余额全数转入"一般公共预算结转结余"账户时，借记"一般公共预算本级收入"账户，贷记"一般公共预算结转结余"账户。

【例4-1】　某省财政厅发生下列一般公共预算收入业务，编制会计分录如下：

（1）收到国库报来"预算收入日报表"，内列税收收入——增值税8万元，非税收入——水资源费收入3万元，非税收入——行政事业性收费4万元。

借：国库存款——一般公共预算存款　　　　　　　　　　　　　　150 000
　　贷：一般公共预算本级收入　　　　　　　　　　　　　　　　　　150 000

同时登记一般公共预算收入明细账户。

（2）年终将"一般公共预算本级收入"账户贷方余额15万元结转"一般公共预算结转结余"账户。

借：一般公共预算本级收入　　　　　　　　　　　　　　　　　　150 000
　　贷：一般公共预算结转结余　　　　　　　　　　　　　　　　　　150 000

同时，结清一般公共预算收入的各明细账户。

任务三　政府性基金预算收入

政府性基金预算收入是指按规定收取、转入或通过当年财政安排，由财政管理并具有指定用途的政府性基金，如民航机场项目建设基金、车辆购置附加税、车辆购置附加费、铁路建设基金、电力建设基金、三峡工程建设基金、新菜地开发基金、公路建设基金、农村教育费附加、港口建设费等均属政府性基金。本模块主要讲述政府性基金预算收入中"政府性基金预算本级收入"账户所核算的内容。

政府性基金预算本级收入是国家通过向社会征收以及出让土地、发行彩票等方式取得收入，专项用于支持特定基础设施建设和社会事业发展的财政收支预算，并纳入本级政府性基金预算管理的非税收入。

一、政府性基金预算本级收入的构成

（一）非税收入

非税收入是指反映各级政府及所属部门根据法律、行政法规规定并经国务院或财政部批准，向公民、法人和其他组织征收的，纳入政府性基金，具有特定用途的财政资金。在政府性基金预算收入下又分设：农网还贷资金收入、铁路建设基金收入、民航发展基金收入、港口建设费收入、旅游发展基金收入、文化事业建设费收入、地方教育附加收入、国家电影事业发展专项资金收入、新菜地开发建设基金收入、新增建设用地土地有偿使用费收入、育林基金收入、森林植被恢复费等。

（二）债务收入

地方政府会根据需要，发行专项债券取得债务收入，构成政府性基金预算本级收入中债务收入的内容。如海南省高等级公路车辆通行附加费债务收入、港口建设费债务收入、国家电影事业发展专项资金债务收入、农业土地开发资金债务收入、大中型水库库区基金债务收入、小型水库移民扶助基金债务收入、国家重大水利工程建设基金债务收入、污水处理费债务收入、土地储备专项债券收入等。

注：财政总预算会计核算的政府性基金预算本级收入只包括非税收入。发行债券取得收入通过"债务收入""债务转贷收入"等科目核算。

二、政府性基金预算本级收入的核算

各级财政部门在核算政府性基金预算本级收入时，应以缴入国库数或总预算会计实际收到的数额为准。为了反映和监督各级财政部门管理的政府性基金预算收入情况，须设置"政府性基金预算本级收入"科目。贷方登记取得的政府性基金预算收入，借方登记转销数，平时贷方余额反映当年政府性基金预算收入累计数，年终贷方余额全部转入"政府性基金预算结转结余"，结转后账户无余额。

取得政府性基金预算收入时，借记"国库存款"账户，贷记"政府性基金预算本级收入"账户。年终结转时，借记"政府性基金预算本级收入"账户，贷记"政府性基金预算结转结余"账户。

【例 4-2】 某省财政厅发生下列政府性基金预算收入业务，账务处理如下：

（1）收到国库报来政府性基金预算收入日报表，收到民航发展基金收入 120 万元，铁路建设基金收入 80 万元。

借：国库存款——政府性基金存款　　　　　　　　　　　　　　2 000 000
　　贷：政府性基金预算本级收入　　　　　　　　　　　　　　　　2 000 000
同时，登记政府性基金预算收入明细账户。

（2）年终将"政府性基金预算本级收入"账户贷方余额 200 万元全部转入"政府性基金预算结转结余"账户。

借：政府性基金预算本级收入　　　　　　　　　　　　　　　　2 000 000
　　贷：政府性基金预算结转结余　　　　　　　　　　　　　　　　2 000 000
同时，结清政府性基金预算收入的各明细账户。

任务四　国有资本经营预算收入

国有资本经营预算收入是指各级政府以所有者身份依法取得的国有资本收益。国有资本经营预算收入应当按照国有资本经营预算支出的内容综合安排使用。

一、国有资本经营预算收入的分类

（1）利润收入。反映国有独资企业等按规定上缴国家的利润。

（2）股利与股息收入。反映国有控股、参股企业国有股份获得的股利和股息收入。

（3）产权转让收入。反映国有资产（含国有股权）转让或出售收入。

（4）清算收入。反映国有独资企业清算收入（扣除清算费用），以及国有控股、参股企业国有股权（股份）分享的公司清算收入（扣除清算费用）。

（5）国有资本经营收入退库。反映按有关政策审批退库的国有资本经营收入。

（6）国有企业计划亏损补贴。反映由预算收入退库安排的国企计划亏损补贴。

（7）其他国有资本经营预算收入。反映上述内容以外的其他国有资本经营预算收入。

国有资本经营预算与一般公共预算、政府性基金预算一起，共同构成我国目前政府财政预算的3个预算类别。国有资本经营预算收入的收缴方式和程序，其划分和报解方法参照一般公共预算收入执行。

二、国有资本经营预算收入的核算

财政总预算会计设置"国有资本经营预算本级收入"账户，用来核算各级财政部门管理的国有资本经营预算收入。贷方登记收到的国有资本经营预算收入，借方登记国有资本经营预算收入转销数，平时贷方余额反映当年国有资本经营预算收入的累计数，年终贷方余额全部转入"国有资本经营预算结转结余"，结转后本账户应无余额。

收到国有资本经营预算收入时，借记"国库存款"账户，贷记"国有资本经营预算本级收入"账户。年终结转时，借记"国有资本经营预算本级收入"账户，贷记"国有资本经营预算结转结余"账户。

【例4-3】　某省财政厅发生下列国有资本经营预算本级收入业务，账务处理如下：

（1）收到国库报来国有资本经营预算收入日报表，收到利润收入——电子企业利润收入12万元，产权转让收入——国有独资企业产权转让收入40万元，清算收入——国有股权股份清算收入18万元。

借：国库存款——国有资本经营预算存款　　　　　　　　　　　　　700 000

　　贷：国有资本经营预算本级收入　　　　　　　　　　　　　　　　　700 000

同时登记国有资本经营预算收入明细账。

（2）年终将"国有资本经营预算本级收入"贷方余额300万元转入"国有资本预算结转结余"。

借：国有资本经营预算本级收入　　　　　　　　　　　　　　　3 000 000

　　贷：国有资本预算结转结余　　　　　　　　　　　　　　　　　3 000 000

同时，结清国有资本经营预算本级收入全部明细账户。

任务五　专项收入及转移性收入等

一、专用基金收入

专用基金收入是指政府财政依照法律法规设立的具有专门用途的资金收入，如粮食风险基金收入等。专用基金收入的来源主要有两个方面：一是上级财政拨入的专用基金收入；二是本级财政按规定从预算收入中提取的专用基金收入。

专用基金收入以总预算会计实际收到的数额为准。

财政总预算会计应设置"专用基金收入"账户，贷方登记专用基金收入增加数，借方登记转销或冲减数，该账户平时贷方余额反映财政部门当年专用基金收入累计数，年终结转入"专用基金结余"账户后，本账户无余额。

收到上级财政拨入专用基金收入时，借记"其他财政存款"账户，贷记"专用基金收入"账户。本级财政在预算中安排提取专用基金收入时，借记"一般公共预算本级支出"账户，贷记"国库存款"账户，同时，借记"其他财政存款"账户，贷记"专用基金收入"账户。年终结转时，借记"专用基金收入"账户，贷记"专用基金结余"账户。

【例 4-4】 某省财政厅发生下列专用基金收入业务，账务处理如下：

（1）收到国家财政部拨入的粮食风险基金收入 300 万元。

借：其他财政存款——专用基金存款　　　　　　　　　　　　3 000 000
　　贷：专用基金收入——粮食风险基金收入　　　　　　　　　　　3 000 000

（2）经财政部批准在本级一般公共预算中安排取得粮食风险基金 150 万元。

借：一般公共预算本级支出　　　　　　　　　　　　　　　　1 500 000
　　贷：国库存款——一般公共预算存款　　　　　　　　　　　　　1 500 000

同时，

借：其他财政存款——专用基金存款　　　　　　　　　　　　1 500 000
　　贷：专用基金收入——粮食风险基金收入　　　　　　　　　　　1 500 000

（3）年终将本年"专用基金收入"累计数 450 万元转入"专用基金结余"。

借：专用基金收入——粮食风险基金收入　　　　　　　　　　4 500 000
　　贷：专用基金结余　　　　　　　　　　　　　　　　　　　　4 500 000

二、财政专户管理资金收入

财政专户管理资金收入是指政府财政纳入财政专户管理的资金收入，主要包括教育收费、彩票发行机构和彩票销售机构的业务收费等收入。

收到财政专户管理资金收入时，借记"其他财政存款"账户，贷记"财政专户管理资金收入"账户。年终转账时，将"财政专户管理资金收入"贷方余额全部转入"财政专户管理资金结余"账户，借记"财政专户管理资金收入"账户，贷记"财政专户管理资金结余"账户。

【例 4-5】 某省财政厅发生下列财政专户管理资金收入业务，账务处理如下：

（1）收到彩票发行及机构发行费收入 5 万元，教育收费 12 万元。

借：其他财政存款——财政专户管理资金存款　　　　　　　　170 000
　　贷：财政专户管理资金收入——彩票发行费收入　　　　　　　　　50 000
　　　　　　　　　　　　　　　——教育收费收入　　　　　　　　　120 000

（2）年终将"财政专户管理资金收入"账户贷方余额 17 万元结转。

借：财政专户管理资金收入——彩票发行费收入　　　　　　　　50 000
　　　　　　　　　　　　　　——教育收费收入　　　　　　　　　120 000
　　贷：财政专户管理资金结余　　　　　　　　　　　　　　　　170 000

三、转移性收入

转移性收入又称资金调拨收入，是指根据财政管理体制的规定在上下级财政之间进行的资金调拨，以及在本级财政不同类型资金之间的调剂所形成的收入。

财政总预算会计依据转移性收入的性质将其分为补助收入、上解收入、调入资金及地区间援助收入等。

（一）补助收入

补助收入是指上级财政按照财政管理体制的规定或因专项、临时资金需要补助给本级财政的款项，包括税收返还款、按规定由上级财政补助的款项、上级财政对本级的专项补助和临时性补助款项。财政资金在上下级之间此消彼长，财政资金总额不变。

财政总预算会计应设置"补助收入"账户，核算上级财政部门拨来的补助款。贷方登记补助收入的增加数，借方登记补助收入的冲减和转销数，本账户平时贷方余额反映年度内补助收入的累计数，年终依据资金性质结转"一般公共预算结转结余""政府性基金预算结转结余"等账户，结转后无余额。

收到上级拨入的补助款时，借记"国库存款"账户，贷记"补助收入"账户。退还上级补助款时，借记"补助收入"账户，贷记"国库存款"账户。年终结账时，借记"补助收入"账户，贷记"一般公共预算结转结余"或"政府性基金预算结转结余"账户。

【例 4-6】　某省财政厅发生下列补助收入业务，分别编制会计分录如下：

（1）收到国库报来预算收入日报表，收到转移性收入合计 90 万元。其中一般公共预算转移性收入——体制补助收入 70 万元，政府性基金转移收入——公路建设基金补助 20 万元。

借：国库存款——一般公共预算存款　　　　　　　　　　　　700 000
　　　　　　——政府性基金预算存款　　　　　　　　　　　200 000
　　贷：补助收入　　　　　　　　　　　　　　　　　　　　　　　900 000

（2）年终将补助收入贷方余额 900 000 元结转。

借：补助收入　　　　　　　　　　　　　　　　　　　　　　900 000
　　贷：一般公共预算结转结余　　　　　　　　　　　　　　　　700 000
　　　　政府性基金预算结转结余　　　　　　　　　　　　　　　200 000

（二）上解收入

上解收入是指按财政管理体制的规定由下级财政上缴给本级财政的款项，主要包括一般性转移支付上解收入、专项转移支付上解收入、政府性基金转移支付上解收入等。

财政总预算会计设置"上解收入"账户，用来核算下级财政上缴的各种上解收入。贷方登记上解收入的增加数，借方登记上解收入的冲减或转销数，平时余额在贷方，反映上解收入的累计数。年终结转入预算结余账户后无余额。该账户应按上解款项的下级政府名称分户进行明细核算。

收到下级财政部门上解款项时，借记"国库存款"账户，贷记"上解收入"账户。退回下级上解款时，做相反方向的会计分录。年终结账时，借记"上解收入"账户，贷记"一般公共预算结转结余""政府性基金预算结转结余"等账户。

【例 4-7】　某省财政厅发生下列上解收入业务，分别编制会计分录如下：

（1）收到国库报来预算收入日报表，收到下属市财政上缴转移性收入合计 40 万元。其中：一般性转移收入 16 万元，政府性基金转移收入 24 万元。

借：国库存款——一般公共预算存款　　　　　　　　　　　160 000
　　　　　　——政府性基金预算存款　　　　　　　　　　240 000
　　贷：上解收入　　　　　　　　　　　　　　　　　　　　　　400 000

（2）年终将上解收入贷方余额40万元全部转入相应结余账户。

借：上解收入   400 000

 贷：一般公共预算结转结余   160 000

   政府性基金预算结转结余   240 000

（三）调入资金

调入资金是指政府财政不同性质的资金之间的调拨收入，包括一般公共预算调入资金、政府性基金预算调入资金等，其调剂的主要目的是平衡预算。本级财政不同性质的资金数会发生变化，但总额不变。

财政总预算会计应设置"调入资金"账户，用来核算各级财政部门因平衡一般预算收支从其他渠道调入的资金。贷方登记调入资金增加数，借方登记冲减或转销数，平时贷方余额反映年度内调入资金的累计数。年终结转"一般公共预算结转结余""政府性基金预算结转结余"等账户后，该账户无余额。该账户可按调入资金的渠道分户进行明细核算。

发生调入资金时，借记"国库存款"账户，贷记"调入资金"账户，同时，借记"调出资金"账户，贷记"国库存款"或"其他财政存款"账户。年终结账时，借记"调入资金"账户，贷记"一般公共预算结转结余"或"政府性基金预算结转结余"账户。

【例4-8】 某省财政厅发生下列调入资金业务，分别编制会计分录如下：

（1）为平衡预算从政府性基金存款中调出资金100万元至一般公共预存款。

借：国库存款——一般公共预算存款   1 000 000

 贷：调入资金——一般公共预算调入资金   1 000 000

借：调出资金——政府性基金预算调出资金   1 000 000

 贷：国库存款——政府性基金预算存款   1 000 000

（2）年终将"调入资金""调出资金"账户余额100万元分别结转预算结余。

借：调入资金——一般公共预算调入资金   1 000 000

 贷：一般公共预算结转结余   1 000 000

借：政府性基金预算结转结余   1 000 000

 贷：调出资金——政府性基金预算调出资金   1 000 000

（四）地区间援助收入

地区间援助输入是受援方政府财政收到援助方政府财政转来的可统筹使用的各类援助、捐赠等资金收入。

财政总预算会计应设置"地区间援助收入"账户，用来核算受援方政府财政收到的援助资金。贷方登记受援资金增加数，借方登记冲减或转销数，平时贷方余额反映年度内接受援助、捐赠资金的累计数。年终根据受援资金性质结转"一般公共预算结转结余""政府性基金预算结转结余"等账户后无余额。该账户可按援助方及资金性质进行明细核算。

收到援助资金时，借记"国库存款""其他财政存款"等账户，贷记"地区间援助收入"账户。年终结账时，借记"地区间援助收入"账户，贷记"一般公共预算结转结余"或"政府性基金预算结转结余"账户。

【例4-9】 H省财政厅收到F省财政厅援助的教育扶贫资金500万元，存入财政专户。

（1）收到援助款

借：其他财政存款——教育扶贫款   5 000 000

　　贷：地区间援助收入——财政专项资金(F省财政厅)　　　　　　　5 000 000

(2)年终结转

　　借：地区间援助收入——财政专项资金(F省财政厅)　　　　　　5 000 000

　　　　贷：财政专户管理资金结余　　　　　　　　　　　　　　　　5 000 000

四、动用预算稳定调节基金

　　动用预算稳定调节基金是指各级政府通过超收或清理整合结余资金安排的具有储备性质的资金，用于弥补短收年份预算执行的收支缺口，以及根据预算平衡情况，在安排年初预算时调入并安排使用的资金。

　　财政总预算会计设置"动用预算稳定调节基金"账户，核算政府财政为弥补本年度预算资金不足而调用的预算稳定调节基金。本科目平时贷方余额反映动用预算稳定调节基金累计数。

　　调用预算稳定调节基金时，借记"预算稳定调节基金"账户，贷记"动用预算稳定调节基金"账户；年终结账时，借记"动用预算稳定调节基金"账户，贷方"一般公共预算结转结余"账户，该科目年终结转后无余额。

　　【例4-10】　某省财政厅为平衡预算，弥补收支缺口，从预算稳定调节基金中调入资金70万元，账务处理如下：

(1)调入资金时

　　借：预算稳定调节基金　　　　　　　　　　　　　　　　　　　700 000

　　　　贷：动用预算稳定调节基金　　　　　　　　　　　　　　　　700 000

(2)年终将补动用预算稳定调节基金70万元结转

　　借：动用预算稳定调节基金　　　　　　　　　　　　　　　　　700 000

　　　　贷：一般公共预算结转结余　　　　　　　　　　　　　　　　700 000

任务六　财政总预算会计支出

一、财政总预算支出的概念

　　财政支出主要是指政府财政为实现政府职能，根据有关法律法规的要求，对财政资金进行分配和使用，包括一般公共预算支出、政府性基金预算支出、国有资本经营预算支出、财政专户管理资金支出、专用基金支出、转移性支出、债务还本支出、债务转贷支出等。

二、财政总预算会计支出核算的会计科目

　　根据自2016年1月1日起实施的《财政总预算会计制度》，财政总预算会计支出的会计科目名称及核算内容如表4-2所示。

表4-2　财政总预算会计支出的会计科目名称及核算内容

序　号	科目编码	会计科目名称	会计科目核算内容
1	5001	一般公共预算本级支出	政府财政管理的由本级政府使用的列入一般公共预算的支出

续表

序　号	科目编码	会计科目名称	会计科目核算内容
2	5002	政府性基金预算本级支出	政府财政管理的由本级政府使用的列入政府性基金预算的支出
3	5003	国有资本经营预算本级支出	政府财政管理的由本级政府使用的列入国有资本经营预算的支出
4	5005	财政专户管理资金支出	政府财政用纳入财政专户管理的教育收费资金安排的支出
5	5007	专用基金支出	政府财政用专用基金收入安排的支出
6	5011	补助支出	本级政府财政按财政体制的规定或因专项需要补助给下级财政的款项
7	5012	上解支出	本级政府财政按财政体制的规定上交给上级政府财政的款项
8	5013	地区间援助支出	援助方政府安排用于受援方政府财政的各类援助、捐赠等资金支出
9	5021	调出资金	政府财政为平衡预算收支，从某类资金向其他类型资金调出的款项
10	5031	安排预算稳定调节基金	政府财政按有关规定安排的预算稳定调节基金
11	5041	债务还本支出	核算政府财政偿还本级财政应负担的纳入预算管理的债务本金支出
12	5042	债务转贷支出	核算本级政府向下级政府财政转贷的债务支出

三、财政总预算会计支出的确认、计量

财政总预算会计支出应按照实际支付的金额入账，年末可采用权责发生制将国库集中支付结余列支入账；从本级财政支出中安排提取的专用基金，按照实际提取金额列支入账；财政专户管理资金支出、专用基金支出应当按照实际支付的金额入账；转移性支出应按照财政体制的规定或实际发生金额入账；债务还本支出和债务转贷支出应当按照实际偿还或转贷数额列支。此外，凡是属于预拨经费的款项，到期转列支出时，应当按规定列报口径转列；对于收回当年已经列支的款项，应冲销当年支出，对收回以前年度已经列支的款项，除财政部门另有规定外，应冲销当年支出。

任务七　一般公共预算支出

一、一般公共预算支出的概念及分类

一般公共预算支出是指各级政府财政对收到的一般公共预算收入按照有关规定和计划进行分配和使用形成的支出。按照 2017 年《政府收支分类科目》的规定，将一般公共预算支出按支出功能(简单说就是政府主要职能活动)分为类、款、项 3 级。其中，类级科目反映政府主要职能，如国防、教育、卫生、医疗等；款级科目反映政府履行某项职能所要从事的主要活动，如教育类下面的普通教育、特殊教育等；项级科目反映某项活动下的具体

事项，如普通教育下的小学教育、初中教育等。

参照国家 2017 年《政府收支分类科目》，目前一般公共预算按支出功能，类级科目分为一般公共服务支出、外交支出、国防支出、公共安全支出、教育支出、科学技术支出、文化体育与传媒支出等 26 大类。

★链接：一般公共预算本级支出具体分类，可查阅财政部制定的 2017 年《政府收支分类科目》。本书从略。

二、一般公共预算的支付方式和程序

一般公共预算支付方式有 3 种，国库单一账户制度下的财政直接支付和财政授权支付、传统财政资金支付模式下的财政实拨资金方式共同构成了财政资金的支付方式。财政直接支付与财政授权支付在国库单一账户制度中均有介绍，此处只介绍财政实拨资金方式。

财政实拨资金支付方式是指财政部门将预算资金拨付到预算单位在商业银行开设的银行存款账户上，预算单位实际使用预算资金时直接从其银行存款账户中进行支付的一种财政资金支付方式。这是一种传统的财政资金支付方式。在财政实拨资金支付方式下，预算单位根据经批准的单位预算和资金使用计划，按照规定的时间和程序向财政部门提交预算经费拨款申请。财政部门对预算单位提交的预算经费拨款申请审核无误后，将一般预算资金从中国人民银行担任的国库存款账户拨付至预算单位在商业银行开设的银行存款账户。预算单位使用一般预算资金时，再从其银行存款账户中提取或通过转账方式将款项支付给收款人。

在财政实拨资金方式下，从财政国库拨出而尚未实际使用的财政资金分散存放在各预算单位的银行存款账户上，在财政直接支付和财政授权支付方式下，尚未使用的财政资金集中存放在中国人民银行国库存款账户上。这是财政实拨资金方式与财政直接支付方式和财政授权支付方式的根本区别。

三、一般公共预算支出的核算

财政总预算会计应设置"一般公共预算本级支出"账户，用来核算各级财政一般公共预算支出的增减变化情况。借方登记一般公共预算支出列报的支出数，贷方登记冲减或转销数，本账户平时借方余额反映年度内一般预算支出的累计数。年终结转"一般公共预算结转结余"账户后无余额。该账户根据一般公共预算支出功能分为类、款、项科目，分设相应明细账进行明细核算。

确认一般预算支出时，借记"一般公共预算本级支出"账户，贷记"国库存款"账户。年终结转时，借记"一般公共预算结转结余"账户，贷记"一般公共预算本级支出"账户。

【例 4-11】 某省财政厅发生下列一般公共预算支出业务，账务处理如下。

(1) 根据本日一般公共预算支出结算清单，以财政直接支付方式支付一般公共预算支出 27 万元，其中政协事务支出 15 万元、教育支出 12 万元。

借：一般公共预算本级支出   270 000

 贷：国库存款——一般公共预算存款   270 000

同时，登记"一般公共预算本级支出"对应明细科目，说明一般公共预算支出的构成内容，起到补充说明的作用 。以下登记方式类同，不再赘述。

(2) 根据本日预算支出结算清单，以财政授权支付方式支付一般公共预算支出 10 万元，其中包括科技进步奖 7 万元、医疗卫生经费 3 万元。

借：一般公共预算本级支出 100 000

　　贷：国库存款——一般公共预算存款 100 000

（3）按批准的预算计划，以财政实拨资金方式向未实行国库集中收付制度的某预算单位拨付一般公共预算支出资金 50 万元。

借：一般公共预算本级支出 500 000

　　贷：国库存款——一般公共预算存款 500 000

（4）年终将"一般公共预算本级支出"账户借方余额 20 000 万元，结转"一般公共预算结转结余"账户。

借：一般公共预算结转结余 200 000 000

　　贷：一般公共预算本级支出 200 000 000

任务八　政府性基金预算支出

一、政府性基金预算支出概述

政府性基金预算支出是指财政依据专款专用原则，以集中的政府性基金预算收入安排的支出。

按照 2017 年《政府收支分类科目》的规定，分为教育支出、科学技术支出、文化体育与传媒支出、节能环保支出、城乡社区支出等 15 大类；类级科目下设置款级科目；款级科目下设置项级科目。类、款、项 3 级科目，逐级递进，内容逐渐细化。

★链接：政府性基金预算支出具体分类，可查阅 2017 年财政部《政府收支分类科目》。本书从略。

二、政府性基金预算支出的核算

政府性基金预算支出应按规定的用途，做到先收后支、量入为出、专款专用。"政府性基金预算本级支出"科目核算各级财政部门用政府性基金预算收入安排的支出。该账户的借方登记政府性基金预算本级支出增加数，贷方登记该支出收回或冲销转账数，平时余额在借方，反映当年政府性基金预算支出累计数，年终转入"政府性基金预算结转结余"账户，结转后无余额。

发生政府性基金预算本级支出时，借记"政府性基金预算本级支出"账户，贷记"国库存款""其他财政存款"等账户；该支出收回或冲销转账时，做相反的会计分录。年终结转时借记"政府性基金预算结转结余"账户，贷记"政府性基金预算本级支出"账户。

【例 4-12】某省财政厅发生下列政府性基金预算支出业务，账务处理如下：

（1）根据当日政府性基金预算支出结算清单，以财政直接支付方式支付基金预算支出 20 万元，其中城乡社区事务支出 17 万元、农林水事务支出 3 万元。

借：政府性基金预算本级支出 200 000

　　贷：国库存款——政府性基金预算存款 200 000

同时，在"政府性基金预算本级支出"账户下登记相应明细账户，以下不再赘述。

（2）年终将"政府性基金预算本级支出"账户的借方余额 3 000 万元，全数转入"政府性基金预算结转结余"账户。

借：政府性基金预算结转结余　　　　　　　　　　　　　300 000 000
　　贷：政府性基金预算本级支出　　　　　　　　　　　　　　　300 000 000

同时，结清"政府性基金预算本级支出"各相关明细账户。

任务九　国有资本经营预算支出

一、国有资本经营预算支出概述

国有资本经营预算支出是指用国有资本经营预算收入安排的纳入预算管理的支出。国有资本经营预算单独编制，按照当年国有资本经营预算收入的规模安排国有资本经营预算支出，不编制赤字预算。

按照 2017《政府收支科目分类》，国有资本经营预算支出科目按功能分设类、款、项三级。类级科目分为社会保障和就业支出、国有资本经营预算支出、转移性支出等三大类；类级科目下设款级科目；款级科目下设相应的项级科目，三级科目逐级递进细化。

国有资本经营预算本级支出具体分类，可查阅 2017 年《政府收支分类科目》。本书从略。

二、国有资本经营预算支出的核算

财政总预算会计应设置"国有资本经营预算本级支出"账户，用来核算各级财政用国有资本经营预算收入安排的支出。借方登记国有资本经营预算支出的发生数，贷方登记支出收回或冲销数，平时借方余额反映年度内国有资本经营预算支出的累计数，年终结转"国有资本经营预算结转结余"账户后无余额。

发生国有资本经营预算支出时，借记"国有资本经营预算本级支出"账户，贷记"国库存款"账户。支出收回或冲转时，借记有关账户，贷记"国有资本经营预算本级支出"账户。年终将"国有资本经营预算本级支出"账户借方余额转入"国有资本经营预算结转结余"账户时，借记"国有资本经营预算结转结余"账户，贷记"国有资本经营预算本级支出"账户。

【例 4-13】 某省财政厅发生下列国有资本经营预算支出业务，账务处理如下。

（1）根据批准的国有资本经营预算，以财政实拨资金方式向某预算单位拨付资金 60 万元。具体支出项目为：科学技术 19 万元、节能环保 41 万元。

借：国有资本经营预算本级支出　　　　　　　　　　　　600 000
　　贷：国库存款——国有资本经营预算存款　　　　　　　　　600 000

同时，在"国有资本经营预算本级支出"账户下登记相关明细科目。

（2）年终将"国有资本经营预算本级支出"账户的借方余额 1 600 万元，全数转入"国有资本经营预算结转结余"账户。

借：国有资本经营预算结转结余　　　　　　　　　　　　16 000 000
　　贷：国有资本经营预算本级支出　　　　　　　　　　　　　16 000 000

任务十　专项支出及转移性支出

一、专用基金支出

专用基金支出是指用专用基金收入安排的支出。专用基金支出与专用基金收入存在对应关系。财政总预算会计在安排各项专用基金支出时，应按规定的用途安排使用，并做到先收后支、量入为出。专用基金支出一般从其他财政存款户中支付。

财政总预算会计应设置"专用基金支出"账户，用来核算各级财政用专用基金收入安排的支出。借方登记各项专用基金支出的增加数，贷方登记冲减或转销数，平时借方余额反映年度内专用基金支出的累计数。年终结转"专用基金结余"账户后无余额。该账户按专用基金的种类设置明细账户。

财政总预算会计发生专用基金支出时，借记"专用基金支出"账户，贷记"其他财政存款"等相关账户。支出收回时做相反的分录。年终将"专用基金支出"账户借方余额结转"专用基金结余"账户时，借记"专用基金结余"账户，贷记"专用基金支出"账户。

【例4-14】　某省财政厅发生下列专用基金支出业务，账务处理如下。

（1）根据有关文件规定拨付粮食部门粮食风险基金200万元

借：专用基金支出——粮食风险基金支出　　　　　　　　　　　　　　　2 000 000
　　贷：其他财政存款——专用基金存款　　　　　　　　　　　　　　　　　2 000 000

（2）年终将"专用基金支出"借方余额4 000万元转入"专用基金结余"

借：专用基金结余　　　　　　　　　　　　　　　　　　　　　　　　40 000 000
　　贷：专用基金支出——粮食风险基金支出　　　　　　　　　　　　　　40 000 000

二、财政专户管理资金支出

财政专户管理资金支出是指用纳入财政专户管理的教育收费等资金所安排的支出。

发生财政专户管理资金支出时，借记"财政专户管理资金支出"账户，贷记"其他财政存款"账户。年终转账时，借记"财政专户管理资金结余"账户，贷记"财政专户管理资金支出"账户。本账户结转后无余额。

【例4-15】　某省财政厅发生下列财政专户管理资金支出业务，账务处理如下。

（1）拨付某办学机构师资培训费40万元

借：财政专户管理资金支出——教育培训支出　　　　　　　　　　　　　　400 000
　　贷：其他财政存款——教育经费存款　　　　　　　　　　　　　　　　　400 000

（2）年终将"财政专户管理资金支出"账户借方余额100万元转入"财政专户管理资金结余"

借：财政专户管理资金结余　　　　　　　　　　　　　　　　　　　　　1 000 000
　　贷：财政专户管理资金支出——教育培训支出　　　　　　　　　　　　1 000 000

三、转移性支出

转移性支出又称资金调拨支出，是根据财政管理体制的规定在各级财政之间进行的资金调拨，以及在同级财政不同类型资金之间进行调剂所形成的支出。

根据《政府收支分类科目》的规定，按照上下级财政之间资金划拨及本级财政不同性质资金之间的调剂，转移性支出分为补助支出、上解支出、调出资金及地区间援助支出。

（一）补助支出

补助支出是指本级财政按财政管理体制的规定或因专项、临时性资金需要补助给下级财政的款项及其他转移支付的支出。补助支出是本级财政对下级财政的资金转移，结果是减少本级财政的资金，增加下级财政的资金。本级财政的补助支出业务与下级财政的补助收入业务相对应。

财政总预算会计应设置"补助支出"账户，用来核算补助支出的增减变化情况。借方登记补助支出的增加数，贷方登记冲减和转销数，平时借方余额反映年度内补助支出的累计数。年终结转"一般公共预算结转结余""政府性基金预算结转结余""国有资本经营预算结转结余"等账户后无余额。

发生补助支出时，借记"补助支出"账户，贷记"国库存款"账户。支出退回时，做相反的会计分录。年终该账户借方余额全数转入"一般公共预算结转结余""政府性基金预算结转结余""国有资本经营预算结转结余"等账户时，借记"一般公共预算结转结余""政府性基金预算结转结余""国有资本经营预算结转结余"等账户，贷记"补助支出"账户。

【例 4-16】 某省财政厅发生下列补助支出业务，账务处理如下。

（1）拨付 A 市财政局一般公共预算补助款 350 万元，具体项目为：税收返还性支出 170 万元、调整工资转移支付支出 180 万元。

  借：补助支出——A 市财政局   3 500 000
    贷：国库存款——一般公共预算存款   3 500 000

同时在"补助支出"账户的下列明细账户借方登记：

税收返还性支出 1 700 000
工资转移支付   1 800 000

（2）拨付 B 市财政局政府性基金补助款 800 万元，具体项目：地震灾后恢复重建补助支出 800 万元。

  借：补助支出——B 市财政局   8 000 000
    贷：国库存款——政府性基金预算存款   8 000 000

同时在"补助支出"明细账户借方登记地震灾后恢复重建补助支出 800 万元。

（3）年终，将"补助支出"账户的借方余额 1 150 万元，结转有关结余账户。

  借：一般公共预算结转结余   3 500 000
    政府性基金预算结转结余   8 000 000
    贷：补助支出——A 市财政局   3 500 000
       ——B 市财政局   8 000 000

同时结清各相关明细账户。

（二）上解支出

上解支出是指本级财政按照财政管理体制的规定上交给上级财政的款项，是本级财政对上级财政的资金转移，结果是减少本级财政的资金，增加上级财政的资金，但国家财政资金总额不变。本级财政的上解支出业务和上级财政的上解收入相对应。

财政总预算会计应设置"上解支出"账户,用来核算上解支出的增减变化情况。借方登记上解支出的增加数,贷方登记支出冲减或转销数,平时借方余额反映年度内上解支出的累计数。年终结转"一般公共预算结转结余""政府性基金预算结转结余"等账户后无余额。

发生上解支出时,借记"上解支出"账户,贷记"国库存款"账户。上解支出退转时,做相反的分录。年终本账户借方余额结转"一般公共预算结转结余""政府性基金预算结转结余"时,借记"一般公共预算结转结余""政府性基金预算结转结余"账户,贷记"上解支出"账户。

【例 4-17】 某省财政厅发生下列上解支出业务,账务处理如下。

(1) 按财政管理体制的规定上解国家财政部预算款 500 万元,具体为:一般公共预算上解支出 310 元、政府性基金预算上解支出 120 万元、国有资本经营预算上解支出 70 万元。

借:上解支出——国家财政部 5 000 000
　　贷:国库存款——一般公共预算存款 3 100 000
　　　　　　——政府性基金预算存款 1 200 000
　　　　　　——国有资本经营预算存款 700 000

(2) 年终将"上解支出"账户的借方余额 500 万元,结转有关结余账户。

借:一般公共预算结转结余 3 100 000
　　政府性基金预算结转结余 1 200 000
　　国有资本经营预算结转结余 700 000
　　贷:上解支出——国家财政部 5 000 000

(三) 调出资金

调出资金是指同级政府财政中不同性质资金之间的调拨支出。调出资金的目的是维持本级财政资金预算平衡。调出资金业务不会影响上下级财政的资金数额变化,也不会影响本级财政的资金总额的变化,只是本级财政内部不同性质资金的数额发生变化。

财政总预算会计应设置"调出资金"账户,用来核算调出资金的增减变化情况。借方登记调出资金的增加数,贷方登记冲减或转销数,平时借方余额反映年内调出资金的累计数,年终结转有关结余账户后无余额。本账户按照调拨资金的性质设置明细账。

发生同级财政资金调拨时,借记"调出资金"账户,贷记"国库存款"账户,同时,借记"国库存款"账户,贷记"调入资金"账户。年终将"调出资金"账户借方余额结转有关结余账户时,借记"一般公共预算结转结余""政府性基金预算结转结余""国有资本经营预算结转结余"等账户,贷记"调出资金"账户。

【例 4-18】 某省财政厅为平衡内部预算资金,发生下列业务,账务处理如下。

(1) 为弥补一般公共预算资金不足,从政府性基金预算结转结余中调出资金 800 万元,从国有资本经营预算结余中调出资金 100 万元。

借:调出资金——政府性资金预算结余 8 000 000
　　　　　　——国有资本经营预算结余 1 000 000
　　贷:国库存款——政府性基金预算存款 8 000 000
　　　　　　——国有资本经营预算存款 1 000 000

　　同时:

| 借：国库存款——一般公共预算存款 | 9 000 000 | |
| 　贷：调入资金——一般公共预算资金 | | 9 000 000 |

（2）年终，将"调出资金""调入资金"账户的余额 9 000 000 元，分别结转对应的结余账户。

借：政府性基金预算结转结余	8 000 000	
国有资本经营预算结转结余	1 000 000	
贷：调出资金——政府性资金预算结余		8 000 000
——国有资本经营预算结余		1 000 000

同时：

| 借：调入资金——一般公共预算资金 | 9 000 000 | |
| 　贷：一般公共预算结转结余 | | 9 000 000 |

（四）地区间援助支出

地区间援助支出核算援助方政府安排用于受援方政府财政部门统筹使用的各类援助、捐赠等资金支出。

发生地区间援助资金支出时，借记本科目，贷记"国库存款"科目；年终本科目借方余额，应根据资金的性质分别转入"一般公共预算结转结余""政府性基金预算结转结余"等科目，借记"一般公共预算结转结余""政府性基金预算结转结余"科目，贷记"地区间援助支出"。

四、安排预算稳定调节基金

为正确核算财政按照有关规定安排的预算稳定调节基金，财政总预算会计在支出类科目中设置了"安排预算稳定调节基金"科目，借方余额反映安排预算稳定调节基金的累计数。年终转入"一般公共预算结转结余"后，该科目无余额。

补充预算稳定调节基金时，借记"安排预算稳定调节基金"，贷记"预算稳定调节基金"账户；年终全数转入"一般公共预算结转结余"，借记"一般公共预算结转结余"账户，贷记"安排预算稳定调节基金"账户。

【例 4-19】 某省财政厅为平衡本级预算，弥补收支缺口，从财政超收收入中安排 200 万元用于增加预算稳定调节基金，账务处理如下。

| 借：安排预算稳定调节基金 | 2 000 000 | |
| 　贷：预算稳定调节基金 | | 2 000 000 |

年终将"安排预算稳定调节基金"借方余额 200 万元全数结转。

| 借：一般公共预算结转结余 | 2 000 000 | |
| 　贷：安排预算稳定调节基金 | | 2 000 000 |

任务十一　财政总预算会计净资产

一、净资产概述

净资产是指一级财政所掌管的资产净值，即资产总额减去负债总额后的余额。

财政总预算会计的净资产包括各项结转结余、预算周转金、预算稳定调节基金、资产基金和待偿债净资产等。结转结余是指财政收支的执行结果，即收入减去支出后的差额，是下一年度可以结转使用或重新安排使用的资金，包括一般公共预算结转结余、政府性基金预算结转结余、国有资本经营预算结转结余、专用基金结余和财政专户管理资金结余。各项结转结余应每年结算一次。年终将各项收入与相应的支出冲销后，即为该项资金当年的结转结余。当年结转结余加上上年年末滚存结转结余为本年年末滚存结转结余。

二、财政总预算会计净资产核算的会计科目

按照现行《财政总预算会计制度》的规定，财政总预算会计净资产会计科目的名称及核算内容如表 4-3 所示。

表 4-3　财政总预算会计净资产会计科目的名称及核算内容

序　　号	科目编码	会计科目名称	会计科目核算的内容
1	3001	一般公共预算结转结余	政府财政纳入一般公共预算管理的收支相抵后形成的结转结余
2	3002	政府性基金预算结转结余	政府财政纳入政府性基金预算管理的收支相抵后形成的结转结余
3	3003	国有资本经营预算结转结余	政府财政纳入国有资本经营预算管理的收支相抵后形成的结转结余
4	3005	财政专户管理资金结余	政府财政纳入财政专户管理的教育收费等资金相抵后形成的结余
5	3007	专用基金结余	政府财政管理的专用基金收支相抵后形成的结余
6	3033	预算周转基金	政府财政设置的用于调剂预算年度内季节性收支差额等周转使用的资金 预算周转金应根据《中华人民共和国预算法》的要求设置
7	3081	资产基金	政府财政持有的应收地方政府债券转贷款、应收主权外债转贷款、股权投资和应收股利等资产（与其相关的资金收支纳入预算管理）在净资产中占用的金额
8	3082	待偿债净资产	政府财政因发生应付政府债券、借入款项、应付地方政府债券转贷款、应付主权外债转贷款、其他负债等负债（与其相关的资金收支纳入预算管理）相应的需要在净资产中冲减的金额

三、财政总预算净资产管理

财政总预算会计净资产中的各项结余必须分别核算，不能混淆，每年应结算一次。在结算之前，应当全面进行清理。

任务十二　财政总预算会计净资产的核算

一、一般公共预算结转结余

一般公共预算结转结余是指一般公共预算收支的执行结果，即一般公共预算本级收入

减去一般公共预算本级支出后的差额。它是各级财政执行政府一般公共预算的结果。

按照国家现行预算管理办法和预算会计制度的规定，一般公共预算类收支包括以下内容。

（一）收入类

一般公共预算类收入包括一般公共预算本级收入、转移性收入中的一般公共预算转移性收入（补助收入、上解收入、调入资金及地区间援助收入）、债务收入、债务转贷收入、动用预算稳定调节基金等。

（二）支出类

一般公共预算类支出包括一般公共预算本级支出、转移性支出中的一般公共预算转移性支（补助支出、上解支出、调出资金及地区间援助支出）、安排预算稳定调节基金、债务转贷支出、债务还本支出等。

（三）一般公共预算结转结余的核算

财政总预算会计应设置"一般公共预算结转结余"账户，用来核算各级财政一般公共预算结余情况。贷方登记一般公共预算收入类账户贷方余额的转入数，借方登记一般公共预算支出类账户借方余额的转入数。该账户年终贷方余额反映本年度预算滚存结余，转入下年度。

财政总预算会计年终结转，将一般公共预算收入类账户转入一般公共预算结转结余时，借记"一般公共预算本级收入""补助收入""上解收入""调入资金""债务收入""债务转贷收入""动用预算稳定调节基金"等账户，贷记"一般公共预算结转结余"账户。将一般公共预算支出类账户转入预算结余时，借记"一般公共预算结转结余"账户，贷记"一般公共预算本级支出"，"补助支出""上解支出""调出资金""地区间援助支出""安排预算稳定调节基金""债务还本支出""债务转贷支出"等账户。

【例4-20】某省财政厅2019年年终结账前收入、支出类账户余额如表4-4所示。

表4-4　账户余额表　　　　　　　　　　　　　　　单位：万元

2019年12月31号

收入类科目	贷方余额	支出类科目	借方余额
一般公共预算本级收入	60 000	一般公共预算本级支出	50 000
政府性基金预算本级收入	35 000	政府性基金预算本级支出	28 000
国有资本经营预算本级收入	4 000	国有资本经营预算本级支出	3 400
补助收入——一般预算资金	617	补助支出——一般预算资金	500
补助收入——政府性预算资金	1 180	补助支出——政府性预算资金	1 500
补助收入——国有资本经营资金	620	补助支出——国有资本经营资金	300
上解收入——一般预算资金	80	上解支出——一般预算资金	160
上解收入——政府性预算资金	600	上解支出——政府性预算资金	500
上解收入——国有资本经营资金	880	上解支出——国有资本经营资金	60
调入资金——一般预算资金	50	调出资金——一般预算资金	140
调入资金——政府性预算资金	140	调出资金——政府性预算资金	50

依据表4-4，结转一般公共预算收支账户至"一般公共预算结转结余"账户。

（1）将一般公共预算收入账户结转"一般公共预算结余"账户，账务处理如下：

借：一般公共预算本级收入　　　　　　　　　　　　　　　　600 000 000
　　补助收入——一般预算　　　　　　　　　　　　　　　　　6 170 000
　　上解收入——一般预算　　　　　　　　　　　　　　　　　　800 000
　　调入资金——一般预算　　　　　　　　　　　　　　　　　　500 000
　　贷：一般公共预算结转结余　　　　　　　　　　　　　　　607 470 000

（2）将一般公共预算类支出结转"一般公共预算结余"账户，账户处理如下：

借：一般公共预算结转结余　　　　　　　　　　　　　　　　508 000 000
　　贷：一般公共预算本级支出　　　　　　　　　　　　　　　500 000 000
　　　　补助支出——一般预算　　　　　　　　　　　　　　　　5 000 000
　　　　上解支出——一般预算　　　　　　　　　　　　　　　　1 600 000
　　　　调出资金——一般预算　　　　　　　　　　　　　　　　1 400 000

二、政府性基金预算结转结余

政府性基金预算结转结余是指政府性基金预算收支的执行结果，即政府性基金预算本级收入减去政府性基金预算本级支出后的差额，每年年终结算一次。

按照国家现行预算管理办法和制度的规定，政府性基金预算类收支包括以下内容。

（一）收入类

政府性基金预算类收入包括政府性基金预算本级收入、政府性基金预算转移性收入（补助收入、上解收入、调入资金及地区间援助收入）、债务收入及债务转贷收入等。

（二）支出类

政府性基金预算类支出包括政府性基金预算本级支出、政府性基金预算转移性支出（补助支出、上解支出、调出资金及地区间援助支出）、债务转贷支出、债务还本支出等。

（三）政府性基金预算结转结余的核算

财政总预算会计应设置"政府性基金预算结转结余"账户，用来核算各级财政管理的政府性基金收支的年终执行结果。贷方登记政府性基金预算收入类账户贷方余额转入数，借方登记政府性基金预算支出类账户借方余额的转入数，该账户年终贷方余额，反映本年政府性基金的滚存结余，转入下年度。

财政总预算会计年终结转政府性基金收支，将政府性基金预算收入类账户贷方余额转入政府性基金预算结余时，借记"政府性基金预算本级收入""补助收入""上解收入""调入资金"等账户，贷记"政府性基金预算结转结余"账户。将政府性基金预算支出类账户的借方余额转入政府性基金结余时，借记"政府性基金预算结转结余"账户，贷记"政府性基金预算本级支出""补助支出""上解支出""调出资金"等账户。

【例4-21】　依据表4-4，结转政府性基金预算收支账户至"政府性基金预算结转结余"账户。

（1）将政府性基金预算收入类账户余额结转至"政府性基金结转结余"账户：

借：政府性基金预算本级收入　　　　　　　　　　　　　　　350 000 000
　　补助收入——政府性资金　　　　　　　　　　　　　　　　11 800 000
　　上解收入——政府性资金　　　　　　　　　　　　　　　　　6 000 000
　　调入资金——政府性资金　　　　　　　　　　　　　　　　　1 400 000
　　贷：政府性基金预算结转结余　　　　　　　　　　　　　　369 200 000

（2）将政府性基金预算支出类账户余额结转至"政府性基金预算结转结余"账户：

借：政府性基金预算结转结余   300 500 000

 贷：政府性基金预算本级支出   280 000 000

  补助支出   15 000 000

  上解支出   5 000 000

  调出资金   500 000

三、国有资本经营预算结余

国有资本经营预算结余是指国有资本经营预算类收入减去国有资本经营预算类支出后的差额，它是各级财政执行国有资本经营预算的结果。国有资本经营预算类收入包括：国有资本经营预算本级收入和转移性收入中的国有资本经营预算转移性收入，即补助收入、上解收入和调入资金等。国有资本经营预算类支出包括：国有资本经营预算本级支出和转移性支出中的国有资本经营预算转移性支出，即补助支出、上解支出和调出资金等。

财政总预算会计应设置"国有资本经营预算结转结余"账户，用来核算各级财政国有资本经营预算收支的年终执行结果。贷方登记国有资本经营预算类收入账户贷方余额转入数，借方登记国有资本经营预算类支出账户借方余额的转入数，该账户年终贷方余额，反映本年国有资本经营预算的滚存结余，转入下年度。

财政总预算会计年终结转国有资本经营预算结余，将国有资本经营预算类收入账户贷方余额转入国有资本经营预算结余时，借记"国有资本经营预算本级收入""补助收入"等账户，贷记"国有资本经营预算结转结余"账户；将国有资本经营预算支出类账户的借方余额转入国有资本经营预算结余时，借记"国有资本经营预算结转结余"账户，贷记"国有资本经营预算本级支出""补助支出""调出资金"等账户。

【例 4-22】 依表 4-4，结转国有资本经营预算收支账户至"国有资本经营预算结转结余"账户。

（1）将国有资本经营预算收入类账户余额结转至"国有资本经营预算结转结余"账户，账务处理如下：

借：国有资本经营预算本级收入   40 000 000

  补助收入——国有资本经营预算资金   6 200 000

  上解收入——国有资本经营预算资金   8 800 000

 贷：国有资本经营预算结转结余   55 000 000

（2）将国有资本经营预算支出类账户余额结转至"国有资本经营预算结转结余"账户，账务处理如下：

借：国有资本经营预算结转结余   37 600 000

 贷：国有资本经营预算本级支出   34 000 000

  补助支出——国有资本经营预算资金   3 000 000

  上解支出——国有资本经营预算资金   600 000

四、专用基金结余

专用基金结余是指专用基金收入减去专用基金支出后的差额，它是各级财政总预算会计管理的专用基金收支的年终执行结果。

财政总预算会计应设置"专用基金结余"账户，用来核算专用基金收支的年终执行结果。贷方登记专用基金收入账户贷方余额转入数，借方登记专用基金支出账户借方余额的转入数，该账户年终贷方余额反映本年专用基金的滚存结余，转入下年度。

财政总预算会计年终结转专用基金结余，将专用基金收入账户贷方余额转入时，借记"专用基金收入"账户，贷记"专用基金结余"账户。将专用基金支出账户借方余额转入时，借记"专用基金结余"账户，贷记"专用基金支出"账户。

【例4-23】 某省财政厅发生下列专用基金结余业务，分别编制会计分录如下：

(1)"专用基金收入"贷方余额2 040万元，"专用基金支出"借方余额1 750万元。

借：专用基金收入　　　　　　　　　　　　　　　　　　20 400 000

　　贷：专用基金结余　　　　　　　　　　　　　　　　　　20 400 000

(2)同时：

借：专用基金结余　　　　　　　　　　　　　　　　　　17 500 000

　　贷：专用基金支出　　　　　　　　　　　　　　　　　　17 500 000

五、财政专户管理资金结余

财政专户管理资金结余是指纳入财政专户管理的教育收费等资金收支相抵形成的结余，包括教育收费、彩票发行机构和彩票销售机构的业务费用等资金的结余。

年终结转时，将"财政专户管理资金收入"贷方余额转入"财政专户管理资金结余"账户贷方，借记"财政专户管理资金收入"账户，贷记"财政专户管理资金结余"账户。将"财政专户管理资金支出"借方余额转入"财政专户管理资金结余"账户借方，借记"财政专户管理资金结余"账户，贷记"财政专户管理资金支出"账户。"财政专户管理资金结余"账户年终贷方余额反映纳入财政专户管理的资金收支相抵后的滚存结余，转入下年度。

六、预算周转金

预算周转金是政府财政为调剂预算年度内季节性收支差额、保证及时供应预算资金而设置的周转资金。

各级财政年度预算收支是平衡的，但年度内各季度或各月份的预算收支通常是不平衡的，预算收入是逐日收取的，而每月的预算支出却要在月初拨出，财政资金从征收、报解到转拨也需要一定的时间。各级财政为了平衡预算收支的季节性差异，保证按计划及时供应预算资金，需要设置相应的预算周转金。否则，难以保证预算收支任务的按期实现。

预算周转金的来源一般有两个方面：一是由上级财政部门拨入；二是从本级财政的年度一般公共预算结余中设置和补充。

预算周转金是供预算周转使用的，不能用来安排预算支出，未经批准不得随意减少。预算周转金存入国库存款账户。动用预算周转金时，作为国库存款的减少，不作为预算周转金的减少。若国库存款的余额小于预算周转金的数额，即说明预算周转金已经动用。

财政总预算会计应设置"预算周转金"账户，用来核算各级财政管理的预算周转金。贷方登记上级财政拨入或用年度预算结余设置、补充的预算周转金，借方一般无发生额。本账户贷方余额反映预算周转金的实有数。

上级财政拨入预算周转金时，借记"国库存款"账户，贷记"预算周转金"账户。用年度预算结余设置、补充预算周转金时，借记"一般公共预算结转结余"账户，贷记"预算周转金"账户。

【例4-24】 某省财政厅发生下列预算周转金业务，分别编制会计分录如下。

（1）收到国家财政部拨入的预算周转金30 000万元。

借：国库存款——一般预算存款　　　　　　　　　　　　　　　　300 000 000

　　贷：预算周转金　　　　　　　　　　　　　　　　　　　　　　　300 000 000

（2）用年度一般公共预算结余补充预算周转金2 050万元。

借：一般公共预算结转结余　　　　　　　　　　　　　　　　　20 500 000

　　贷：预算周转金　　　　　　　　　　　　　　　　　　　　　　　20 500 000

▎在线测试▕

在线测试

实务技能训练

项目五　财政总预算会计报表

任务导入

财政部发文推进政府财务报告编制——严格执行政府会计准则制度

中国网财经5月14日讯 据财政部网站消息，财政部近日发布关于开展2019年度政府财务报告编报工作的通知，通知指出，应严格执行政府会计准则制度，详细记录政府内部往来、收支对象等相关信息并及时组织核对账务，扎实做好政府股权投资、公共基础设施、保障性住房、政府储备物资、文物文化资产的会计核算管理工作，切实做到账实相符、账证相符、账账相符、账表相符，为编制政府财务报告提供完整可靠的会计信息。

一、扎实推进政府财务报告编制工作

编制政府财务报告，全面准确反映政府财务状况和运行情况，对加强资产负债管理、防范财政风险、促进政府财务管理水平提高、服务国家治理体系和治理能力现代化具有重要意义。各地要高度重视，加强组织领导，健全工作机制，强化基础管理，扎实推进政府财务报告编制工作。

二、着力提升政府财务报告编制质量

在总结试点情况的基础上，2019 年财政部对政府财务报告编制办法和操作指南做了全面修订，编制主体范围、报表种类、编制方法、抵销规则等发生了很大变化。各地要严格执行政府财务报告编制制度，规范管理，高质量完成编制工作。

三、按时完成政府财务报告编报工作

各地应于 2020 年 8 月 31 日前将省级政府综合财务报告（纸质版）和电子数据，以及所辖市、县级政府综合财务报告电子数据报送财政部（国库司）。编制地方政府综合财务报告的山西省等 12 个地方应于 2020 年 9 月 30 日前将本省（市）政府综合财务报告（纸质版）、本辖区内所有县级以上地方政府综合财务报告电子数据报送财政部（国库司）。各地要认真总结编制做法和经验，研究提出相关建议，撰写编制工作总结，随政府综合财务报告一并报送。

任务一　财政总预算会计报表的内容及编制

一、财政总预算会计报表概述

（一）概念及分类

财政总预算会计报表是各级政府财政预算收支执行情况及其结果的定期书面报告。它是各级政府和上级财政部门了解情况、掌握政策、指导预算执行工作的重要资料，也是编制下年度预算的基础。

按照报表反映的内容可分为资产负债表、收入支出表、一般公共预算执行情况表、政府性基金预算执行情况表、国有资本经营预算执行情况表、财政专户管理资金收支情况表、专用基金收支情况表等报表及附注。本书重点说明资产负债表、收入支出表的编制。

财政总预算会计报表按编报时间分为：旬报、月报和年报。旬报、月报和年报的报送期限及编报内容应根据上级财政部门的具体要求和本行政区域预算管理的需要办理。

财政总预算会计报表要做到数字正确，报送及时，内容完整。

（二）财政总预算会计报表的编制程序

财政总预算会计报表要从基层开始逐级层层汇总编报，不得估报。行政事业单位的收支汇总表是财政总预算会计报表的一个重要组成部分，必须从基层单位编报，由主管部门逐级汇总后报同级财政部门，并由财政总预算会计进行汇总。参与国家预算执行的国库、银行的报表是财政总预算会计记账和报表的重要组成部分，必须由这些机构逐级汇总报同级财政部门，汇入财政总预算会计报表。

各级财政部门应将汇总编制的本级决算草案及时报本级政府审定，并按照上级财政部门规定的时限和份数，将经本级人民政府审定的本行政区域决算草案逐级及时报送备案。计划单列市的会计报表和年度财政决算在报省级财政部门的同时，直接报送财政部。

二、财政总预算会计年度报表的编制

财政总预算会计编制年度会计报表，应根据财政部届时制定颁发的规定和要求办理。财政总预算会计编制的年度报表主要有资产负债表、一般公共预算收支决算总表、一般公共预算收支决算明细表、政府性基金预算收支决算总表和政府性基金预算收支决算明细表、国有资本经营预算收支决算总表等。

任务二 资产负债表

一、资产负债表的概念

资产负债表是反映政府财政在某一特定日期财务状况的报表。经过年末转账，已将各项收入支出账户的余额结转至有关净资产账户，收支账户的余额均为零。因此，资产负债表只填报资产、负债和净资产这三类会计要素的内容。资产负债表以"资产＝负债＋净资产"平衡原理为编制基础，根据资产、负债及净资产总分类账户的期末余额直接填列或分析计算填列。

二、资产负债表的格式

我国资产负债表采用账户式结构，具体结构如表 5-1 所示。

表 5-1 资产负债表（年报）

编报单位：　　　　　　　　　年　月　日　　　　　　　　单位：万元

资　　产	期初余额	期末余额	负债和净资产	期初余额	期末余额
流动资产：			流动负债：		
国库存款			应付短期政府债券		
国库现金管理存款			应付利息		
其他财政存款			应付国库集中支付结余		
有价证券			与上级往来		
在途款			应付代管资金		
预拨经费			流动负债合计		
借出款项			非流动负债：		
应收股利			借入款项		
应收利息			应付地方政府债券转贷款		
与下级往来			应付主权外债转贷款		
其他应收款			其他负债		
流动资产合计			非流动负债合计		
非流动资产：			负债合计		
应收地方政府债券转贷款			净资产：		
应收主权外债转贷款			一般公共预算结转结余		
股权投资			政府性基金预算结转结余		
待发国债			国有资本经营预算结转结余		
非流动资产合计			财政专户管理资金结余		
			专用基金结余		
			预算稳定调节基金		
			预算周转金		

续表

资　产	期初余额	期末余额	负债和净资产	期初余额	期末余额
			资产基金		
			减：待偿债净资产		
			净资产合计		
资产部类合计			负债部类合计		

三、资产负债表的编制方法

(一) 期初余额填列

本表"期初余额"栏内各项数字，应根据上年末资产负债表"期末余额"栏内数字填列。

(二) 期末余额填列

▶ 1. 资产类项目

(1) "应收利息"项目，本项目应当根据"应收地方政府债券转贷款"科目和"应收主权外债转贷款"科目下"应收利息"明细科目的期末余额合计数填列，反映政府财政期末尚未收回的应收利息金额。

(2) "与下级往来"项目，本项目应当根据"与下级往来"科目的期末余额填列，期末余额如为借方则以正数填列，反映下级政府财政欠本级政府财政的款项金额，如为贷方则以"－"号填列，反映本级政府财政欠下级政府财政的款项金额。

(3) "应收地方政府债券转贷款"项目，本项目应当根据"应收地方政府债券转贷款"科目下"应收本金"明细科目的期末余额填列，反映政府财政期末尚未收回的地方政府债券转贷款的本金金额。

(4) "应收主权外债转贷款"项目，反映政府财政期末尚未收回的主权外债转贷款的本金金额。本项目根据"应收主权外债转贷款"科目下"应收本金"明细科目的期末余额填列。

(5) 其他项目，均以相关科目的期末余额填列。

▶ 2. 负债类项目

(1) "应付短期政府债券"项目，反映政府财政期末尚未偿还的发行期限不超过1年(含1年)的政府债券的本金金额。本项目应当根据"应付短期政府债券"科目下的"应付本金"明细科目的期末余额填列。

(2) "应付利息"项目，反映政府财政期末尚未支付的应付利息金额。本项目应当根据"应付短期政府债券""借入款项""应付地方政府债券转贷款""应付主权外债转贷款"等科目下的"应付利息"明细科目期末余额，以及属于分期付息到期还本的"应付长期政府债券"的"应付利息"明细科目期末余额计算填列。

(3) "与上级往来"项目，本项目应当根据"与上级往来"科目的期末余额填列，贷方余额以正数填列，反映本级政府财政欠上级政府财政的款项金额，如为借方余额则以"－"号填列，反映上级政府财政欠本级政府财政的款项金额。

(4) "一年内到期的非流动负债"项目，反映政府财政期末承担的1年以内(含1年)到偿还期的非流动负债。本项目应当根据"应付长期政府债券""借入款项""应付地方政府债券转贷款""应付主权外债转贷款""其他负债"等科目的期末余额及债务管理部门提供的资料分析填列。

(5)"应付地方政府债券转贷款"项目，反映政府财政期末承担的偿还期限超过 1 年的地方政府债券转贷款的本金金额。本项目应当根据"应付长期政府债券"科目下"应付本金"明细科目的期末余额分析填列。

(6)"应付主权外债转贷款"项目，反映政府财政期末承担的偿还期限超过 1 年的主权外债转贷款的本金金额。本项目根据"应付主权外债转贷款"科目下"应付本金"明细科目的期末余额分析填列。

(7)"借入款项"项目，反映政府财政期末承担的借入款项的本金金额。本项目根据"借入款项"科目下"应付本金"明细科目的期末余额分析填列。

(8)其他项目，均以相关科目的期末余额填列。

▶ 3. 净资产类项目

均以相关科目的期末余额填列。

四、资产负债表的编制说明

各级财政总预算会计应每月编制资产负债表，以检查本期财务记录是否平衡，同时向本级政府或本级财政领导报告。年度终了，各级财政总预算会计应先编制本级的资产负债表，然后与经审核无误的所属下级财政的资产负债表汇总编制成本地区总的资产负债表。

任务三 收入支出表

一、收入支出表的格式

收入支出表是指反映政府财政在某一会计期间各类财政资金收支结余情况的报表，根据资金性质按照收入、支出、结转结余的构成分类，分项列示，如表 5-2 所示。

表 5-2 收入支出表

编报单位：　　　　　　　　　　　　　　_____年_____月　　　　　　　　　　　单位：万元

项　　　　目	一般公共预算		政府性基金预算		国有资本经营预算		财政专户管理资金		专用基金	
	本月数	累计数	本月数	累计数	本月数	累计数	本月数	累计数	本月数	累计数
年初结转结余										
收入合计										
本级收入										
其中：预算安排收入	——	——	——	——	——	——				
补助收入							——	——	——	——
上解收入							——	——	——	——
调入资金										
地区间援助收入							——	——	——	——
债务收入										
债务转贷收入										

续表

项　　目	一般公共预算		政府性基金预算		国有资本经营预算		财政专户管理资金		专用基金	
	本月数	累计数	本月数	累计数	本月数	累计数	本月数	累计数	本月数	累计数
动用预算稳定调节基金			——	——	——	——	——	——	——	——
支出合计										
本级支出										
其中：权责发生制列支							——	——		
预算安排专用基金支出							——	——		
补助支出										
上解支出										
调出资金										
地区间援助支出										
债务还本支出							——	——		
债务转贷支出							——	——		
安排预算稳定调节基金			——	——	——	——	——	——	——	——
结余转出										
其中：增设预算周转金			——	——	——	——	——	——	——	——
年末结转结余										

注：表中有"——"的部分不必填列。

二、收入支出表的编制方法

（一）收入支出表"累计数"的填写

收入支出表"累计数"栏反映各项目自年初起至报告期末止的累计发生数，按自年初起至报告期末止的实际累计发生数填列；编制年度收入支出表时，应将本栏改为"本年数"。

（二）收入支出表"本月数"的填写

（1）"年初结转结余"项目，反映政府财政本年初各类资金结转结余金额。其中，一般公共预算的"年初结转结余"根据"一般公共预算结转结余"科目的年初余额填列；政府性基金预算"年初结转结余"根据"政府性基金预算结转结余"科目的年初余额填列；国有资本经营预算"年初结转结余"根据"国有资本经营预算结转结余"科目的年初余额填列；财政专户管理资金"年初结转结余"根据"财政专户管理资金结余"科目的年初余额填列；专用基金的"年初结转结余"根据"专用基金结余"科目的年初余额填列。

（2）"收入合计"项目，反映政府财政本期取得的各类资金的收入合计金额。其中，一般公共预算的"收入合计"根据属于一般公共预算的"本级收入""补助收入""上解收入""地区间援助收入""债务收入""债务转贷收入""动用预算稳定调节基金"和"调入资金"各行项目金额的合计填列；政府性基金预算的"收入合计"应根据属于政府性基金预算的"本级收入""补助收入""上解收入""债务收入""债务转贷收入"和"调入资金"各行项目金额的合计填列；国有资本经营预算的"收入合计"应根据属于国有资本经营预算的"本级收入"项目的金额填列；财政专户管理资金的"收入合计"应根据属于财政专户管理资金的"本级收入"项目的金额填列；专用基金的"收入合计"应当根据属于专用基金的"本级收入"项目的金额填列。

（3）"本级收入"项目，反映政府财政本期取得的各类资金的本级收入金额。其中，一般公共预算的"本级收入"根据"一般公共预算本级收入"科目本期发生额填列；政府性基金预算的"本级收入"根据"政府性基金预算本级收入"科目的本期发生额填列；国有资本经营预算的"本级收入"根据"国有资本经营预算本级收入"科目的本期发生额填列；财政专户管理资金的"本级收入"根据"财政专户管理资金收入"科目的本期发生额填列；专用基金的"本级收入"根据"专用基金收入"科目的本期发生额填列。

（4）"补助收入"项目，反映政府财政本期取得的各类资金的补助收入金额。其中，一般公共预算的"补助收入"根据"补助收入"科目下的"一般公共预算补助收入"明细科目的本期发生额填列；政府性基金预算的"补助收入"根据"补助收入"科目下的"政府性基金预算补助收入"明细科目的本期发生额填列。

（5）"上解收入"项目，反映政府财政本期取得的各类资金的上解收入金额。其中，一般公共预算的"上解收入"根据"上解收入"科目下的"一般公共预算上解收入"明细科目的本期发生额填列；政府性基金预算的"上解收入"根据"上解收入"科目下的"政府性基金预算上解收入"明细科目的本期发生额填列。

（6）"债务收入"项目，反映政府财政本期取得的债务收入金额。其中，一般公共预算的"债务收入"根据"债务收入"科目下除"专项债务收入"以外的其他明细科目的本期发生额填列；政府性基金预算的"债务收入"根据"债务收入"科目下的"专项债务收入"明细科目的本期发生额填列。

（7）"债务转贷收入"项目，反映政府财政本期取得的债务转贷收入金额。其中，一般公共预算的"债务转贷收入"应当根据"债务转贷收入"科目下"地方政府一般债务转贷收入"明细科目的本期发生额填列；政府性基金预算的"债务转贷收入"应当根据"债务转贷收入"科目下的"地方政府专项债务转贷收入"明细科目的本期发生额填列。

（8）"调入资金"项目，反映政府财政本期取得的调入资金金额。其中，一般公共预算的"调入资金"根据"调入资金"科目下"一般公共预算调入资金"明细科目的本期发生额填列；政府性基金预算的"调入资金"根据"调入资金"科目下"政府性基金预算调入资金"明细科目的本期发生额填列。

（9）"支出合计"项目，反映政府财政本期发生的各类资金的支出合计金额。其中，一般公共预算的"支出合计"根据属于一般公共预算的"本级支出""补助支出""上解支出""地区间援助支出""债务还本支出""债务转贷支出""安排预算稳定调节基金"和"调出资金"各行项目金额的合计填列；政府性基金预算的"支出合计"根据属于政府性基金预算的"本级支出""补助支出""上解支出""债务还本支出""债务转贷支出"和"调出资金"各行项目金额的合计填列；国有资本经营预算的"支出合计"根据属于国有资本经营预算的"本级支出"和"调出资金"项目金额的合计填列；财政专户管理资金的"支出合计"根据属于财政专户管理资金的"本级支出"项目的金额填列；专用基金的"支出合计"根据专用基金的"本级支出"项目的金额填列。

（10）"补助支出"项目，反映政府财政本期发生的各类资金的补助支出金额。其中，一般公共预算的"补助支出"根据"补助支出"科目下的"一般公共预算补助支出"明细科目的本期发生额填列；政府性基金预算的"补助支出"根据"补助支出"科目下的"政府性基金预算补助支出"明细科目的本期发生额填列。

（11）"上解支出"项目，反映政府财政本期发生的各类资金的上解支出金额。其中，一般公共预算的"上解支出"根据"上解支出"科目下的"一般公共预算上解支出"明细科目的本期发生额填列；政府性基金预算的"上解支出"根据"上解支出"科目下的"政府性基金预算上解支出"明细科目的本期发生额填列。

（12）"债务还本支出"项目，反映政府财政本期发生的债务还本支出金额。其中，一般公共预算的"债务还本支出"根据"债务还本支出"科目下除"专项债务还本支出"以外的其他明细科目的本期发生额填列；政府性基金预算的"债务还本支出"根据"债务还本支出"科目下的"专项债务还本支出"明细科目的本期发生额填列。

（13）"债务转贷支出"项目，反映政府财政本期发生的债务转贷支出金额。其中，一般公共预算的"债务转贷支出"根据"债务转贷支出"科目下"地方政府一般债务转贷支出"明细科目的本期发生额填列；政府性基金预算的"债务转贷支出"根据"债务转贷支出"科目下的"地方政府专项债务转贷支出"明细科目的本期发生额填列。

（14）"调出资金"项目，反映政府财政本期发生的各类资金的调出资金金额。其中，一般公共预算的"调出资金"根据"调出资金"科目下"一般公共预算调出资金"明细科目的本期发生额填列；政府性基金预算的"调出资金"根据"调出资金"科目下"政府性基金预算调出资金"明细科目的本期发生额填列；国有资本经营预算的"调出资金"根据"调出资金"科目下"国有资本经营预算调出资金"明细科目的本期发生额填列。

（15）"年末结转结余"项目，反映政府财政本年末的各类资金的结转结余金额。其中，一般公共预算的"年末结转结余"根据"一般公共预算结转结余"科目的年末余额填列；政府性基金预算的"年末结转结余"根据"政府性基金预算结转结余"科目的年末余额填列；国有资本经营预算的"年末结转结余"根据"国有资本经营预算结转结余"科目的年末余额填列；财政专户管理资金的"年末结转结余"根据"财政专户管理资金结余"科目的年末余额填列；专用基金的"年末结转结余"根据"专用基金结余"科目的年末余额填列。

（16）其余项目应当根据相关科目的本期发生额填列。

任务四　财政总预算会计报表的审核

为了保证会计报表数字正确和内容完整，如实反映预算执行情况，各级财政总预算会计对于本级主管部门和下级财政部门的会计报表必须进行认真的审核，以保证报表信息的质量，发挥会计报表应有的作用。

一、财政会计报表的审核

财政会计报表的审核主要包括以下两个方面：一是从贯彻政策、执行制度方面对各项预算收支执行情况及结果进行的政策性审核；二是从会计报表的数字关系、数字计算的正确性等方面对各项预算收支执行情况及结果进行的技术性审核。

（一）预算收入的政策性审核

预算收入的政策性审核包括以下方面。

（1）属于本年度的预算收入是否按照国家政策和预算管理体制及有关缴款办法，及时足额地缴入国库，有无无故拖欠、截留、挪用国库收入，有无将应缴的预算收入挂在暂存款往来账上的现象。

（2）收入退库是否符合国家规定的范围，对应列作预算支出或改列预算支出的款项，有无继续办理退库冲减收入的现象。

（3）年终决算收入数与 12 月预算会计报表中全年累计数如有较大出入的，要具体查明原因，属于违反财经纪律转移资金的要及时纠正。

（二）预算支出的政策性审核

预算支出的政策性审核包括以下方面。

（1）列入本年度的决算支出是否符合规定的年度，有无将本年预拨的下年度经费列入本年的支出。

（2）决算支出是否按规定的列报口径列支。

（3）有无预算外支出列入预算内报销的现象。

（4）有无在国家规定的范围之外扩大支出和提高列支标准，有无漏报支出和其他违反财经纪律的现象。

（5）年终决算支出与 12 月会计报表所列全年累计支出数有较大差距的要查明原因，重点检查超支和增支中有无违反财经纪律的情况。

（三）技术性审核

技术性审核包括以下方面。

（1）审核决算报表之间的有关数字是否一致。

（2）审核上下年度有关数字是否一致。

（3）审核上下级财政总决算之间，财政部门决算与单位决算之间有关上解、补助、暂收、暂付往来和拨款项目数字是否一致。

（4）审核财政总决算报表的有关数字与其他有关部门的财务决算、税收年报、国库年报等有关数字是否一致。

（5）审核报表的正确性、及时性和完整性。

对会计报表审核后，如发现有违法乱纪行为，应提出处理意见，迅速报请有关领导和上级财政部门处理。属于少报收入、多列支出方面的，要予以收缴和剔除；属漏报某些项目或报表方面的，要责令编报单位及时补报；属于计算错误、归类错误以及列项错误等技术方面的要予以更正。

二、财政会计报表的汇总

会计报表审核无误后，县以上各级财政总预算会计还要根据编制的会计报表和所属各级财政上报的会计报表进行汇总，编制汇总会计报表。在编制汇总会计报表时，应将本级财政与下级财政之间对应科目的数字予以冲销，以避免有关收支的重复计算和列报。具体要求如下。

将本级财政会计报表中的"补助支出"与所属财政会计报表中的"补助收入"对应冲销；"上解收入"与"上解支出"对应冲销；"与下级往来"与"与上级往来"对应冲销；其余各项数字均将本级财政会计报表与所属下级财政会计报表中的相同科目的数字相加即可得到汇总

会计报表的有关数字。

▎在线测试 ▎

在线测试　　　　　　实务技能训练

第三篇　行政事业单位会计

项目六　行政事业单位会计概述

知识目标

1. 行政事业单位会计的概念、分级和特点;
2. 行政事业单位会计科目。

能力目标

通过完成本任务,你应该:

1. 能够了解行政事业单位会计的概念、分级和特点;
2. 能够掌握行政事业单位会计科目的设置方法。

项目任务

◆任务一:行政事业单位会计的概念、分级与特点
◆任务二:行政事业单位会计科目

| 任务导入 |

财务会计和预算会计适度分离并相互衔接解析

《政府会计制度》构建了"财务会计和预算会计适度分离并相互衔接"的会计核算模式。

所谓"适度分离",是指适度分离政府预算会计和财务会计功能、决算报告和财务报告功能,全面反映政府会计主体的预算执行信息和财务信息,体现在以下几个方面。

(1)"双功能",在同一会计核算系统中实现财务会计和预算会计双重功能,通过资产、负债、净资产、收入、费用5个要素进行财务会计核算,通过预算收入、预算支出和预算结余3个要素进行预算会计核算。

(2)"双基础",财务会计采用权责发生制,预算会计采用收付实现制,国务院另有规定的,依照其规定。

（3）"双分录"，一项经济业务发生之后，需要依据财务会计的科目与要求编制财务会计分录，同时依据预算会计科目与规则编制预算会计分录。

（4）"双报告"，通过财务会计核算形成财务报告，通过预算会计核算形成决算报告。

所谓"相互衔接"，是指在同一会计核算系统中政府预算会计要素和财务会计要素相互协调，决算报告和财务报告相互补充，共同反映政府会计主体的预算执行信息和财务信息。

为规范政府的会计核算，保证会计信息质量，根据《中华人民共和国会计法》《中华人民共和国预算法》和其他有关法律、行政法规，2015 年 10 月，财政部制定《行政事业单位会计准则——基本准则》，自 2017 年 1 月 1 日起开始实施。2017 年 10 月 24 日，财政部颁布《行政事业单位会计制度——行政事业单位会计科目和报表》，自 2019 年 1 月 1 日起开始实施。下面我们就分两项任务完成行政事业单位基本知识的认识。你可以对照能力目标，反复演练，有的放矢地依次完成各分项任务，直至完全部任务，从而获取相应的职业能力。

任务一　行政事业单位会计的概念、分级与特点

一、行政事业单位会计的概念

行政事业单位会计是运用专门的会计方法对行政事业单位的资产负债、资金运行、现金流量、预算执行等情况进行全面核算、监督和报告的会计信息系统。

行政事业单位会计核算的目标是向会计信息使用者提供与行政事业单位财务状况、预算执行情况等有关的会计信息，反映行政事业单位受托责任的履行情况，帮助会计信息使用者进行管理、监督和决策。

二、行政事业单位会计的分级

行政事业单位会计根据国家机构建制和经费领报关系，分为主管会计单位、二级会计单位和基层会计单位三级。

（1）主管会计单位是指向财政部门领报经费，并发生预算管理关系，有所属会计单位且向所属会计单位转拨经费的行政事业会计单位。

微课视频 6-1
行政事业单位
会计分级

（2）二级会计单位是指向主管会计单位或上一级会计单位领报经费，并发生预算管理关系，有下一级会计单位的行政事业会计单位。也就是说，二级会计单位不直接向财政部门领报经费，而是向主管会计单位或上一级会计单位领报经费，有所属会计单位并向其所属会计单位转拨经费。

（3）基层会计单位是指向上一级会计单位领报经费，并发生预算管理关系，没有下级会计单位的行政事业会计单位。向同级财政部门领报经费，没有下级会计单位的，视同基层会计单位。即不论是向财政部门领报经费，还是向主管会计单位或上一级会计单位领报经费，只要没有所属会计单位的就视同基层会计单位。

以上三级会计单位实行独立会计核算，单独编制本单位的预算或决算，负责组织本单位的会计工作。不具备独立核算条件的，实行单据报账制度，作为"报账单位"管理。

三、行政事业单位会计的特点

行政事业单位会计具有如下主要特点。

(一)财务会计和预算会计"双功能"

单位会计核算应当具备财务会计与预算会计双重功能,实现财务会计与预算会计适度分离并相互衔接,全面、清晰反映单位财务信息和预算执行信息。

单位对于纳入部门预算管理的现金收支业务,在采用财务会计核算的同时应当进行预算会计核算;对于其他业务,仅须进行财务会计核算。

(二)财务会计和预算会计"双基础"

单位财务会计核算采用权责发生制,单位预算会计核算采用收付实现制。

(三)财务会计和预算会计"双要素"

单位会计要素包括财务会计要素和预算会计要素。财务会计要素包括资产、负债、净资产、收入和费用。预算会计要素包括预算收入、预算支出和预算结余。

(四)财务会计和预算会计"双报表"

单位应同时编制财务会计报表和预算会计报表。财务会计报表的编制主要以权责发生制为基础,以单位财务会计核算生成的数据为准;预算会计报表的编制主要以收付实现制为基础,以单位预算会计核算生成的数据为准。

任务二 行政事业单位会计科目

一、行政事业单位会计科目分类

按照行政事业单位会计要素的类别,行政事业单位会计科目可分为资产、负债、净资产、收入、费用,以及预算收入、预算支出和预算结余8类。其中,资产、负债、净资产、收入和费用5类属于财务会计要素类科目,预算收入、预算支出和预算结余3类属于预算会计要素科目,根据现行《政府会计制度——行政事业单位会计科目和报表》的规定,各级各类行政事业单位统一适用的会计科目表如表6-1所示。

表6-1 行政事业单位会计科目表

序　号	科目编号	会计科目名称
一、财务会计科目		
(一)资产类		
1	1001	库存现金
2	1002	银行存款
3	1011	零余额账户用款额度
4	1021	其他货币资金
5	1101	短期投资
6	1201	财政应返还额度
7	1211	应收票据
8	1212	应收账款

序　号	科目编号	会计科目名称
9	1214	预付账款
10	1215	应收股利
11	1216	应收利息
12	1218	其他应收款
13	1219	坏账准备
14	1301	在途物品
15	1302	库存物品
16	1303	加工物品
17	1401	待摊费用
18	1501	长期股权投资
19	1502	长期债券投资
20	1601	固定资产
21	1602	固定资产累计折旧
22	1611	工程物资
23	1613	在建工程
24	1701	无形资产
25	1702	无形资产累计摊销
26	1703	研发支出
27	1801	公共基础设施
28	1802	公共基础设施累计折旧(摊销)
29	1811	政府储备物资
30	1821	文物文化资产
31	1831	保障性住房
32	1832	保障性住房累计折旧
33	1891	受托代理资产
34	1901	长期待摊费用
35	1902	待处理财产损溢
(二)负债类		
36	2001	短期借款
37	2101	应交增值税
38	2102	其他应交税费
39	2103	应缴财政款
40	2201	应付职工薪酬
41	2301	应付票据
42	2302	应付账款
43	2303	应付政府补贴款
44	2304	应付利息
45	2305	预收账款
46	2307	其他应付款
47	2401	预提费用
48	2501	长期借款
49	2502	长期应付款

序　号	科目编号	会计科目名称
50	2601	预计负债
51	2901	受托代理负责
（三）净资产类		
52	3001	累计盈余
53	3101	专用基金
54	3201	权益法调整
55	3301	本期盈余
56	3302	本年盈余分配
57	3401	无偿调拨净资产
58	3501	以前年度盈余调整
（四）收入类		
59	4001	财政拨款收入
60	4101	事业收入
61	4201	上级补助收入
62	4301	附属单位上缴收入
63	4401	经营收入
64	4601	非同级财政拨款收入
65	4602	投资收益
66	4603	捐赠收入
67	4604	利息收入
68	4605	租金收入
69	4609	其他收入
（五）费用类		
70	5001	业务活动费用
71	5101	单位管理费用
72	5201	经营费用
73	5301	资产处置费用
74	5401	上缴上级费用
75	5501	对附属单位补助费用
76	5801	所得税费用
77	5901	其他费用
二、预算会计科目		
（一）预算收入类		
1	6001	财政拨款预算收入
2	6101	事业预算收入
3	6201	上级补助预算收入
4	6301	附属单位上缴预算收入
5	6401	经营预算收入
6	6501	债务预算收入
7	6601	非同级财政拨款预算收入
8	6602	投资预算收益
9	6609	其他预算收入

序　　号	科目编号	会计科目名称
(二)预算支出类		
10	7101	行政支出
11	7201	事业支出
12	7301	经营支出
13	7401	上缴上级支出
14	7501	对附属单位补助支出
15	7601	投资支出
16	7701	债务还本支出
17	7901	其他支出
(三)预算结余类		
18	8001	资金结存
19	8101	财政拨款结转
20	8102	财政拨款结余
21	8201	非财政拨款结转
22	8202	非财政拨款结余
23	8301	专用结余
24	8401	经营结余
25	8501	其他结余
26	8701	非财政拨款结余分配

二、行政事业单位会计科目的使用要求

各级各类行政事业单位应当按照下列规定运用会计科目。

(1) 应当按照规定设置和使用会计科目。在不影响会计处理和编制报表的前提下，可以根据实际情况自行增设或减少某些会计科目。

(2) 应当执行统一规定的会计科目编号，以便填制会计凭证、登记账簿、查阅账目，实行会计信息化管理。

(3) 在填制会计凭证、登记会计账簿时，应当填列会计科目的名称，或者同时填列编号，不得只填列会计科目编号、不填列会计科目名称。行政事业单位不得随意打乱重编本制度规定的会计科目编号。

(4) 行政事业单位会计核算的一个重要特点是关于明细科目的设置和运用。设置明细科目或进行明细核算，除了应当遵循《政府会计制度——行政事业单位会计科目和报表》的规定外，还应当满足权责发生制政府部门财务报告和政府综合财务报告编制的其他需要。例如，为满足决算报表的编制要求，行政事业单位应该在预算会计"行政支出""事业支出"科目下，分别按照资金来源及性质设置"财政拨款支出""非财政专项支出"和"其他资金支出"二级科目，也可以按照资金用途设置"基本支出""项目支出"二级明细科目。

在线测试

在线测试

项目七　行政事业单位资产

知识目标

1. 货币资金、应收款项、存货及短期投资等流动资产的账务处理；
2. 长期投资、固定资产、无形资产及经管资产等非流动资产的账务处理。

能力目标

通过完成本任务，你应该：

1. 能够理解行政事业单位各项资产账务处理的原则和方法；
2. 能够运用行政事业单位各项资产账务处理的原则和方法对资产进行会计核算。

项目任务

◆ 任务一：货币资金

◆ 任务二：应收及预付款项

◆ 任务三：存货

◆ 任务四：投资

◆ 任务五：固定资产

◆ 任务六：无形资产

◆ 任务七：经管资产

◆ 任务八：其他资产

任务导入

行政单位资产核算内容的变化

李玲燕于 2015 年从某大学会计专业毕业后，经过公开招考顺利进入了某省交通厅财务处工作。财务处领导给李玲燕分配的工作是核算省交通系统的资产工作，由于李玲燕在学校时学习成绩就名列前茅，工作后很快就胜任了此项工作。但随着《政府会计制度——行政事业单位会计科目和报表》的颁布，并要求行政事业单位自 2019 年 1 月 1 日起施行，李玲燕的工作就遇到了新的挑战。这是因为《政府会计制度》增加了公共基础设施、政府储备物资、文物文化资产、保障性住房和受托代理资产的核算内容，以全面核算单位控制的各类资产。按要求，交通厅财务处要将 2018 年 12 月 31 日前未入账的在途物品、政府储备物资、公共基础设施、文物文化资产、保障性住房按照新制度规定记入新账，因此许多以前没有纳入核算的资产现在要纳入单位资产进行核算。李玲燕认真学习了相关制度和准则，决心出色地完成新的工作。

（作者自编）

行政事业单位的资产是指行政事业单位占有、使用或者控制的，能以货币计量的经济资源。行政事业单位的资产包括流动资产、长期投资、固定资产、无形资产等。由行政事业单位控制的，供社会公众使用的公共基础设施、政府储备物资、文物文化资产、保障性住房等，也属于行政事业单位的资产。行政事业单位对符合资产定义的经济资源，应当在取得对其相关的权利并且能够可靠地进行货币计量时确认。

任务一　货币资金

行政事业单位的货币资金包括库存现金、银行存款、零余额账户用款额度和其他货币资金。

单位对于纳入部门预算管理的现金收支业务，在采用财务会计核算的同时应当进行预算会计核算；对于其他业务，仅须进行财务会计核算。这里的现金，是指单位的库存现金及其他可以用于随时支付的款项，包括库存现金、银行存款、零余额账户用款额度、其他货币资金和财政应返还额度，以及通过财政直接支付方式支付的款项。对于单位受托代理的现金以及应上缴财政的未纳入单位预算管理所涉及的现金收支业务，只需进行财务会计处理，不需要进行预算会计处理。

一、库存现金

（一）库存现金的概念

库存现金是指由出纳人员保管，供日常零星开支使用的货币资金。

（二）库存现金的核算

行政事业单位应当设置"库存现金"科目，对行政事业单位现金的收支情况进行核算。本科目应当设置"受托代理资产"明细科目，核算单位受托代理、代管的现金。

▶ **1. 库存现金增加的核算**

行政事业单位从银行等金融机构提取现金，按照实际提取的金额，借记"库存现金"科目，贷记"银行存款"科目；按规定从单位零余额账户提取现金，借记"库存现金"科目，贷记"零余额账户用款额度"科目。行政事业单位因提供服务、商品或者其他事项收到现金，按实际收到的金额，借记"库存现金"科目，贷记"事业收入""应收账款"等相关科目，预算会计处理时，借记"资金结存"科目，贷记"事业预算收入"等科目。涉及增值税业务的，相关账务处理参见"应交增值税"科目。

行政事业单位收到受托代理、代管的现金时，只做财务会计核算，借记"库存现金——受托代理资产"科目，贷记"受托代理负债"科目，不做预算会计账务处理。

【例7-1】2019年1月3日，某事业单位从基本账户银行提取备用金6 000元；1月8日从零余额账户提取备用金8 000元用于日常经费支出。该单位编制有关会计分录如表7-1所示。

表 7-1　库存现金增加的会计分录

时　间	财务会计分录		预算会计分录
1月3日	借：库存现金 贷：银行存款	6 000 6 000	不做账务处理
1月8日	借：库存现金 贷：零余额账户用款额度	8 000 8 000	不做账务处理

【例 7-2】 2019 年 1 月 9 日，某事业单位开展专业活动取得零星现金收入 3 000 元。该单位编制有关会计分录如表 7-2 所示。

表 7-2　库存现金增加的会计分录

时　间	财务会计分录		预算会计分录	
1月9日	借：库存现金 贷：事业收入	3 000 3 000	借：资金结存——货币资金 贷：事业预算收入	3 000 3 000

▶ **2. 库存现金的减少的核算**

将现金存入银行等金融机构，借记"银行存款"科目，贷记"库存现金"科目。

行政事业单位内部职工出差等原因从财会部门借出现金时，按照实际支付的金额，借记"其他应收款"科目，贷记"库存现金"科目；出差人员报销差旅费时，按照实际报销的金额，借记"业务活动费用""单位管理费用"等科目，按照实际借出的现金金额，贷记"其他应收款"科目，按照其差额，借记或贷记"库存现金"科目。预算会计处理时，按实际报销金额，借记"事业支出""行政支出"等科目，贷记"资金结存"科目。

单位将现金退回单位零余额账户，借记"零余额账户用款额度"科目，贷记"库存现金"科目。以库存现金对外捐赠，按照实际捐出的金额，借记"其他费用"科目，贷记"库存现金"科目。预算会计处理时，借记"其他支出"等科目，贷记"资金结存"科目。

因购买服务、商品或者其他事项支付现金，按照实际支付的金额，借记"业务活动费用""单位管理费用""库存物品"等相关科目，贷记"库存现金"科目。预算会计处理时，借记"事业支出""行政支出""其他支出"等科目，贷记"资金结存"科目。涉及增值税业务的，相关账务处理参见"应交增值税"科目。

支付受托代理、代管的现金时，按照实际支付的金额，借记"受托代理负债"科目，贷记"库存现金——受托代理资产"科目。

【例 7-3】 2019 年 1 月 10 日，某事业单位业务工作人员张磊出差借差旅费 2 000 元。1 月 22 日，报销差旅费 1 800 元，余款退回。该单位编制有关会计分录如表 7-3 所示。

表 7-3　库存现金减少的会计分录

时　间	财务会计分录		预算会计分录	
1月10日	借：其他应收款——张磊 贷：库存现金	2 000 2 000	不做账务处理	
1月22日	借：业务活动费用 库存现金 贷：其他应收款——张磊	1 800 200 2 000	借：事业支出 贷：资金结存——货币资金	1 800 1 800

【例 7-4】 2019 年 1 月 10 日，某事业单位收到代管现金 2 000 元，1 月 15 日，支付代管现金 2 000 元。该单位编制有关会计分录如表 7-4 所示。

表 7-4　收到、支付受托代理、代管现金的会计分录

时　　间	财务会计分录	预算会计分录
1 月 10 日	借：库存现金——受托代理资产　2 000 　　贷：受托代理负债　　　　　　　2 000	不做账务处理
1 月 15 日	借：受托代理负债　　　　　　　2 000 　　贷：库存现金——受托代理资产　2 000	不做账务处理

▶ 3. 现金清查的核算

行政事业单位每日账款核对中发现有待查明原因的现金短缺或溢余的，应当通过"待处理财产损溢"科目核算。属于现金溢余，应当按照实际溢余的金额，借记"库存现金"科目，贷记"待处理财产损溢"科目，预算会计处理时，借记"资金结存"科目，贷记"其他预算收入"科目；属于现金短缺，应当按照实际短缺的金额，借记"待处理财产损溢"科目，贷记科"库存现金"目，预算会计处理时，借记"其他支出"等科目，贷记"资金结存"科目。

现金溢余和短缺，待查明原因后，应及时请领导审批并进行账务处理。如现金溢余属于应支付给有关人员或单位的，借记"待处理财产损溢"科目，贷记"其他应付款"科目；实际支付款项时，借记"其他应付款"科目，贷记"库存现金"科目，预算会计处理时，借记"其他预算收入"科目，贷记"资金结存"科目；属于无法查明原因的，报经批准后，借记"待处理财产损溢"科目，贷记"其他收入"科目。如为现金短缺，属于应由责任人赔偿或向有关人员追回的，借记"其他应收款"科目，贷记"待处理财产损溢"科目；实际收到款项时，借记"库存现金"科目，贷记"其他应收款"，预算会计处理，借记"资金结存"科目，贷记"其他支出"科目；属于无法查明原因的，报经批准核销时，借记"资产处置费用"科目，贷记"待处理财产损溢"科目。

【例 7-5】 2019 年 1 月 25 日，某事业单位盘点发现库存现金比账面多出 100 元，26 日经过核实，其中 80 元属于应该支付给单位员工胡某，剩余 20 元无法查明原因。该单位编制有关会计分录如表 7-5 所示。

表 7-5　现金清查溢余的会计分录

时　　间	财务会计分录	预算会计分录
1 月 25 日	借：库存现金　　　　　　　100 　　贷：待处理财产损溢　　　　100	借：资金结存——货币资金——库存现金 　　　　　　　　　　　　　　　　100 　　贷：其他预算收入——现金盘盈收入　100
1 月 26 日	借：待处理财产损溢　　　　100 　　贷：其他应付款——胡某　　80 　　　　其他收入——现金盘盈收入　20	不做账务处理

续表

时　间	财务会计分录	预算会计分录
1月26日	借：其他应付款——胡某　　　　80 　　贷：库存现金　　　　　　　　　80	借：其他预算收入——现金盘盈收入　80 　　贷：资金结存——货币资金——库存现金 　　　　　　　　　　　　　　　　　80

【例7-6】　2019年1月28日，某事业单位盘点发现库存现金比账面短缺100元，经过核实，其中70元属于应由相关责任人赔偿款，剩余30元无法查明原因，1月30日报请相关部门批准核销。该单位编制有关会计分录如表7-6所示。

表7-6　现金清查短缺的会计分录

时　间	财务会计分录	预算会计分录
1月28日	借：待处理财产损溢　　　　　100 　　贷：库存现金　　　　　　　　100	借：其他支出　　　　　　　　　　100 　　贷：资金结存——货币资金——库存现金　100
1月30日	借：其他应收款——责任人　　70 　　贷：待处理财产损溢　　　　　70 借：库存现金　　　　　　　　70 　　贷：其他应收款——责任人　　70	不做账务处理 借：资金结存——货币资金——库存现金　70 　　贷：其他支出　　　　　　　　　70
1月30日	借：处置资产费用　　　　　　30 　　贷：待处理财产损溢　　　　　30	不做账务处理

二、银行存款

（一）银行存款的概念

银行存款是指单位存入银行和其他金融机构的各种存款。行政事业单位应当严格按照国家有关支付结算办法的规定办理银行存款收支业务，并按《政府会计制度》规定核算银行存款的各项收支业务。

（二）银行存款的核算

行政事业单位应当设置"银行存款"科目，对行政事业单位存入银行或其他金融机构的各种存款进行核算。该科目应当设置"受托代理资产"明细科目，核算单位受托代理、代管的银行存款。

▶ 1. 银行存款增加的核算

将款项存入银行或者其他金融机构，按照实际存入的金额，借记"银行存款"科目，贷记"库存现金""应收账款""事业收入""经营收入""其他收入"等相关科目，预算会计处理时，借记"资金结存"科目，贷记"事业预算收入""其他预算收入"等科目（将现金存入银行不做此分录）。涉及增值税业务的，相关账务处理参见"应交增值税"科目。

收到银行存款利息，按照实际收到的金额，借记"银行存款"科目，贷记"利息收入"科目，预算会计处理时，借记"资金结存"科目，贷记"其他预算收入"科目。

【例7-7】　某事业单位于2019年2月12日收到上级拨入事业经费100 000元；2月20日，收到银行存款利息2 000元。该单位编制有关会计分录如表7-7所示。

表7-7 银行存款增加的会计分录

时　间	财务会计分录	预算会计分录
2月12日	借：银行存款　　　100 000 　贷：上级补助收入　　100 000	借：资金结存——货币资金——银行存款　100 000 　贷：上级补助预算收入　　　　　　　　100 000
2月20日	借：银行存款　　　　2 000 　贷：利息收入　　　　2 000	借：资金结存——货币资金——银行存款　2 000 　贷：其他预算收入　　　　　　　　　　2 000

▶ **2. 银行存款减少的核算**

从银行等金融机构提取现金，按照实际提取的金额，借记"库存现金"科目，贷记"银行存款"科目。

以银行存款支付相关费用，按照实际支付的金额，借记"业务活动费用""单位管理费用""其他费用"等相关科目，贷记"银行存款"科目，预算会计处理时，借记"事业支出""行政支出""其他支出"等科目，贷记"资金结存"科目。涉及增值税业务的，相关账务处理参见"应交增值税"科目。

以银行存款对外捐赠，按照实际捐出的金额，借记"其他费用"科目，贷记"银行存款"科目，预算会计处理时，借记"其他支出"等科目，贷记"资金结存"科目。

收到受托代理、代管的银行存款，按照实际收到的金额，借记"银行存款"科目（受托代理资产），贷记"受托代理负债"科目；支付受托代理、代管的银行存款，按照实际支付的金额，借记"受托代理负债"科目，贷记"银行存款"科目（受托代理资产）。

【例7-8】 某事业单位于2019年2月27日开出转账支票支付购买办公用品款20 000元。该单位编制有关会计分录如表7-8所示。

表7-8 银行存款减少的会计分录

时　间	财务会计分录	预算会计分录
2月27日	借：库存物品　　　20 000 　贷：银行存款　　　　20 000	借：事业支出　　　　　　　　　　　　20 000 　贷：资金结存——货币资金——银行存款　20 000

三、零余额账户用款额度

（一）零余额账户用款额度的概念

零余额账户用款额度是指实行国库集中支付的行政事业单位根据财政部门批复的用款计划收到和支用的用款额度。它是一种新的无纸化的货币形式，具有与现金和各种存款基本相同的支付结算功能，因此，也是单位可以支配的流动资产形式之一。财政授权支付的业务一律通过单位零余额账户办理。

微课视频7-1
零余额账户
用款额度

（二）零余额账户用款额度的核算

为了反映零余额账户用款额度增减变动情况，单位应当设置"零余额账户用款额度"科目。该科目借方登记收到授权支付到账额度；贷方登记支用的零余额用款额度；期末借方余额，反映单位尚未支用的零余额用款账户额度。"零余额账户用款额度"科目年末应无余额。

在财政授权支付方式下，单位收到代理银行盖章的"财政授权支付到账通知书"时，根据通知书所列数额，借记"零余额账户用款额度"科目，贷记"财政拨款收入"科目，预算会计处理时，借记"资金结存"科目，贷记"财政拨款预算收入"科目。单位因购货退回等发生国库授权支付额度退回的，应按照退回金额，借记"零余额账户用款额度"科目，贷记"库存物品"等科目，预算会计处理时，借记"资金结存"科目，贷记"事业支出""行政支出"等科目。

单位按规定支用额度时，借记有关科目，贷记"零余额账户用款额度"科目，预算会计处理时，借记相关科目，贷记"资金结存"科目；从零余额账户提取现金时，借记"库存现金"科目，贷记"零余额账户用款额度"科目。

【例7-9】 2019年3月2日，某事业单位收到代理银行转来的"财政授权支付额度到账通知书"，通知书中注明的本月授权额度为400 000元。5日，采用国库授权支付方式支付办公大楼日常维修费30 000元。该单位编制有关会计分录如表7-9所示。

表7-9 零余额账户用款额度增加和减少的会计分录

时 间	财务会计分录	预算会计分录
3月2日	借：零余额账户用款额度 400 000 　　贷：财政拨款收入 400 000	借：资金结存——零余额账户用款额度 　　　　　　400 000 　　贷：财政拨款预算收入 400 000
3月5日	借：单位管理费用 30 000 　　贷：零余额账户用款额度 30 000	借：事业支出 30 000 　　贷：资金结存——零余额账户用款额度 　　　　　　30 000

四、其他货币资金

其他货币资金是指单位除库存现金、银行存款、零余额账户用款额度以外的货币资金。

（一）其他货币资金的内容

其他货币资金的主要内容包括外埠存款、银行本票存款、银行汇票存款、信用卡存款等其他货币资金。外埠存款是指单位到外地进行临时或零星采购时，汇往采购地银行开立采购专户的款项。银行本票存款是指单位为取得银行本票按规定存入银行的款项。银行汇票存款是指单位为取得银行汇票按规定存入银行的款项。信用卡存款是指单位为取得信用卡按规定存入银行的款项。

（二）其他货币资金的核算

为了反映和监督其他货币资金的收支和结存情况，单位应当设置"其他货币资金"科目，该科目应设置"外埠存款""银行本票存款""银行汇票存款""信用卡存款"等明细科目进行明细核算。

单位到外地进行临时或零星采购并在采购地银行开立采购专户，将款项委托本地银行汇往采购地开立专户时，借记"其他货币资金"科目，贷记"银行存款"科目。收到采购员交来供应单位发票账单等报销凭证时，借记"库存物品"等科目，贷记"其他货币资金"科目，预算会计处理时，借记"事业支出"等科目，贷记"资金结存"科目。将多余的外埠存款转回本地银行时，根据银行的收账通知，借记"银行存款"科目，贷记"其他货币资金"科目。

单位将款项交存银行取得银行本票、银行汇票，按照取得的银行本票、银行汇票金额，借记"其他货币资金"科目，贷记"银行存款"等科目。使用银行本票、银行汇票发生支付，按照实际支付金额，借记"库存物品"等科目，贷记"其他货币资金"科目，预算会计处理时，借记"事业支出"等科目，贷记"资金结存"科目。如有余款或因本票、汇票超过付款期等原因而退回款项，按照退款金额，借记"银行存款"科目，贷记"其他货币资金"科目。

单位将款项交存银行取得信用卡，按照交存金额，借记"其他货币金"科目，贷记"银行存款"科目。用信用卡购物或支付有关费用，借记相关科目，贷记"其他货币资金"科目，预算会计处理时，借记"事业支出"等科目，贷记"资金结存"科目。单位信用卡在使用过程中，须向其账户续存资金的，按照续存金额，借记"其他货币资金"科目，贷记"银行存款"科目。

【例7-10】　某事业单位于3月20日将50 000元交存银行取得银行本票一张。3月25日，业务部门采购人员使用该银行本票购买开展业务活动所需的物品A材料40 000元，月底，剩余10 000元退回。该单位编制有关会计分录如表7-10所示。

表 7-10　其他货币资金增加和减少的会计分录

时　　间	财务会计分录	预算会计分录
3月20日	借：其他货币资金——银行本票存款 　　　　　　　　　　　　　50 000 　　贷：银行存款　　　　50 000	不做账务处理
3月25日	借：库存物品——A材料　　40 000 　　贷：其他货币资金——银行本票存款 　　　　　　　　　　　　　40 000	借：事业支出　　　　　　40 000 　　贷：资金结存——货币资金——其他货币 　　　　资金　　　　　　　40 000
3月31日	借：银行存款　　　　10 000 　　贷：其他货币资金——银行本票存款 　　　　　　　　　　　　　10 000	不做账务处理

任务二　应收及预付款项

应收及预付款项是指行政事业单位在其业务活动过程中形成的短期债权，如财政应返还额度、应收账款、坏账准备、应收票据、预付账款和其他应收款项。

一、财政应返还额度

（一）财政应返还额度的概念

财政应返还额度是指实行国库集中支付的行政事业单位应收财政返还的资金额度，包括可以使用的以前年度财政直接支付资金额度和财政应返还的财政授权支付资金额度。在财政国库集中支付制度下，年末行政事业单位尚未使用的财政直接支付额度和财政授权支付额度相应资金留存在财政国库，这些财政资金通常仍然由行政事业单位按计划安排使用。由此，行政事业单位在年末形成财政应返还额度。

微课视频 7-2
财政应返还额度

（二）财政应返还额度的核算

为核算财政应返还额度业务，行政事业单位应设置"财政应返还额度"总账科目。该科目应当设置"财政直接支付""财政授权支付"两个明细科目进行明细核算。

▶ **1. 财政直接支付**

年末，单位根据本年及财政直接支付预算指标数大于当年财政直接支付实际发生数的差额，借记"财政应返还额度"科目（财政直接支付），贷记"财政拨款收入"科目，预算会计处理时，借记"资金结存——财政应返还额度"等科目，贷记"财政拨款预算收入"科目。单位使用以前年度财政直接支付额度支付款项时，借记"业务活动费用""单位管理费用"等科目，贷记"财政应返还额度"科目（财政直接支付），预算会计处理时，借记"事业支出"等科目，贷记"资金结存——财政应返还额度"科目。

【例 7-11】 某事业单位 2019 年度财政直接支付预算指标数为 6 550 000 元，财政直接支付实际支出数 6 540 000 元。2020 年 1 月 3 日，该事业单位收到财政部门批转的财政直接支付额度恢复通知单，财政部门对事业单位恢复财政直接支付额度 10 000 元。2020 年 1 月 10 日，该事业单位使用恢复的财政直接支付额度支付会议费 8 000 元。该单位编制有关会计分录如表 7-11 所示。

表 7-11　财政应返还额度——财政直接支付的会计分录

时　　间	财务会计分录	预算会计分录
12 月 31 日	借：财政应返还额度——财政直接支付 　　　　　　　　　　　　　　10 000 　　贷：财政拨款收入　　　10 000	借：资金结存——财政应返还额度 　　　　　　　　　　　　　　10 000 　　贷：财政拨款预算收入　　10 000
2020 年 1 月 3 日	恢复财政直接支付额度不做账务处理	不做账务处理
1 月 10 日	借：业务活动费用　　　　8 000 　　贷：财政应返还额度——财政直接支付 　　　　　　　　　　　　　　8 000	借：事业支出　　　　　　8 000 　　贷：资金结存——财政应返还额度　8 000

▶ **2. 财政授权支付**

年末，单位本年度财政授权支付预算指标数大于零余额账户用款额度下达数的，根据未下达的用款额度，借记"财政应返还额度"科目（财政授权支付），贷记"财政拨款收入"科目，预算会计处理时，借记"资金结存——财政应返还额度"等科目，贷记"财政拨款预算收入"科目。年末，根据代理银行提供的对账单做注销额度的相关账务处理，借记"财政应返还额度"科目（财政授权支付），贷记"零余额账户用款额度"科目，预算会计处理时，借记"资金结存——财政应返还额度"科目，贷记"资金结存——零余额账户用款额度"科目。

下年初，单位根据代理银行提供的上年度注销额度恢复到账通知书做恢复额度的相关账务处理，借记"零余额账户用款额度"科目，贷记"财政应返还额度"科目（财政授权支付），预算会计处理时，借记"资金结存——零余额账户用款额度"科目，贷记"资金结存——财政应返还额度"科目。单位收到财政部门批复的上年未下达零余额账户用款额度，借记"零余额账户用款额度"科目，贷记"财政应返还额度"科目（财政授权支付），预算会计处理时，借记"资金结存——零余额账户用款额度"科目，贷记"资金结存——财政应返还额度"科目。

【例 7-12】 某事业单位 2019 年度财政授权支付预算指标数为 2 000 000 元，零余额账户用款额度下达数为 1 981 000 元，零余额账户用款额度实际支出数为 1 973 000 元。2020年 1 月 10 日，该单位收到代理银行转来的《财政授权支付额度恢复到账通知书》，恢复2019 年度财政授权支付注销额度。该单位编制有关会计分录如表 7-12 所示。

表 7-12　财政应返还额度——财政授权支付的会计分录

时　　间	财务会计分录	预算会计分录
12 月 31 日	借：财政应返还额度——财政授权支付 　　　　　　　　　　　　　　　19 000 　贷：财政拨款收入　　　　　19 000	借：资金结存——财政应返还额度 　　　　　　　　　　　　　　19 000 　贷：财政拨款预算收入　　　19 000
12 月 31 日	借：财政应返还额度——财政授权支付 　　　　　　　　　　　　　　　8 000 　贷：零余额账户用款额度　　8 000	借：资金结存——财政应返还额度 8 000 　贷：资金结存——零余额账户用款额度 　　　　　　　　　　　　　　8 000
2020 年 1 月 10 日	借：零余额账户用款额度　　27 000 　贷：财政应返还额度——财政授权支付 　　　　　　　　　　　　　　27 000	借：资金结存——零余额账户用款额度 　　　　　　　　　　　　　　27 000 　贷：资金结存——财政应返还额度 27 000

二、应收账款

应收账款是指事业单位提供服务、销售产品等应收取的款项，以及行政事业单位因出租资产、出售物资等应收取的款项。

为了反映应收账款增减变动情况，单位应设置"应收账款"科目核算单位因开展业务活动应收取的款项。其明细账应当按照对方单位（或个人）设置并进行明细核算。

（一）应收账款的日常核算

▶ 1. 应收账款收回后无须上缴财政的核算

单位发生应收账款时，按照应收未收金额，借记"应收账款"科目，贷记"事业收入""经营收入""租金收入""其他收入"等科目。涉及增值税业务的，相关账务处理参见"应交增值税"科目。收回应收账款时，按照实际收到的金额，借记"银行存款"等科目，贷记"应收账款"科目，预算会计处理时，借记"资金结存"等科目，贷记"事业预算收入""经营预算收入""其他预算收入"等科目。

【例 7-13】 某事业单位于 2019 年 3 月 5 日开展事业活动产生不需要上缴财政的事业

收入 20 000 元，款项未收。3 月 20 日，收回该笔款项。该单位编制有关会计分录如表 7-13 所示。

表 7-13　不需要上缴财政的应收账款的会计分录

时　　间	财务会计分录		预算会计分录	
3 月 5 日	借：应收账款 　贷：事业收入	20 000 20 000	不做账务处理	
3 月 20 日	借：银行存款 　贷：应收账款	20 000 20 000	借：资金结存——货币资金——银行存款 　　　　　　　　　　　　　　　　20 000 　贷：事业预算收入　　　　　　20 000	

▶ **2. 应收账款收回后需要上缴财政的核算**

事业单位发生应收未收款项时，按照应收未收金额，借记"应收账款"科目，贷记"应缴财政款"科目，收回应收账款时，按照实际收到的金额，借记"银行存款"等科目，贷记"应收账款"科目。

涉及增值税业务的，相关账务处理参见"应交增值税"科目。

【例 7-14】　某事业单位于 2019 年 3 月 10 日出售报废的资产获得 1 000 元，款项未收，按照资产管理要求，该款项须上缴财政。3 月 22 日，收到对方单位款项 1 000 元。该单位编制有关会计分录如表 7-14 所示。

表 7-14　需要上缴财政的应收账款的会计分录

时　　间	财务会计分录		预算会计分录
3 月 10 日	借：应收账款 　贷：应缴财政款	1 000 1 000	不做账务处理
3 月 22 日	借：银行存款 　贷：应收账款	1 000 1 000	不做账务处理

（二）应收账款的期末清查

（1）事业单位应当于每年年末，对收回后不须上缴财政的应收账款进行全面检查，如发生不能收回的迹象，应当计提坏账准备。

① 对于账龄超过规定年限、确认无法收回的应收账款，按照规定报经批准后予以核销。按照核销金额，借记"坏账准备"科目，贷记"应收账款"科目。核销的应收账款应在备查簿中保留登记。

② 已核销的应收账款在以后期间又收回的，按照实际收回金额，借记"应收账款"科目，贷记"坏账准备"科目；同时，借记"银行存款"等科目，贷记"应收账款"科目，预算会计处理时，借记"资金结存"等科目，贷记"非财政拨款结余"等科目。

（2）单位应当于每年年末，对收回后应当上缴财政的应收账款进行全面检查。

① 对于账龄超过规定年限、确认无法收回的应收账款，按照规定报经批准后予以核销。按照核销金额，借记"应缴财政款"科目，贷记"应收账款"科目。核销的应收账款应当在备查簿中保留登记。

② 已核销的应收账款在以后期间又收回的，按照实际收回金额，借记"银行存款"等科目，贷记"应缴财政款"科目。

【例 7-15】 某事业单位于 2019 年年末对需要上缴财政的应收账款进行全面检查，发现应收某单位的账款 5 000 元，已经超过规定的年限仍然无法收回，报经有关部门批准后予以核销。次年 6 月 22 日，该笔款项又收回。该单位编制有关会计分录如表 7-15 所示。

表 7-15　已核销的应收账款在以后期间又收回的会计分录

时　间	财务会计分录		预算会计分录
2019 年 12 月 31 日	借：应缴财政款 贷：应收账款	5 000 5 000	不做账务处理
2020 年 6 月 22 日	借：银行存款 贷：应缴财政款	5 000 5 000	不做账务处理

三、坏账准备

(一) 坏账准备的计提

坏账是指无法收回的应收款项，由应收款项坏账带来的损失称为坏账损失。根据现行制度的规定，事业单位应当在每年年末对收回后不须上缴财政的应收账款和其他应收款提取坏账准备，对其他应收项目不提取坏账准备。行政单位不提取坏账准备。

事业单位可以采用应收款项余额百分比法、账龄分析法、个别认定法等方法计提坏账准备。坏账准备计提方法一经确定，不得随意变更。如须变更，应当按照规定报经批准，并在财务报表附注中予以说明。

根据上述方法计算坏账损失金额，当期应补提或冲减的坏账准备金额的计算公式如下：

$$\text{当期应补提或冲减的坏账准备} = \text{按照期末应收账款和其他应收款计算应计提的坏账准备金额} - \text{"坏账准备"科目期末贷方余额（或+"坏账准备"科目期末借方余额）}$$

(二) 坏账准备的核算

为了核算坏账准备业务，事业单位应设置"坏账准备"总账科目。该科目贷方登记当期计提的坏账准备金额，借方登记实际发生坏账损失金额和冲减的坏账准备金额；期末贷方余额，反映事业单位提取的坏账准备金额。

事业单位提取坏账准备时，借记"其他费用"科目，贷记"坏账准备"科目；冲减坏账准备时，借记"坏账准备"科目，贷记"其他费用"科目。

【例 7-16】 2019—2021 年，某事业单位发生以下坏账业务。

(1) 2019 年年末，该单位应收账款余额为 1 000 000 元，提取坏账准备的比例为 3‰，"坏账准备"账户余额为零。

2019 年应提取坏账准备＝1 000 000×3‰＝3 000(元)

(2) 2020 年发生坏账损失 10 000 元，其中甲单位 2 000 元，乙单位 8 000 元，年末应收账款为 1 200 000 元。

坏账准备应保留的余额＝1 200 000×3‰＝3 600(元)

"坏账准备"账户已有余额＝3 000(贷方)－10 000(借方)＝－7 000(元)

应提取的坏账准备＝3 600＋7 000＝10 600(元)

(3) 2021 年 11 月 3 日，已冲销的上年乙单位应收账款 8 000 元又收回。年末应收账款 1 300 000 元。

坏账准备余额＝1 300 000×3‰＝3 900(元)

"坏账准备"账户已有贷方余额＝3 600＋8 000＝11 600(元)

应提取的坏账准备＝3 900－11 600＝ －7 700(元)

其坏账准备的会计分录如表 7-16 所示。

表 7-16　坏账准备的会计分录

时　间	财务会计分录		预算会计分录
2019 年年末	借：其他费用	3 000	不做账务处理
	贷：坏账准备	3 000	
2020 年年末	借：坏账准备	10 000	不做账务处理
	贷：应收账款——甲单位	2 000	
	——乙单位	8 000	
	借：其他费用	10 600	
	贷：坏账准备	10 600	
2021 年11 月 3 日	借：应收账款——乙单位	8 000	借：资金结存——货币资金　8 000
	贷：坏账准备	8 000	贷：非财政拨款结余　8 000
	借：银行存款	8 000	
	贷：应收账款——乙单位	8 000	
2012 年年末	借：坏账准备	7 700	不做账务处理
	贷：其他费用	7 700	

四、应收票据

应收票据是指事业单位因开展经营活动销售产品、提供有偿服务等而收到的商业汇票，包括银行承兑汇票和商业承兑汇票。

(一) 应收票据取得与到期收回的核算

为了反映应收票据增减变动情况，事业单位应设置"应收票据"科目。其明细账应当按照开出、承兑商业汇票的单位设置并进行明细核算。

事业单位应当设置"应收票据备查簿"，逐笔登记每一应收票据的种类、号数、出票日期、到期日、票面金额、交易合同号以及付款人、承兑人、背书人姓名或单位名称、背书转让日、贴现日期、贴现率和贴现净额、收款日期、收回金额和退票情况等资料。应收票据到期结清票款或退票后，当在备查簿内逐笔注销。

事业单位因销售产品、提供服务等收到商业汇票，按照商业汇票的票面金额，借记"应收票据"科目，按照确认的收入金额，贷记"事业收入""经营收入"等科目。涉及增值税业务的，相关账务处理参见"应交增值税"科目。

票据到期收回票款时，按照实际收到的商业汇票票面金额，借记"银行存款"科目，贷记"应收票据"科目，预算会计处理时，借记"资金结存"等科目，贷记"经营预算收入"等科目。因付款人无力支付票款，收到银行退回的商业承兑汇票、委托收款凭证、未付票款通知书或拒付款证明等，按照商业汇票的票面金额，借记"应收账款"科目，贷记"应收票据"科目。

（二）商业汇票贴现的核算

事业单位持未到期的商业汇票向银行贴现，按照实际收到的金额（即扣除贴现息后的净额），借记"银行存款"科目，按照贴现息金额，借记"经营费用"等科目，按照商业汇票的票面金额，贷记"应收票据"科目（无追索权）或"短期借款"科目（有追索权），预算会计处理时，按贴现净额，借记"资金结存"等科目，贷记"经营预算收入"等科目。附追索权的商业汇票到期未发生追索事项的，按照商业汇票的票面金额，借记"短期借款"科目，贷记"应收票据"科目。

【例7-17】某事业单位（小规模纳税人）于2019年4月7日销售产品收到收入10 000元，对方公司开出6个月期的不带息商业承兑汇票1张，该商业汇票面值10 000元。

（1）若7月7日，提前3个月向银行贴现（银行贴现年利率为8%），贴现息 $10\,000 \times 8\% \times 3/12 = 200$（元）。

（2）若一直持有票据至到期，10月7日收回。

（3）若10月7日到期时发现付款人无力支付。

该单位编制有关会计分录如表7-17所示。

表7-17　商业汇票贴现的会计分录

时　　间	财务会计分录		预算会计分录	
4月7日	借：应收票据 　贷：经营收入	10 000 10 000	不做账务处理	
7月7日	借：银行存款 　经营费用 　贷：短期借款	9 800 200 10 000	借：资金结存——货币资金——银行存款 　贷：经营预算收入	9 800 9 800
10月7日	借：银行存款 　贷：应收票据	10 000 10 000	借：资金结存——货币资金——银行存款 　贷：经营预算收入	10 000 10 000
10月7日	借：应收账款 　贷：应收票据	10 000 10 000	不做账务处理	

五、预付账款

预付账款是指单位按照购货、服务合同或协议规定预付给供应单位（或个人）的款项，以及按照合同规定向承包工程的施工企业预付的备料款和工程款。

（一）预付账款的核算

行政事业单位应当设置"预付账款"总科目，为了核算预付账款业务，该科目应当按照供应单位（或个人）及具体项目进行明细核算；对于基本建设项目发生的预付账款，还应当在本科目所属基建项目明细科目下设置"预付备料款""预付工程款""其他预付款"等明细科目，进行明细核算。

"预付账款"科目借方反映当期行政事业单位预付账款的增加；贷方反映当期行政事业单位预付账款的减少；本科目期末借方余额，反映行政事业单位实际预付但尚未结算的款项。

（1）根据购货、服务合同或协议规定预付款项时，按照预付金额，借记"预付账款"科目，贷记"财政拨款收入""零余额账户用款额度""银行存款"等科目，预算会计处理时，借记"事业支出"等科目，贷记"财政拨款预算收入""资金结存"等科目。

（2）收到所购资产或服务时，按照购入资产或服务的成本，借记"库存物品""固定资产""无形资产""业务活动费用"等相关科目，按照相关预付账款的账面余额，贷记"预付账款"科目，按照实际补付的金额，贷记"财政拨款收入""零余额账户用款额度""银行存款"等科目。涉及增值税业务的，相关账务处理参见"应交增值税"科目。

（3）单位根据工程进度结算工程价款及备料款时，按照结算金额，借记"在建工程"科目，按照相关预付账款的账面余额，贷记"预付账款"科目，按照实际补付的金额，贷记"财政拨款收入""零余额账户用款额度""银行存款"等科目，预算会计处理时，按照补付的金额，借记"事业支出"等科目，贷记"财政拨款预算收入""资金结存"等科目。

（4）单位发生预付账款退回的，按照实际退回金额，借记"财政拨款收入"（本年直接支付）、"财政应返还额度"（以前年度直接支付）、"零余额账户用款额度""银行存款"等科目，贷记"预付账款"科目，预算会计处理时，按照补付的金额，借记"财政拨款预算收入""资金结存"等科目，贷记"事业支出"等科目。

（二）预付账款的核销

单位应当于每年年末，对预付账款进行全面检查。如果有确凿证据表明预付账款不再符合预付款项性质，或者因供应单位破产、撤销等原因可能无法收到所购货物、服务的，应当先将其转入其他应收款，再按照规定进行处理。将预付账款账面余额转入其他应收款时，借记"其他应收款"科目，贷记"预付账款"科目。

【例 7-18】　某事业单位 2019 年有关预付款项业务如下。

（1）3 月 3 日，开工建设实验室一间，工程总价款 200 000 元，预付工程款 50 000 元，款项通过单位零余额账户支付。

（2）5 月 10 日，实验室工程完工，补付了工程款 50 000 元。

其预付账款的会计分录如表 7-18 所示。

表 7-18　预付账款的会计分录

时间	财务会计分录		预算会计分录	
3 月 3 日	借：预付账款 　贷：零余额账户用款额度	50 000 50 000	借：事业支出 　贷：资金结存——零余额账户用款额度	50 000 50 000
5 月 10 日	借：在建工程 　贷：银行存款 　　预付账款	200 000 150 000 50 000	借：事业支出 　贷：资金结存——零余额账户用款额度	150 000 150 000

六、其他应收款

其他应收款,是指除财政应返还额度、应收票据、应收账款、预付账款、应收股利、应收利息以外的其他各项应收及暂付款项,如职工预借的差旅费、已经偿还银行尚未报销的本单位公务卡欠款、拨付给内部有关部门的备用金、应向职工收取的各种垫付款项、支付的可以收回的订金或押金、应收的上级补助和附属单位上缴款项等。其他应收款应按实际发生额入账。

(一) 其他应收款的核算

为核算其他应收款业务,行政事业单位应设置"其他应收款"总账科目。该科目应当按照其他应收款的类别以及债务单位(或个人)进行明细核算。

(1) 单位发生其他各种应收及暂付款项时,按照实际发生金额,借记"其他应收款"科目,贷记"零余额账户用款额度""银行存款""库存现金""上级补助收入""附属单位上缴收入"等科目。涉及增值税业务的,相关账务处理参见"应交增值税"科目。收回其他各种应收及暂付款项时,按照收回的金额,借记"库存现金""银行存款"等科目,贷记"其他应收款"科目。

(2) 单位内部实行备用金制度的,有关部门使用备用金以后应当及时到财务部门报销并补足备用金。财务部门核定并发放备用金时,按照实际发放金额,借记"其他应收款"科目,贷记"库存现金"等科目。根据报销金额用现金补足备用金定额时,借记"业务活动费用""单位管理费用"等科目,贷记"库存现金"等科目,预算会计处理时,按照报销的金额,借记"事业支出"等科目,贷记"资金结存"等科目。报销数和拨补数都不再通过"其他应收款"科目核算。

(3) 偿还尚未报销的本单位公务卡欠款时,按照偿还的款项,借记"其他应收款"科目,贷记"零余额账户用款额度""银行存款"等科目;持卡人报销时,按照报销金额,借记"业务活动费用""单位管理费用"等科目,贷记"其他应收款"科目,预算会计处理时,按照报销的金额,借记"事业支出"等科目,贷记"资金结存"等科目。

【例 7-19】 某事业单位于 2019 年 5 月 5 日财政授权支付偿还公务卡欠款 3 000 元。5 月 10 日,该公务卡持卡人报销业务培训费 3 000 元。该单位编制有关会计分录如表 7-19 所示。

表 7-19 其他应收款的会计分录

时　间	财务会计分录	预算会计分录
5 月 5 日	借:其他应收款——公务卡欠款　3 000 　　贷:零余额账户用款额度　　　　3 000	不做账务处理
5 月 10 日	借:业务活动费用　　　　　　　　3 000 　　贷:其他应收款——公务卡欠款　3 000	借:事业支出　　　　　　　　　　　　3 000 　　贷:资金结存——零余额账户用款额度 　　　　　　　　　　　　　　　　　3 000

(二) 其他应收款的核销

▶ 1. 事业单位其他应收款的核销

事业单位其他应收款的核销请参照事业单位应收款的期末清查。

▶ **2. 行政单位其他应收款的核销**

行政单位应当于每年年末，对"其他应收款"进行全面检查。对于账龄超过规定年限、确认无法收回的其他应收款，按照规定报经批准后予以核销。核销的其他应收款应当在备查簿中保留登记。经批准核销其他应收款时，按照核销金额，借记"资产处置费用"科目，贷记"其他应收款"科目。已核销的其他应收款在以后期间又收回的，按照收回金额，借记"银行存款"等科目，贷记"其他收入"科目，预算会计处理时，借记"资金结存"等科目，贷记"其他预算收入"等科目。

【**例 7-20**】 2019 年 12 月 31 日，某行政单位对其他应收款进行全面检查时，发现年初代行政管理部门张某偿还的公务卡欠款 3 000 元一直未办理报销手续，报经批准后予以核销。2020 年 3 月 10 日，已核销的其他应收款又如数收回。该单位编制有关会计分录如表 7-20 所示。

表 7-20 其他应收款核销又收回的会计分录

时 间	财务会计分录	预算会计分录
2019 年 12 月 31 日	借：资产处置费用 3 000 　　贷：其他应收款——公务卡欠款 3 000	不做账务处理
2020 年 3 月 10 日	借：银行存款 3 000 　　贷：其他收入 3 000	借：资金结存——货币资金——银行存款 　　　　　　　　　　　　　　3 000 　　贷：其他预算收入 3 000

任务三 存 货

一、存货概述

(一) 存货的概念

存货，是指行政事业单位在开展业务活动及其他活动中因耗用或出售而储存的资产，如材料、产品、包装物和低值易耗品等，以及未达到固定资产标准的用具、装具、动植物等。政府储备物资、收储土地等，不属于存货的范围。

单位的存货应当在其到达存放地点并验收时确认，主要包括在途物品、库存物品和加工物品。

单位随买随用的零星办公用品，可以在购进时直接列作费用，不纳入存货的核算范围。单位受托存储保管的物资和受托转赠的物资，不符合存货的确认条件，属于"受托代理资产"。单位控制的政府储备物资，属于"政府储备物资"。单位为在建工程购买和使用的材料物资，属于"工程物资"，不属于存货的核算范围。

(二) 存货取得的计价

存货在取得时应当按照成本进行初始计量。

▶ **1. 购入存货**

购入存货成本包括购买价款、相关税费、运输费、装卸费、保险费，以及使存货达到目前场所和状态所发生的归属存货成本的其他支出。

▶ 2. 自行加工的存货

自行加工的存货成本包括耗用的直接材料费用、发生的直接人工费用和按照一定方法分配的与存货加工有关的间接费用。

▶ 3. 委托加工的存货

委托加工的存货成本包括委托加工前存货成本、委托加工的成本（如委托加工费以及按规定应计入委托加工存货成本的相关税费等），以及使存货达到目前场所和状态所发生的归属存货成本的其他支出。

▶ 4. 置换取得的存货

置换取得的存货成本按照换出资产的评估价值，加上支付的补价或减去收到的补价，加上为换入存货发生的其他相关支出来确定。

▶ 5. 接受捐赠的存货

接受捐赠的存货成本有以下 4 种确认方式。

（1）按照有关凭据注明的金额加上相关税费、运输费等来确定。

（2）没有相关凭据可供取得，但按规定经过资产评估的，其成本按照评估价值加上相关税费、运输费等来确定。

（3）没有相关凭据可供取得，也未经资产评估的，其成本比照同类或类似资产的市场价格加上相关税费、运输费等来确定。

（4）没有相关凭据且未经资产评估，同类或类似资产的市场价格也无法可靠取得的，按照名义金额（1 元）入账，相关税费、运输费等计入当期费用。

▶ 6. 无偿调入的存货

无偿调入的存货成本按照调出方账面价值加上相关税费、运输费等来确定。

▶ 7. 盘盈的存货

盘盈的存货有以下 4 种确认方式。

（1）按照有关凭据注明的金额来确定。

（2）按规定经过资产评估的，其成本按照评估价值来确定。

（3）未经资产评估的，其成本按照重置成本来确定。

（4）上述方法均无法采用时，可以按照名义金额（1 元）来确定。

注意：下列各项应当在发生时确认为当期费用，不计入存货成本。

（1）非正常消耗的直接材料、直接人工和间接费用。

（2）仓储费用（不包括在加工过程中为达到下一个加工阶段所必需的费用）。

（3）不能归属于使存货达到目前场所和状态所发生的其他支出。

（三）存货发出的计价

行政事业单位应当根据实际情况采用先进先出法、加权平均法或者个别计价法确定发出存货的实际成本。计价方法一经确定，不得随意变更。

二、存货的核算

（一）在途物品的核算

在途物品是指行政事业单位采购材料等物资时货款已付或已开出商业汇票但尚未验收

入库的物品。

为了核算在途物品业务，行政事业单位应设置"在途物品"总账科目。该科目可按照供应单位和物品种类进行明细核算。

（1）单位购入材料等物品，按照确定的物品采购成本的金额，借记"在途物品"科目，按照实际支付的金额，贷记"财政拨款收入""零余额账户用款额度""银行存款"等科目。预算会计处理时，借记"事业支出""行政支出""经营支出"等科目，贷记"财政拨款预算收入""资金结存"科目。涉及增值税业务的，相关账务处理参见"应交增值税"科目。

（2）所购材料等物品到达验收入库，按照确定的库存物品成本金额，借记"库存物品"科目，按照物品采购成本金额，贷记"在途物品"科目，按照使入库物品达到目前场所和状态所发生的其他支出，贷记"银行存款"等科目。预算会计处理时，按实际支付的金额，借记"事业支出""行政支出""经营支出"等科目，贷记"财政拨款预算收入""资金结存"科目。

【例 7-21】　某行政单位于 2019 年 4 月 15 日采购一批材料，货款 2 800 元、运杂费 200 元通过单位零余额账户用款额度支付，材料尚未验收入库。5 月 10 日，该批材料到达并验收入库。该单位编制有关会计分录如表 7-21 所示。

表 7-21　采购材料货款已付验收入库前后的会计分录

时　间	财务会计分录	预算会计分录
4 月 15 日	借：在途物品　　　　　　　　3 000 　　贷：零余额账户用款额度　　3 000	借：行政支出　　　　　　　　　　3 000 　　贷：资金结存——零余额账户用款额度　　3 000
5 月 10 日	借：库存物品　　　　　　　　3 000 　　贷：在途物品　　　　　　3 000	不做账务处理

（二）加工物品的核算

加工物品是指行政事业单位自制或委托外单位加工的各种物品。

为了核算加工物品业务，行政事业单位应设置"加工物品"总账科目。本科目应当设置"自制物品""委托加工物品"两个一级明细科目，并按照物品类别、品种、项目等设置明细账，进行明细核算。本科目"自制物品"一级明细科目下应当设置"直接材料""直接人工""其他直接费用"等二级明细科目归集自制物品发生的直接材料、直接人工（专门从事物品制造人员的人工费）等直接费用；对于自制物品发生的间接费用，应当在本科目"自制物品"一级明细科目下单独设置"间接费用"二级明细科目予以归集，期末再按照一定的分配标准和方法，分配计入有关物品的成本。本科目期末借方余额，反映单位自制或委托外单位加工但尚未完工的各种物品的实际成本。

▶ 1. 自制物品

（1）单位为自制物品领用材料等，按照材料成本，借记"加工物品"科目（自制物品——直接材料），贷记"库存物品"科目。专门从事物品制造的人员发生的直接人工费用，按照实际发生的金额，借记"加工物品"科目（自制物品——直接人工），贷记"应付职工薪酬"科目。为自制物品发生的其他直接费用，按照实际发生的金额，借记"加工物品"科目（自制物品——其他直接费用），贷记"零余额账户用款额度""银行存款"等科目，预算会计处理时，借记"事业支出""行政支出""经营支出"等科目，贷记"财政拨款预算收入""资金结存"科目。

（2）单位为自制物品发生的间接费用，按照实际发生的金额，借记"加工物品——自制物品（间接费用）"科目，贷记"零余额账户用款额度""银行存款""应付职工薪酬""固定资产累计折旧""无形资产累计摊销"等科目，预算会计处理时，按实际支付金额，借记"事业支出""行政支出""经营支出"等科目，贷记"财政拨款预算收入""资金结存"科目。间接费用一般按照生产人员工资、生产人员工时、机器工时、耗用材料的数量或成本、直接费用（直接材料和直接人工）或产品产量等进行分配。单位可根据具体情况自行选择间接费用的分配方法。分配方法一经确定，不得随意变更。

（3）单位已经制造完成并验收入库的物品，按照所发生的实际成本（包括耗用的直接材料费用、直接人工费用、其他直接费用和分配的间接费用），借记"库存物品"科目，贷记"加工物品——自制物品"科目。

【例 7-22】 某事业单位自制 A 产品，2019 年 4 月 3 日，领用材料甲 15 000 元；4 月 10 日，直接从事生产的人员工资 25 000 元；4 月 20 日，支付其他直接费用 2 000 元；4 月 30 日，分摊的固定资产折旧费 3 000 元；5 月 6 日，制作完成并验收入库。该单位编制有关会计分录如表 7-22 所示。

表 7-22　自制物品的会计分录

时　　间	财务会计分录	预算会计分录
4 月 3 日	借：加工物品——自制物品 A（直接材料） 　　　　15 000 　　贷：库存物品——甲材料　　15 000	不做账务处理
4 月 10 日	借：加工物品——自制物品 A（直接人工） 　　　　25 000 　　贷：应付职工薪酬　　25 000	不做账务处理
4 月 20 日	借：加工物品——自制物品 A（其他直接费用） 　　　　2 000 　　贷：银行存款　　2 000	借：事业支出　　　　2 000 　　贷：资金结存——货币资金——银行存款 　　　　2 000
4 月 30 日	借：加工物品——自制物品 A（间接费用） 　　　　3 000 　　贷：固定资产累计折旧　　3 000	不做账务处理
5 月 6 日	借：库存物品——A 产品　　45 000 　　贷：加工物品——自制物品 A（直接材料） 　　　　15 000 　　　　加工物品——自制物品 A（直接人工） 　　　　25 000 　　　　加工物品——自制物品 A（其他直接费用） 　　　　2 000 　　　　加工物品——自制物品 A（间接费用） 　　　　3 000	不做账务处理

▶ **2. 委托加工物品**

（1）发给外单位加工的材料等，按照其实际成本，借记"加工物品"科目（委托加工物品），贷记"库存物品"科目。支付加工费、运输费等费用，按照实际支付的金额，借记"加工物品"科目（委托加工物品），贷记"零余额账户用款额度""银行存款"等科目，预算会计处理时，借记"事业支出""行政支出""经营支出"等科目，贷记"财政拨款预算收入""资金结存"科目。涉及增值税业务的，相关账务处理参见"应交增值税"科目。

（2）委托加工完成的材料等验收入库，按照加工前发出材料的成本和加工、运输成本等，借记"库存物品"等科目，贷记"加工物品"科目（委托加工物品）。

【例 7-23】　某事业单位于 2019 年 5 月 7 日委托外单位加工一批物品，发给外单位乙材料用于物品加工，实际成本为 50 000 元。6 月 1 日，该批物品加工完成，该事业单位以银行存款向加工单位支付加工费 2 600 元，加工完成的物品已收回并验收入库。暂不考虑增值税业务。该单位编制有关会计分录如表 7-23 所示。

表 7-23　委托加工物品的会计分录

时　间	财务会计分录	预算会计分录
5 月 7 日	借：加工物品——委托加工物品 50 000 　贷：库存物品——乙材料　　　 50 000	不做账务处理
6 月 1 日	借：加工物品——委托加工物品　 2 600 　贷：银行存款　　　　　　　　 2 600	借：事业支出　　　　　　　　　　 2 600 　贷：资金结存——货币资金——银行存款 　　　　　　　　　　　　　　　 2 600
6 月 1 日	借：库存物品——产成品　　　 52 600 　贷：加工物品——委托加工物品 52 600	不做账务处理

（三）库存物品

库存物品是指单位在开展业务活动及其他活动中因耗用或出售而储存的各种材料、产品、包装物、低值易耗品，以及达不到固定资产标准的用具、装具、动植物，已完成测绘、地质勘查、设计成果等的成本。

为了核算库存物品业务，行政事业单位应设置"库存物品"总账科目。该科目应当按照库存物品的种类、规格、保管地点等进行明细核算。单位储存的低值易耗品、包装物较多的，可以在该科目（低值易耗品、包装物）下按照"在库""在用"和"摊销"等科目进行明细核算。该科目期末借方余额，反映单位库存物品的实际成本。

▶ **1. 库存物品的取得**

1）外购库存物品

外购的库存物品验收入库，按照确定的成本，借记"库存物品"科目，贷记"财政拨款收入""零余额账户用款额度""银行存款""应付账款""在途物品"等科目，预算会计处理时，按实际支付金额，借记"事业支出""行政支出""经营支出"等科目，贷记"财政拨款预算收入""资金结存"科目。涉及增值税业务的，相关账务处理参见"应交增值税"科目。

微课视频 7-3
库存物品的取得

【例 7-24】 2019 年 6 月，某事业单位发生如下外购库存物品经济业务。

（1）6 月 8 日，购进用于专业业务活动的材料并验收入库。增值税专用发票注明的价款为 40 000 元，增值税税额为 5 200 元。款项采用财政直接支付方式结算。

（2）6 月 15 日，购进用于经营活动的材料一批（一般纳税人），增值税专用发票注明的价款为 100 000 元，增值税税额为 13 000 元，已经税务机关认证，材料验收入库。款项以银行存款支付。

其会计分录如表 7-24 所示。

表 7-24　外购库存物品的会计分录

时　间	财务会计分录		预算会计分录	
6 月 8 日	借：库存物品 　贷：财政拨款收入	45 200 45 200	借：事业支出 　贷：财政拨款预算收入	45 200 45 200
6 月 15 日	借：库存物品 　　应交增值税——应交税金（进项税额） 　贷：银行存款	100 000 13 000 113 000	借：经营支出 　贷：资金结存——货币资金——银行存款	113 000 113 000

2）接受捐赠的库存物品

接受捐赠的库存物品验收入库，按照确定的成本，借记"库存物品"科目，按照发生的相关税费、运输费等，贷记"银行存款"等科目，按照其差额，贷记"捐赠收入"科目，预算会计处理时，按实际支付的相关税费，借记"其他支出"科目，贷记"资金结存"等科目。接受捐赠的库存物品按照名义金额入账的，按照名义金额，借记"库存物品"科目，贷记"捐赠收入"科目；同时，按照发生的相关税费、运输费等，借记"其他费用"科目，贷记"银行存款"等科目，预算会计处理时，借记"其他支出"科目，贷记"资金结存"等科目。

【例 7-25】 某事业单位于 2019 年 6 月 3 日接受外单位捐赠 F 材料 400 公斤，该批材料既没有相关凭据，也未经评估，但同类材料的市场价格为每千克 180 元。材料运达单位，以银行存款支付运输费 3 000 元，不考虑相关税金。6 月 17 日，另接受捐赠一批 G 物品，无相关凭据，市场也无同类或类似资产，无评估价值，暂时按照名义价格 1 元入账，同时支付相关运杂费 1 000 元。该单位编制有关会计分录如表 7-25 所示。

表 7-25　接受捐赠的库存物品的会计分录

时　间	财务会计分录		预算会计分录	
6 月 3 日	借：库存物品——材料（F） 　贷：银行存款 　　捐赠收入	75 000 3 000 72 000	借：其他支出 　贷：资金结存——货币资金——银行存款	3 000 3 000
6 月 17 日	借：库存物品——材料（G） 　贷：捐赠收入 借：其他费用 　贷：银行存款	1 1 1 000 1 000	借：其他支出 　贷：资金结存——货币资金——银行存款	1 000 1 000

3）无偿调入的库存物品

无偿调入的库存物品验收入库，按照确定的成本，借记"库存物品"科目，按照发生的相关税费、运输费等，贷记"银行存款"等科目，按照其差额，贷记"无偿调拨净资产"科目，预算会计处理时，按实际支付的相关税费，借记"其他支出"科目，贷记"资金结存"等科目。

【例 7-26】　2019 年 6 月 30 日，甲事业单位从系统内部乙事业单位无偿调入一批 D 材料，该批材料在乙单位的账面价值为 120 000 元。以银行存款支付调入材料发生的相关费用 5 000 元。该单位编制有关会计分录如表 7-26 所示。

表 7-26　无偿调入的库存物品的会计分录

时　间	财务会计分录	预算会计分录
6 月 30 日	借：库存物品——材料(D)　　125 000 　　贷：银行存款　　　　　　　　5 000 　　　　无偿调拨净资产　　　　120 000	借：其他支出　　　　　　　　5 000 　　贷：资金结存——货币资金——银行存款　　　　　　　　　　　　5 000

4）置换换入的库存物品

（1）换入库存物品未涉及补价。置换换入的库存物品验收入库，按照确定的成本，借记"库存物品"科目，按照换出资产的账面余额，贷记相关资产科目(换出资产为固定资产、无形资产的，还应当借记"固定资产累计折旧""无形资产累计摊销"科目)，按照在置换过程中发生的其他相关支出，贷记"银行存款"等科目，按照借贷方差额，借记"资产处置费用"科目或贷记"其他收入"科目，预算会计处理时，按实际支付的其他相关支出，借记"其他支出"科目，贷记"资金结存"等科目。

（2）换入库存物品涉及补价。涉及补价的，分别按以下情况处理。

第一，支付补价的，按确定的成本，借记"库存物品"科目，按照换出资产的账面余额，贷记相关资产科目(换出资产为固定资产、无形资产的，还应当借记"固定资产累计折旧""无形资产累计摊销"科目)，按照支付的补价和在置换过程中发生的其他相关支出，贷记"银行存款"等科目，按照借贷方差额，借记"资产处置费用"科目或贷记"其他收入"科目，预算会计处理时，按实际支付的补价和其他相关支出，借记"其他支出"科目，贷记"资金结存"等科目。

第二，收到补价的，按照确定的成本，借记"库存物品"科目，按照收到的补价，借记"银行存款"等科目，按照换出资产的账面余额，贷记相关资产科目(换出资产为固定资产、无形资产的，还应当借记"固定资产累计折旧""无形资产累计摊销"科目)，按照在置换过程中发生的其他相关支出，贷记"银行存款"等科目，按照补价扣减其他相关支出后的净收入，贷记"应缴财政款"科目，按照借贷方差额，借记"资产处置费用"科目或贷记"其他收入"科目，预算会计处理时，按实际支付的其他相关支出大于收到补价的差额，借记"其他支出"科目，贷记"资金结存"等科目。

▶ 2. 库存物品的发出

1）单位开展业务活动领用

单位开展业务活动等领用库存物品，按照领用物品的实际成本，借记"业务活动费用"

"单位管理费用""经营费用"等科目，贷记"库存物品"科目。

单位领用低值易耗品、包装物，采用一次转销法摊销的，在首次领用时将其账面余额一次性摊销计入有关成本费用，借记有关科目，贷记"库存物品"科目。采用五五摊销法摊销低值易耗品、包装物的，首次领用时，将其账面余额的50%摊销计入相关成本费用，借记相关科目，贷记"库存物品"科目；使用完报废时，将剩余的账面余额转销计入相关成本费用，借记相关科目，贷记"库存物品"科目。

微课视频 7-4
库存物品的减少

【例 7-27】 某事业单位于2019年6月10日开展业务活动领用办公用甲材料一批8 000元，综合管理部门领用办公用甲材料一批价值3 000元。该单位编制有关会计分录如表7-27所示。

表 7-27　开展业务活动领用库存物品的会计分录

时　　间	财务会计分录	预算会计分录
6月10日	借：业务活动费用　　　　　8 000 　　单位管理费用　　　　　3 000 　贷：库存物品——材料（甲）　11 000	不做账务处理

2）出售库存物品

库存物品出售分为可自主出售和不可自主出售两种方式。前者是指单位有权决定出售的对象和价格；后者则是经批准后方可出售。单位按照规定自主出售发出库存物品，按照出售物品的实际成本，借记"经营费用"等科目，贷记"库存物品"科目。单位经批准对外出售的库存物品发出时，按照库存物品的账面余额，借记"资产处置费用"科目，贷记"库存物品"科目；同时，按照收到的价款，借记"银行存款"等科目，按照处置过程中发生的相关费用，贷记"银行存款"等科目，按照其差额，贷记"应缴财政款"科目。

【例 7-28】 某事业单位经过有关部门批准，于2019年6月28日对外出售乙物品一批2 500元，收到价款2 800元，处置相关支出100元，差额上缴财政。该单位编制有关会计分录如表7-28所示。

表 7-28　对外出售库存物品的会计分录

时　　间	财务会计分录	预算会计分录
6月28日	借：资产处置费用　　　　　2 500 　贷：库存物品——材料（乙）　2 500 借：银行存款　　　　　　　2 800 　贷：应缴财政款　　　　　2 700 　　银行存款　　　　　　　100	不做账务处理

3）对外捐赠的库存物品

单位经批准对外捐赠的库存物品发出时，按照库存物品的账面余额和对外捐赠过程中发生的属于捐出方的相关费用合计数，借记"资产处置费用"科目，按照库存物品账面余额，贷记"库存物品"科目，按照对外捐赠过程中发生的属于捐出方的相关费用，贷记"银行存款"等科目，预算会计处理时，按实际支付的相关费用，借记"其他支出"科目，贷记"资金结存"等科目。

【例7-29】　某事业单位于6月19日对外捐赠一批丙物品，价值28 000元，另支付相关运杂费2 000元。该单位编制有关会计分录如表7-29所示。

表7-29　对外捐赠库存物品的会计分录

时　间	财务会计分录		预算会计分录	
6月19日	借：资产处置费用	30 000	借：其他支出	2 000
	贷：库存物品——材料（丙）	28 000	贷：资金结存——货币资金——银行存款	
	银行存款	2 000		2 000

4）无偿调出的库存物品

经批准无偿调出的库存物品发出时，按照库存物品的账面余额，借记"无偿调拨净资产"科目，贷记"库存物品"科目；同时，按照无偿调出过程中发生的属于调出方的相关费用，借记"资产处置费用"科目，贷记"银行存款"等科目，预算会计处理时，按实际支付的相关费用，借记"其他支出"科目，贷记"资金结存"等科目。

【例7-30】　某事业单位6月23日向同一系统内部另一家事业单位无偿调出一批丁物品，该批物品账面价值25 000元，另支付相关运杂费1 000元。该单位编制有关会计分录如表7-30所示。

表7-30　无偿调出库存物品的会计分录

时　间	财务会计分录		预算会计分录	
6月23日	借：无偿调拨净资产	25 000	借：其他支出	1 000
	贷：库存物品——材料（丁）	25 000	贷：资金结存——货币资金——银行存款	
	借：资产处置费用	1 000		1 000
	贷：银行存款	1 000		

5）置换换出的库存物品

单位以持有库存物品置换换入库存物品、长期股权投资、固定资产和无形资产等，其入账价值按照换出库存物品的评估价值加上支付的补价或减去收到的补价，加上换入资产发生的其他相关支出确定。

单位以持有库存物品置换换入库存物品、长期股权投资、固定资产和无形资产时收到补价的，按照确定的换入资产成本，借记"库存物品""长期股权投资""固定资产""无形资产"等科目，按照换出库存物品的账面余额，贷记"库存物品"科目，按照收到的补价，借记"银行存款"等科目，按照补价扣减其他相关支出后的净收入，贷记"应缴财政款"科目，按照借贷方差额，借记"资产处置费用"科目或贷记"其他收入"科目。

三、存货的清查

存货清查，是指通过对存货的实地盘点，确定存货的实有数量，并与账面结存数核对，从而确定存货实存数与账面结存数是否相符的一种专门方法。

单位应当定期对库存物品进行清查盘点，每年至少盘点一次。对于发生的库存物品盘盈、盘亏或者报废、毁损，应当先计入"待处理财产损溢"科目，按照规定报经批准后及时进行后续账务处理。

（一）存货盘盈

盘盈的库存物品，按照确定的入账成本，借记"库存物品"科目，贷记"待处理财产损溢"科目。单位按照规定报经批准后处理时，借记"待处理财产损溢"，贷记"单位管理费用"（事业单位）或"业务活动费用"（行政单位）、"以前年度盈余调整"科目。

（二）存货盘亏

盘亏、报废或者毁损的库存物品，按照待处理库存物品的账面余额，借记"待处理财产损溢——等待处理财产价值"科目，贷记"库存物品"科目。属于增值税一般纳税人的单位，若因非正常原因导致的库存物品盘亏或毁损，还应当将与该库存物品相关的增值税进项税额转出，按照其增值税进项税额，借记"待处理财产损溢"科目，贷记"应交增值税——应交税金（进项税额转出）"科目。

报经批准处理时，借记"资产处置费用"科目，贷记"待处理财产损溢——待处理财产价值"科目。

单位在处理毁损、报废库存物品过程中取得的残值或残值变价收入、保险理赔和过失人赔偿等，借记"库存现金""银行存款""库存物品""其他应收款"等科目，贷记"待处理财产损溢——处理净收入"科目；在处理毁损、报废实物资产过程中发生的相关费用，借记"待处理财产损溢——处理净收入"科目，贷记"库存现金""银行存款"等科目。

单位处理收支结清，如果处理收入大于相关费用的，按照处理收入减去相关费用后的净收入，借记"待处理财产损溢——处理净收入"科目，贷记"应缴财政款"等科目；如果处理收入小于相关费用的，按照相关费用减去处理收入后的净支出，借记"资产处置费用"科目，贷记"待处理财产损溢——处理净收入"科目，预算会计处理时，按实际支付的处理净支出，借记"其他支出"科目，贷记"资金结存"等科目。

【例7-31】 2019年6月13日，某事业单位用于业务活动的一批库存物品由于管理不善发生毁损，该批物品成本80 000元；15日，处置毁损材料时取得残料变价收入6 000元存入银行，应收保险理赔款40 000元，向责任者索赔10 000元；16日，以银行存款支付清理毁损材料的相关费用7 000元；20日，经批准转销待处理财产价值，同时结转待处理净收入。该单位编制有关会计分录如表7-31所示。

表7-31 存货盘亏的会计分录

时 间	财务会计分录	预算会计分录
6月13日	借：待处理财产损溢——待处理财产价值 　　　　　　　　　　　　80 000 　贷：库存物品　　　　　80 000	不做账务处理
6月15日	借：银行存款　　　　　　6 000 　　其他应收款——保险公司　40 000 　　　　　　　——责任人　10 000 　贷：待处理财产损溢——处理净收入 　　　　　　　　　　　　56 000	不做账务处理

续表

时　　间	财务会计分录	预算会计分录
6 月 16 日	借：待处理财产损溢——处理净收入 　　　　　　　　　　　7 000 　　贷：银行存款　　　　7 000	不做账务处理
6 月 20 日	借：资产处置费用　　　80 000 　　贷：待处理财产损溢——待处理财产价值 　　　　　　　　　　　80 000 借：待处理财产损溢——处理净收入 　　　　　　　　　　　49 000 　　贷：应缴财政款　　　49 000	不做账务处理

任务四　投　　资

一、投资概述

（一）投资的概念

投资是事业单位按规定以货币资金、实物资产、无形资产等方式形成的债权或股权投资。按投资目的，事业单位对外投资分为短期投资和长期投资。其中，短期投资是指事业单位依法取得的，持有时间不准备超过 1 年（含 1 年）的投资；长期投资是指事业单位取得的除短期投资以外的债权和股权性质的投资。

（二）投资应遵循的原则

事业单位对外投资必须遵循以下原则。

（1）事业单位对外投资必须履行相关审批程序。

（2）事业单位对外投资是事业单位业务活动的辅助活动，因此必须在保证单位正常运转和事业发展的前提下，按照国家有关规定开展对外投资活动。

（3）事业单位不得使用财政拨款及其结余进行对外投资，不得从事股票、期货、基金、企业债券等投资，但国家另有规定的除外。

需要说明的是，我国只允许事业单位以货币资金、实物资产、无形资产等资产对外进行投资，行政单位是不允许以其相关资产对外进行投资的。

二、短期投资

（一）短期投资的特点

与长期投资相比，事业单位的短期投资具有以下特点。

（1）投资对象主要是国债投资。

（2）短期投资具有高度的变现性，可根据需要随时变现，其流动性在事业单位的资产中仅次于货币资金。

（3）投资的目的是谋求高于银行存款利息收入的利益。

（二）短期投资的核算

为了核算短期投资的增减变动情况，事业单位应设置"短期投资"科目。该科目核算单位依法取得的，持有时间不超过 1 年（含 1 年）的投资。其明细账应当按照国债投资的种类等设置并进行明细核算。

▶ **1. 短期投资的初始计量**

按照《政府会计准则第 2 号——投资》的规定，短期投资在取得时，应当按照实际成本（包括购买价款和相关税费）作为初始投资成本。

取得短期投资时，按照确定的投资成本，借记"短期投资"科目，贷记"银行存款"等科目，预算会计处理时，借记"投资支出"科目，贷记"资金结存"科目。

收到取得投资时实际支付价款中包含的已到付息期但尚未领取的利息，于实际收到时冲减短期投资成本（该部分利息在取得时不确认为应收利息）。借记"银行存款"科目，贷记"短期投资"科目，预算会计处理时，借记"资金结存"科目，贷记"投资支出"科目。

▶ **2. 短期投资的后续计量**

收到短期投资持有期间的利息，按照实际收到的金额，借记"银行存款"科目，贷记"投资收益"科目，预算会计处理时，借记"资金结存"科目，贷记"投资预算收益"科目。

出售短期投资或到期收回短期投资本息，按照实际收到的金额，借记"银行存款"科目，按照出售或收回短期投资的账面余额，贷记"短期投资"科目，按照其差额，借记或贷记"投资收益"科目。预算会计处理时，按照实际收到的金额，借记"资金结存"科目，按照出售或收回短期投资的账面余额，贷记"投资支出"（当年投资）、"非财政拨款结余"（以前年度投资）科目，按照其差额，借记或贷记"投资预算收益"科目。涉及增值税业务的，相关账务处理参见"应交增值税"科目。

【例 7-32】 某事业单位于 2019 年 1 月 5 日取得一年期国债 104 万元，包括尚未支付的利息 4 万元，全部用银行存款支付。3 月 5 日，收到前期尚未支付的利息 4 万元。6 月 30 日，收到持有期间利息 10 万元。8 月 1 日，以 120 万元将该短期投资售出。该单位编制有关会计分录如表 7-32 所示。

表 7-32 短期投资的会计分录

时　间	财务会计分录	预算会计分录
1 月 5 日	借：短期投资——国债　　1 040 000 　贷：银行存款　　　　　　1 040 000	借：投资支出——国债　　　　　1 040 000 　贷：资金结存——货币资金——银行存款 　　　　　　　　　　　　　　1 040 000
3 月 5 日	借：银行存款　　　　　　40 000 　贷：短期投资——国债　　40 000	借：资金结存——货币资金——银行存款 　　　　　　　　　　　　　　40 000 　贷：投资支出——国债　　　　40 000
6 月 30 日	借：银行存款　　　　　　100 000 　贷：投资收益　　　　　　100 000	借：资金结存——货币资金——银行存款 　　　　　　　　　　　　　　100 000 　贷：投资预算收益　　　　　　100 000

续表

时　　间	财务会计分录	预算会计分录
8月1日	借：银行存款　　　　　1 200 000　　贷：短期投资——国债　1 000 000　　　　投资收益　　　　　　200 000	借：资金结存——货币资金——银行存款　　　　　　　　　　　　　　1 200 000　　贷：投资支出——国债　　　1 000 000　　　　投资预算收益　　　　　200 000

三、长期股权投资

（一）长期股权投资的概念

长期股权投资是指事业单位通过投资拥有被投资单位的股权并成为被资单位的股东，按所持股份比例享有权益并承担责任。事业单位通过长期股权投资获得投资回报，促进公益事业的发展，确保实现特定的公益目标。长期股权投资一般有两种投资形式，一是直接投资形式，二是间接投资形式。直接投资是指将现金或资产投入被投资单位，由被投资单位向投资者出具出资证明书，确认其股权。间接投资是指投资者投资于某被投资单位时，是通过在证券市场上购买被投资单位的股票而形成的长期股权投资。根据事业单位财务规则的规定，事业单位不得从事股票、期货、基金、政府单位债券等投资。可见，事业单位长期股权投资一般是指直接投资。长期股权投资具有投资大、投资期限长、风险大，以及能获得高收益等特点。

（二）长期股权投资的取得

为了反映长期股权投资的增减变动情况，事业单位应设置"长期股权投资"科目。本科目应当按照被投资单位和长期股权投资取得方式等进行明细核算。长期股权投资采用权益法核算的，还应当按照"成本""损益调整""其他权益变动"设置明细科目，进行明细核算。

▶1. 以货币资金取得的长期股权投资

事业单位以现金取得的长期股权投资，按照实际支付的价款(包括购买价款以及税金、手续费等相关税费)作为投资成本，借"长期股权投资"科目，按支付的价款中包含的已宣告但尚未发放的现金股利，借记"应收股利"科目，按实际支付的全部价款，贷记"银行存款"等科目，预算会计处理时，按实际支付的价款，借记"投资支出"科目，贷记"资金结存"科目。实际收到购买时包含的已宣告发放的现金股利时，借记"银行存款"等科目，贷记"应收股利"科目，预算会计处理时，借记"资金结存"科目，贷记"投资支出"科目。

【例7-33】　某事业单位于2019年2月20日以货币资金21万元对外投资甲公司，其中含已经宣告但尚未发放的股利1万元。3月15日，收到该现金股利。该单位编制有关会计分录如表7-33所示。

表7-33　长期股权投资的会计分录

时　　间	财务会计分录	预算会计分录
2月20日	借：长期股权投资——甲公司　200 000　　　　应收股利　　　　　　　10 000　　贷：银行存款　　　　　　　210 000	借：投资支出——甲公司　　　210 000　　贷：资金结存——货币资金——银行存款　　　　　　　　　　　　　　210 000

续表

时　间	财务会计分录	预算会计分录
3月15日	借：银行存款　　　　10 000 　　贷：应收股利　　　　　10 000	借：资金结存——货币资金——银行存款 　　　　　　　　　　　10 000 　　贷：投资支出——甲公司　　10 000

▶ **2. 以非现金置换取得的长期股权投资**

以非现金置换取得的长期股权投资，参照"库存物品"科目中置换取得库存物品的相关规定进行会计处理。

▶ **3. 接受捐赠的长期股权投资**

事业单位接受捐赠的长期股权投资，其成本按照有关凭据注明的金额加上相关税费确定；没有相关凭据可供取得，但按规定经过资产评估的，其成本按照评估价值加上相关税费确定；没有相关凭据可供取得，也未经资产评估的，其成本比照同类或类似资产的市场价格加上相关税费确定。

事业单位接受捐赠的长期股权投资，按照确定的投资成本，借记"长期股权投资"科目，按发生的相关税费，贷记"银行存款"科目，按其差额贷记"捐赠收入"科目。预算会计处理时，按实际支付的相关税费，借记"其他支出"科目，贷记"资金结存"科目。

▶ **4. 无偿调入的长期股权投资**

事业单位无偿调入长期股权投资，其成本按照调出方账面价值加上相关税费确定。无偿调入的长期股股权投资，按照确定的投资成本，借记"长期股权投资"科目，按发生的相关税费，贷记"银行存款"科目，按其差额贷记"无偿调拨净资产"科目。预算会计处理时，按实际支付的相关税费，借记"其他支出"科目，贷记"资金结存"科目。

▶ **5. 以未入账无形资产取得的长期股权投资**

事业单位以未入账的无形资产取得的长期股权投资，按照评估价值加相关税费作为投资成本，借记"长期股权投资"科目，按照发生的相关税费，贷记"银行存款""其他应交税费"等科目，按其差额，贷记"其他收入"科目，预算会计处理时，按实际支付的相关税费，借记"其他支出"科目，贷记"资金结存"科目。

（三）长期股权投资的持有

投资单位取得长期股权投资并按初始投资成本计价后，根据对被投资单位实施影响或控制程度，分别采用成本法或权益法进行核算。根据《政府会计准则第2号——投资》的规定，长期股权投资在持有期间，通常应当采用权益法进行核算。事业单位无权决定被投资单位的财务和经营政策或无权参与被投资单位的财务和经营政策的，应当采用成本法进行核算。

▶ **1. 长期股权投资的成本法**

成本法是指投资按照投资成本计量的方法。在成本法下，除投资方追加投资、收回投资等外，长期股权投资的账面价值一般保持不变。被投资单位宣告分派利润或现金股利，投资方按应享有的份额确认为当期投资收益。被投资单位宣告发放现金股利或利润时，事业单位按照应收的金额，借记"应收股利"科目，贷记"投资收益"科目。收到现金股利时，按照实际收到的金额，借记"银行存款"等科目，贷记"应收股利"科目，预算会计处理时，借记"资金结存"科目，贷记"投资预算收益"科目。

【例 7-34】　2019 年 5 月 3 日，甲事业单位以货币资金 1 000 000 元与乙单位共同成立丙公司，占丙公司 10% 的股份，采用成本法进行核算。2020 年 1 月 20 日，丙公司宣告从历年积累中分配利润 2 000 000 元。2 月 14 日，收到乙公司分派的全部利润并存入银行。该单位编制有关会计分录如表 7-34 所示。

微课视频 7-5
长期股权投资
成本法和权益法

表 7-34　长期股权投资成本法的会计分录

时　间	财务会计分录	预算会计分录
2019 年 5 月 3 日	借：长期股权投资——丙公司 1 000 000 　　贷：银行存款 1 000 000	借：投资支出——丙公司 1 000 000 　　贷：资金结存——货币资金——银行存款 　　　　　　1 000 000
2020 年 1 月 20 日	借：应收股利 2 00 000 　　贷：投资收益 200 000	不做账务处理
2020 年 2 月 14 日	借：银行存款 200 000 　　贷：应收股利 200 000	借：资金结存——货币资金——银行存款 　　　　　　200 000 　　贷：投资预算收益 200 000

▶ 2. 长期股权投资的权益法

权益法是指长期股权投资按照实际成本入账后，根据被投资单位经营损益状况，按其持有被投资单位股份的比例以及股利的分配做出相应调整的方法。

（1）被投资单位实现净利润。按照应享有的份额，借记"长期股权投资"科目（损益调整），贷记"投资收益"科目。被投资单位发生净亏损的，按照应分担的份额，借记"投资收益"科目，贷记"长期股权投资"科目（损益调整），但以本科目的账面余额减记至零为限。发生亏损的被投资单位以后年度又实现净利润的，按照收益分享额弥补未确认的亏损分担额等后的金额，借记"长期股权投资"科目（损益调整），贷记"投资收益"科目。

（2）被投资单位宣告分派现金股利或利润。按照应享有的份额，借记"应收股利"科目，贷记"长期股权投资"科目（损益调整）。

（3）被投资单位发生除净损益和利润分配以外的所有者权益变动。按照应享有或应分担的份额，借记或贷记"权益法调整"科目，贷记或借记"长期股权投资"科目（其他权益变动）。

【例 7-35】　A 事业单位于 2019 年 1 月 2 日以 920 000 元投资于 B 公司，另支付相关交易费用 10 000 元，享有 B 企业所有者权益的 20%，采用权益法核算长期股权投资。款项均由银行存款支付。2019 年，B 公司全年实现净利润 550 000 元，其他权益增加 200 000 元。2020 年 3 月 5 日，B 公司宣告分派现金股利 350 000 元；3 月 20 日收到现金股利。2020 年，B 公司全年净亏损 5 500 000 元。2021 年，B 公司全年实现净利润 1 000 000 元。该单位编制有关会计分录如表 7-35 所示。

表 7-35　长期股权投资权益法的会计分录

时　间	财务会计分录	预算会计分录
2019 年 1 月 2 日	借：长期股权投资——B公司(成本) 　　　　　930 000 　贷：银行存款　　　　930 000	借：投资支出——B公司　　930 000 　贷：资金结存——货币资金——银行存款 　　　　　　930 000
2019 年 12 月 31 日	借：长期股权投资——B公司(损益调整) 　　　　　110 000 　　　(550 000×20%) 　贷：投资收益　　　　110 000 借：长期股权投资——B公司(其他权益变 　　　动)　　　40 000 　　　(200 000×20%) 　贷：权益法(调整)　　40 000	不做账务处理
2020 年 3 月 5 日	借：应收股利——B公司 　　　70 000(350 000×20%) 　贷：长期股权投资——B公司(损益调整) 　　　　　70 000 宣告分派股利后，该"长期股权投资"账户的 账面余额＝1 080 000－70 000＝1 010 000 (元)	不做账务处理
2020 年 3 月 20 日	借：银行存款　　　　70 000 　贷：应收股利——B公司　　70 000	借：资金结存——货币资金——银行存款 　　　　　70 000 　贷：投资预算收益　　　　70 000
2020 年 12 月 31 日	借：投资收益　　　　1 010 000 　贷：长期股权投资——B公司(损益调整) 　　　　　1 010 000 由于 B 公司全年发生净亏损 5 500 000 元， A 单位按持股比例计算应承担的亏损为 1 100 000 元(5 500 000×20%)，但是由于 该"长期股权投资"的账面价值为 1 010 000 元，而长期股权投资的账面价值只能减记至 零为限，所以当期只能调减"长期股权投资" 账面价值的金额为 1 010 000 元，未确认的亏 损分担额为 90 000 元(1 100 000－1 010 000)	不做账务处理
2021 年 12 月 31 日	借：长期股权投资——B公司(损益调整) 　　　　　110 000 　贷：投资收益　　　　110 000 B 公司全年实现净利润 1 000 000 元，按持股 比例计算 A 单位可享有 200 000 元(1 000 000 ×20%)，按规定可享有的投资收益首先应 当减去以前未确认的亏损分担额 90 000 元， 按照差额部分 110 000 元(200 000－90 000)， 恢复"长期股权投资"的账面价值	不做账务处理

(四) 长期股权投资的处置

(1) 处置以现金取得的长期股权投资，按照实际取得的价款，借记"银行存款"等科目，按照被处置长期股权投资的账面余额，贷记"长期股权投资"科目，按照尚未领取的现金股利或利润，贷记"应收股利"科目，按照发生的相关税费等支出，贷记"银行存款"等科目，按照借、贷方差额，借记或贷记"投资收益"科目。预算会计处理时，按照取得价款扣减支付相关税费后的全额，借记"资金结存"科目，按照处置长期投资的账面余额，贷记"投资支出"(收回当年投资)、"非财政拨款结余"(收回以前年度投资)科目，按照其借、贷方差额，借记或贷记"投资预算收益"科目。

【例 7-36】　接【例 7-35】，假设 2022 年 3 月 6 日，A 单位将持有的 B 公司股权全部出售，收到款项 760 000 元。该单位编制有关会计分录如表 7-36 所示。

表 7-36　处置长期股权投资的会计分录

时间	财务会计分录	预算会计分录
2022 年 3 月 6 日	借：银行存款　　　　　　760 000 　　长期股权投资——B 公司(损益调整) 　　　　　　　　　　　　860 000 贷：长期股权投资——B 公司(成本) 　　　　　　　　　　　　930 000 　　　　——B 公司(其他权益 　　　　变动)　　　　　　40 000 　　投资收益　　　　　　650 000 借：权益法(调整)　　　　40 000 贷：投资收益　　　　　　40 000	借：资金结存——货币资金——银行存款 　　　　　　　　　　　　760 000 　　投资预算收益　　　　170 000 贷：非财政拨款结余　　　930 000

(2) 处置以现金以外的其他资产取得的长期股权投资，按照被处置长期股权投资的账面余额，借记"资产处置费用"科目，贷记"长期股权投资"科目；同时，按照实际取得的价款，借记"银行存款"等科目，按照尚未领取的现金股利或利润，贷记"应收股利"科目，按照发生的相关税费等支出，贷记"银行存款"等科目，按照贷方差额，贷记"应缴财政款"科目。按照规定将处置时取得的投资收益纳入本单位预算管理的，应当按照所取得价款大于被处置长期股权投资账面余额、应收股利账面余额和相关税费支出合计的差额，贷记"投资收益"科目。预算会计处理时，按照取得的价款扣减相关税费后的差额，借记"资金结存"科目，贷记"投资预算收益"科目。

(3) 因被投资单位破产清算等原因，有确凿证据表明长期股权投资发生损失，按照规定报经批准后予以核销时，按照予以核销的长期股权投资的账面余额，借记"资产处置费用"科目，贷记"长期股权投资"科目。

(4) 报经批准置换转出长期股权投资时，参照"库存物品"科目中置换库存物品的规定进行账务处理。

(5) 采用权益法核算的长期股权投资的处置，除进行上述账务处理外，还应结转原直接计入净资产的相关金额，借记或贷记"权益法调整"科目，贷记或借记"投资收益"科目。

四、长期债券投资

长期债券投资是指事业单位按照规定取得的，持有时间超过1年(不含1年)的债券投资。为了反映长期债券投资的增减变动情况，事业单位应设置"长期债券投资"科目。该科目应当设置"成本"和"应计利息"明细科目，并按照债券投资的种类进行明细核算。

(一)长期债券投资的取得

长期债券投资在取得时，应当按照实际成本作为初始投资成本。取得长期债券投资按照确定的投资成本，借记"长期债券投资——成本"科目，按照支付的价款中包含的已到付息期但尚未领取的利息，借记"应收利息"科目，按照实际支付的金额，贷记"银行存款"等科目，预算会计处理时，按照实际支付的价款，借记"投资支出"科目，贷记"资金结存"科目。

实际收到取得债券时所支付价款中包含的已到付息期但尚未领取的利息时，借记"银行存款"科目，贷记"应收利息"科目，预算会计处理时，借记"资金结存"科目，贷记"投资支出"科目。

(二)长期债券投资的持有

事业单位持有长期债券投资期间，应按期以债券票面金额与票面利率计算确认利息收入，并计入投资收益。如为到期一次还本付息的债券投资，确认债券利息收入时，应借记"长期债券投资——应计利息"科目，贷记"投资收益"科目；如为分期付息、到期一次还本的债券投资，则应借记"应收利息"科目，贷记"投资收益"科目。

事业单位收到分期支付的利息时，按照实际收到的金额，借记"银行存款"等科目，贷记"应收利息"科目，预算会计处理时，借记"资金结存"科目，贷记"投资预算收益"科目。

(三)对外出售长期债券投资

事业单位对外出售长期债券投资，按照实际收到的金额，借记"银行存款"科目，按照长期债券投资的账面余额，贷记"长期债券投资"科目，按照已记入"应收利息"科目但尚未收取的金额，贷记"应收利息"科目，按照其差额，贷记或借记"投资收益"科目，预算会计处理时，按照实际收到的金额，借记"资金结存"科目，按照处置长期投资的账面余额，贷记"投资支出"(收回当年投资)、"非财政拨款结余"(收回以前年度投资)科目，按照其差额，贷记"投资预算收益"科目。涉及增值税业务的，相关账务处理参见"应交增值税"科目。

(四)到期收回长期债券投资

事业单位将持有的长期债券投资到期收回，按照实际收到的金额，借记"银行存款"科目，按照长期债券投资的账面余额，贷记"长期债券投资"科目，按照相关应收利息金额，贷记"应收利息"科目，按照其差额，贷记"投资收益"科目，预算会计处理时，按照实际收到的金额，借记"资金结存"科目，按照处置长期投资的账面余额，贷记"投资支出"(收回当年投资)、"非财政拨款结余"(收回以前年度投资)科目，按照其差额，贷记"投资预算收益"科目。

【例7-37】 (1)2019年1月2日，某事业单位购入2018年1月1日发行的5年期、年利率为4%、面值为800 000元的国库券，到期一次还本付息。购买时实际支付价款832 000，另支付有关税费12 000元，全部款项以银行存款付讫。该单位编制有关会计分录如表7-37所示。

表 7-37　取得长期债券投资的会计分录

时　间	财务会计分录	预算会计分录
2019 年 1 月 2 日	借：长期债券投资——成本　　812 000 　　　　——应计利息 32 000 　　贷：银行存款　　　　　　844 000	借：投资支出　　　　　　　　844 000 　　贷：资金结存——货币资金——银行存款 　　　　　　　　　　　　　844 000

（2）承【例 7-37】，2019 年 12 月 31 日，该事业单位计提债券利息。该单位编制有关会计分录如表 7-38 所示。

表 7-38　持有长期债券投资的会计分录

时　间	财务会计分录	预算会计分录
2019 年 12 月 31 日	借：长期债券投资——应计利息 32 000 　　贷：投资收益　　　　　　32 000	不做账务处理

（3）2020 年年末、2021 年年末、2022 年年末，该事业单位计提债券利息同上。

（4）2022 年，该事业单位到期收回国库券本金和利息，存入银行。该单位编制有关会计分录如表 7-39 所示。

表 7-39　到期收回长期债券投资的会计分录

时　间	财务会计分录	预算会计分录
2023 年 1 月 1 日	借：银行存款　　　　　　　960 000 　　投资收益　　　　　　　12 000 　　贷：长期债券投资——成本　812 000 　　　　　　　　——应计利息 160 000	借：资金结存——货币资金——银行存款 　　　　　　　　　　　　　960 000 　　贷：非财政拨款结余　　　812 000 　　　　预算投资收益　　　148 000

任务五　固定资产

一、固定资产概述

（一）固定资产的概念

行政事业单位的固定资产是指使用期限超过 1 年（不含 1 年），单位价值在规定标准以上（1 000 元以上，其中专用设备单位价值在 1 500 元以上），并在使用过程中基本保持原有物质形态的资产。单位价值虽未达到规定标准，但是耐用时间超过 1 年（不含 1 年）的大批同类物资，应当作为固定资产核算。

（二）固定资产的分类

固定资产一般分为 6 类：房屋及构筑物，通用设备，专用设备，文物和陈列品，图书、档案，家具、用具、装具及动植物。

行政事业单位控制的公共基础设施、政府储备物资、保障性住房等资产，不属于固定资产的核算范围。

二、固定资产的取得

为核算固定资产业务，行政事业单位应设置"固定资产"总账科目。该科目核算单位固定资产的原值。该科目应当按照固定资产类别和项目进行明细核算。

单位取得固定资产时，应当按照成本进行初始计量。

（一）外购的固定资产

单位外购的固定资产，其成本包括购买价款、相关税费，以及固定资产交付使用前所发生的可归属该项资产的运输费、装卸费、安装费和专业人员服务费等。涉及增值税业务的，还应进行相关的账务处理。

单位购入不须安装的固定资产，验收合格时，按照确定的固定资产成本，借记"固定资产"科目，贷记"财政拨款收入""零余额账户用款额度""应付账款""银行存款"等科目，预算会计处理时，借记"事业支出""行政支出""经营支出"等科目，贷记"财政拨款预算收入""资金结存"科目。购入需要安装的固定资产，在安装完毕交付使用前通过"在建工程"科目核算，安装完毕交付使用时再转入"固定资产"科目。

（二）自行建造的固定资产

自行建造的固定资产，其成本包括该项资产至交付使用前所发生的全部必要支出。

自行建造的固定资产交付使用时，按照在建工程成本，借记"固定资产"科目，贷记"在建工程"科目。已交付使用但尚未办理竣工决算手续的固定资产，按照估计价值入账，待办理竣工决算后再按照实际成本调整原来的暂估价值。

（三）融资租入的固定资产

融资租赁取得的固定资产，其成本按照租赁协议或者合同确定的租赁价款、相关税费，以及固定资产交付使用前所发生的可归属该项资产的运输费、途中保险费、安装调试费等确定。

融资租入的固定资产，按照确定的成本，借记"固定资产"科目（无须安装）或"在建工程"科目（须安装），按照租赁协议或者合同确定的租赁付款额，贷记"长期应付款"科目，按照支付的运输费、途中保险费、安装调试费等金额，贷记"财政拨款收入""零余额账户用款额度""银行存款"等科目，预算会计处理时，借记"事业支出""行政支出"等科目，贷记"财政拨款预算收入""资金结存"科目。定期支付租金时，按照实际支付金额，借记"长期应付款"科目，贷记"财政拨款收入""零余额账户用款额度""银行存款"等科目，预算会计处理时，借记"事业支出""行政支出"等科目，贷记"财政拨款预算收入""资金结存"科目。

【例7-38】 2019年1月1日，某事业单位以融资租赁的方式租入设备一台，租赁合同议定：租赁价款为200 000元，租期4年。以零余额账户支付运输付费3 000元、安装调试费2 000元、途中保险费1 000元，共计6 000元。融资租赁价款分4年于每年年初通过单位零余额账户支付。该单位编制有关会计分录如表7-40所示。

（四）分期付款购入的固定资产

按照规定，跨年度分期付款购入固定资产的账务处理，参照"融资租入的固定资产"进行处理。

表 7-40　融资租入固定资产的会计分录

时　间	财务会计分录	预算会计分录
2019 年 1 月 1 日	借：固定资产——融资租入固定资产 　　　　　　　　　　206 000 　贷：长期应付款　　200 000 　　　零余额账户用款额度　　6 000	借：事业支出　　　　　　　　6 000 　贷：资金结存——零余额账户用款额度 　　　　　　　　　　　　　　6 000
2020— 2022 年 每年年初	借：长期应付款　　　　50 000 　贷：零余额账户用款额度　50 000	借：事业支出　　　　　　　　50 000 　贷：资金结存——零余额账户用款额度 　　　　　　　　　　　　　　50 000

（五）接受捐赠的固定资产

接受捐赠的固定资产，其成本按照有关凭据注明的金额加上相关税费、运输费等确定；没有相关凭据可供取得，但按规定经过资产评估的，其成本按照评估价值加上相关税费、运输费等确定；没有相关凭据可供取得也未经资产评估的，其成本比照同类或类似资产的市场价格加上相关税费、运输费等确定；没有相关凭据且未经资产评估，同类或类似资产的市场价格也无法可靠取得的，按照名义金额入账，相关税费、运输费等计入当期费用。如受赠的系旧的固定资产，在确定其初始入账成本时应当考虑该项资产的新旧程度。

接受捐赠的固定资产，按照确定的固定资产成本，借记"固定资产"科目（无须安装）或"在建工程"科目（须安装），按照发生的相关税费、运输费等，贷记"零余额账户用款额度""银行存款"等科目，按照其差额，贷记"捐赠收入"科目，按照发生的相关税费、运输费等做预算会计分录，借记"其他支出"等科目，贷记"资金结存"科目。接受捐赠的固定资产按照名义金额入账的，按照名义金额，借记"固定资产"科目，贷记"捐赠收入"科目；按照发生的相关税费、运输费等，借记"其他费用"科目，贷记"零余额账户用款额度""银行存款"等科目，预算会计处理时，借记"其他支出"科目，贷记"资金结存"科目。

（六）无偿调入的固定资产

无偿调入的固定资产，其成本按照调出方账面价值加上相关税运输费等确定。

无偿调入的固定资产，按照确定的固定资产成本，借记"固定资产"科目（无须安装）或"在建工程"科目（须安装），按照发生的相关税费、运输费等，贷记"零余额账户用款额度""银行存款"等科目，按照其差额，贷记"无偿调拨净资产"科目，预算会计处理时，按照发生的相关税费、运输费等，借记"其他支出"等科目，贷记"资金结存"科目。

（七）置换取得的固定资产

通过置换取得的固定资产，其成本按照换出资产的评估价值加上支付的补价或减去收到的补价，加上换入固定资产发生的其他相关支出确定。

置换取得的固定资产，参照"库存物品"科目中置换取得库存物品的相关规定进行账务处理。固定资产取得时涉及增值税业务的，还应进行相应的会计处理。

三、固定资产的折旧

（一）固定资产折旧概述

固定资产折旧是指在固定资产使用寿命内，按确定的方法对应折旧金额进行系统分摊。其中，应计折旧额是指应当计提折旧的固定资产的原价扣除其预计净残值后的金额。

行政事业单位计提固定资产折旧有别于一般企业单位，具体体现在以下方面。

（1）折旧的范围。行政事业单位应当对固定资产计提折旧，但下列各项固定资产除外：①文物和陈列品；②动植物；③图书、档案；④单独计价入账的土地；⑤以名义金额计量的固定资产。

微课视频 7-6
固定资产的折旧

（2）折旧的年限。行政事业单位应当根据相关规定按照固定资产的性质和使用情况，合理确定固定资产的使用年限。固定资产的使用年限一经确定，不得随意变更。

（3）折旧的方法。行政事业单位一般应当采用年限平均法或工作量法计提固定资产折旧。

（4）折旧的基数。行政事业单位固定资产的应折旧金额为其成本，计提固定资产折旧不考虑预计净残值。

（5）折旧的起讫时间。行政事业单位的固定资产一般应当按月计提折旧，当月增加的固定资产，当月开始计提折旧；当月减少的固定资产，当月不再计提折旧。固定资产提足折旧后，无论能否继续使用，均不再计提折旧；提前报废的固定资产，也不再补提折旧。已提足折旧的固定资产，可以继续使用的，应当继续使用，规范管理。

（二）固定资产折旧的核算

为核算固定资产折旧业务，行政事业单位应设置"固定资产累计折旧"总账科目。公共基础设施和保障性住房计提的累计折旧，应当分别通过"公共基础设施累计折旧（摊销）"科目和"保障性住房累计折旧"科目核算，不通过该科目核算。该科目应当按照所对应固定资产的明细分类进行明细核算。

单位固定资产应当按月计提折旧，并根据用途计入当期费用或者相关资产成本。计提折旧时，按照实际计提的金额，借记"业务活动费用""单位管理费用""经营费用""加工物品""在建工程"等科目，贷记"固定资产累计折旧"科目。

经批准处置或处理固定资产时，按照所处置或处理固定资产的账面价值，借记"资产处置费用""无偿调拨净资产""待处理财产损溢"等科目，按照已计提折旧，借记"固定资产累计折旧"科目，按照固定资产的账面余额，贷记"固定资产"科目。

【例 7-39】 2019 年 8 月，某事业单位固定资产计提折旧情况如表 7-41 所示。

表 7-41　固定资产折旧计算表

2019 年 8 月

单位：元

	上月固定资产折旧额	本月增加固定资产折旧额	本月减少固定资产折旧额	本月固定资产折旧额
行政管理部门	180 000	1 000		181 000
后勤管理部门	53 000			53 000
教学部门	80 000	15 000	5 000	90 000
科研部门	32 000			32 000
非独立核算食堂	15 000			15 000
合计	360 000	16 000	5 000	371 000

月末，单位根据该计算表进行账务处理，如表7-42所示。

表7-42　固定资产计提折旧的主要账务处理

时　间	财务会计分录		预算会计分录
2019 年 8 月 31 日	借：单位管理费用——固定资产折旧 　　业务活动费用——固定资产折旧 　　经营费用——固定资产折旧 　贷：固定资产累计折旧	234 000 122 000 15 000 371 000	不做账务处理

四、固定资产的处置

固定资产的处置是指单位对其占有、使用的固定资产进行产权转让或者注销产权的行为。处置方式包括出售、出让、转让、对外捐赠、报废、毁损等。行政事业单位处置固定资产应当按照国家有关规定办理，经主管部门审核同意后报同级财政部门审批。

(一) 固定资产的出售、转让

单位报经批准出售、转让固定资产，按照被出售、转让固定资产的账面价值，借记"资产处置费用"科目，按照固定资产已计提的折旧，借记"固定资产累计折旧"科目，按照固定资产账面余额，贷记"固定资产"科目；同时，按照收到的价款，借记"银行存款"等科目，按照处置过程中发生的相关费用，贷记"银行存款"等科目，按照其差额，贷记"应缴财政款"科目。

【例 7-40】　某事业单位于 2019 年 7 月 11 日经批准出售专用设备一台，该设备原价 80 000 元，已计提折旧 60 000 元。7 月 15 日，按照评估价出售该设备取得价款 25 000 元。7 月 16 日，发生相关拆卸费、运输费 8 000 元，款项均通过银行存款收付。7 月 17 日，将出售该设备的收入上缴国库。该单位编制有关会计分录如表 7-43 所示。

表7-43　出售固定资产的会计分录

时　间	财务会计分录		预算会计分录
7 月 11 日	借：资产处置费用 　　固定资产累计折旧 　贷：固定资产	20 000 60 000 80 000	不做账务处理
7 月 15 日	借：银行存款 　贷：应缴财政款	25 000 25 000	不做账务处理
7 月 16 日	借：应缴财政款 　贷：银行存款	8 000 8 000	不做账务处理
7 月 17 日	借：应缴财政款 　贷：银行存款	17 000 17 000	不做账务处理

(二) 固定资产的对外捐赠

单位报经批准对外捐赠固定资产，按照固定资产已计提的折旧，借记"固定资产累计折旧"科目，按照被处置固定资产账面余额，贷记"固定资产"科目，按照捐赠过程中发生的归属捐出方的相关费用，贷记"银行存款"等科目，按照其差额，借记"资产处置费用"科目。预算会计处理时，按照在捐赠过程中发生的归属捐出方的相关费用，借记"其他支出"等科目，贷记"资金结存"科目。

（三）固定资产的无偿调出

单位报经批准无偿调出固定资产，按照固定资产已计提的折旧，借记"固定资产累计折旧"科目，按照被处置固定资产账面余额，贷记"固定资产"科目，按照其差额，借记"无偿调拨净资产"科目；同时，按照在无偿调出过程中发生的归属调出方的相关费用，借记"资产处置费用"科目，贷记"银行存款"等科目。预算会计处理时，借记"其他支出"等科目，贷记"资金结存"科目。

（四）固定资产的换出

单位报经批准置换换出固定资产，按参照"库存物品"中置换库存物品的规定进行账务处理。

五、固定资产的清查

行政事业单位应当定期对固定资产进行清查盘点，每年至少盘点一次。对于发生的固定资产盘盈、盘亏或毁损、报废，应当先记入"待处理财产损溢"科目，按照规定报经批准后及时进行后续账务处理。

（一）盘盈的固定资产

盘盈的固定资产，其成本按照有关凭据注明的金额确定；没有相关凭据但按照规定经过资产评估的，其成本按照评估价值确定；没有相关凭据，也未经过评估的，其成本按照重置成本确定。如无法采用上述方法确定盘盈固定资产成本的，按照名义金额（人民币 1元）入账。盘盈的固定资产，按照确定的入账成本，借记"固定资产"科目，贷记"待处理财产损溢"科目。

（二）盘亏、毁损或报废的固定资产

盘亏、毁损或报废的固定资产，按照待处理固定资产的账面价值，借记"待处理财产损溢"科目，按照已计提折旧，借记"固定资产累计折旧"科目，按照固定资产的账面余额，贷记"固定资产"科目。

任务六　无　形　资　产

一、无形资产的概念

无形资产是指行政事业单位控制的没有实物形态的可辨认非货币性资产，如专利权、商标权、著作权、土地使用权、非专利技术等。

行政事业单位购入的不构成相关硬件不可缺少组成部分的软件，应当确认为无形资产。

为核算无形资产业务，行政事业单位应设置"无形资产"总账科目。该科目核算单位无形资产的原值。该科目应当按照无形资产的类别、项目等进行明细核算。

二、无形资产的取得

为了反映无形资产增减变动情况，行政事业单位应设置"无形资产"总账科目。该科目

核算单位无形资产的原值。非大批购入、单价小于 1 000 元的无形资产，可以于购买的当期将其成本直接计入当期费用。该科目应当按照无形资产的类别、项目等进行明细分类核算。

无形资产在取得时，应当按照成本进行初始计量。由于无形资产取得方式不同，其成本初始计量方法也有所不同。

（一）外购的无形资产

单位外购的无形资产，其成本包括购买价款、相关税费以及可归属于该项资产达到预定用途所发生的其他费用。外购无形资产时，按照确定的成本，借记"无形资产"科目，贷记"财政拨款收入""零余额账户用款额度""应付账款""银行存款"等科目。预算会计处理时，借记"行政支出""事业支出""经营支出"科目，贷记"财政拨款预算收入""资金结存"科目。

委托软件公司开发软件，视同外购无形资产进行处理。

【例 7-41】 某行政单位与软件公司合作，委托其开发软件，价款 400 000 元。2019 年8 月 10 日，根据合同，该行政单位先预付 40% 的开发费用。12 月 30 日，软件开发成功并交付使用，支付剩余费用。所有款项通过单位零余额账户支付。该单位编制有关会计分录如表 7-44 所示。

表 7-44 外购无形资产的会计分录

时　间	财务会计分录	预算会计分录
2019 年8 月 10 日	借：预付账款　　　　160 000 　　贷：零余额账户用款额度 　　　　　　　160 000	借：行政支出　　　　160 000 　　贷：资金结存——零余额账户用款额度 　　　　　　　160 000
12 月 30 日	借：无形资产　　　　400 000 　　贷：零余额账户用款额度 　　　　　　　240 000 　　　　预付账款　　160 000	借：行政支出　　　　240 000 　　贷：资金结存——零余额账户用款额度 　　　　　　　240 000

（二）自行研发的无形资产

行政事业单位自行研究开发活动分为研究和开发两个阶段，为了反映研究和开发阶段各项支出的增减变动情况，单位应设置"研发支出"科目进行总账核算，并设置"研究支出"和"开发支出"明细科目进行明细核算。

微课视频 7-7
自行研发的
无形资产

行政事业自行研究开发项目研究阶段的支出，应当于发生时计入当期费用。自行开发的无形资产，其成本包括自该项目进入开发阶段后至达到预定用途前所发生的支出总额。

▶ 1. 研究阶段的支出

自行研究开发项目研究阶段的支出，应当先在本科目归集。按照从事研究及其辅助活动人员计提的薪酬，研究活动领用的库存物品，发生的与研究活动相关的管理费、间接费和其他各项费用，借记"研发支出"科目（研究支出），贷记"应付职工薪酬""库存物品""财政拨款收入""零余额账户用款额度""固定资产累计折旧""银行存款"等科目。预算会计处理时，按照实际支付的款项，借记"行政支出""事业支出""经营支出"等科目，贷记"财政拨款预算收入""资金结存"科目。期（月）末，应当将本科目归集的研究阶段的支出金额转入当期费用，借记"业务活动费用"等科目，贷记"研发支出"科目（研究支出）。

▶ 2. 开发阶段的支出

自行研究开发项目开发阶段的支出，先通过本科目进行归集。按照从事开发及其辅助活动人员计提的薪酬，研究活动领用的库存物品，发生的与研究活动相关的管理费、间接费和其他各项费用，借记"研发支出"科目（开发支出），贷记"应付职工薪酬""库存物品""财政拨款收入""零余额账户用款额度""固定资产累计折旧""银行存款"等科目。预算会计处理时，按照实际支付的款项，借记"行政支出""事业支出""经营支出"等科目，贷记"财政拨款预算收入""资金结存"科目。自行研究开发项目完成，达到预定用途形成无形资产的，按照本科目归集的开发阶段的支出金额，借记"无形资产"科目，贷记"研发支出"科目（开发支出）。

单位应于每年年度终了评估研究开发项目是否能达到预定用途，如预计不能达到预定用途（如无法最终完成开发项目并形成无形资产的），应当将已发生的开发支出金额全部转入当期费用，借记"业务活动费用"等科目，贷记"研发支出"科目（开发支出）。自行研究开发项目时涉及增值税业务的，相关账务处理参见"应交增值税"科目。

（三）接受捐赠的无形资产

行政事业单位接受捐赠的无形资产，其成本按照有关凭据注明的金额加上相关税费确定；没有相关凭据可供取得，但按规定经过资产评估的，其成本按照评估价值加上相关税费确定；没有相关凭据可供取得，也未经资产评估的，其成本比照同类或类似资产的市场价格加上相关税费确定；没有相关凭据且未经资产评估，同类或类似资产的市场价格也无法可靠取得的，按照名义金额入账，相关税费计入当期费用。

接受捐赠的无形资产，按照确定的无形资产成本，借记"研发支出"科目，按照发生的相关税费等，贷记"零余额账户用款额度""银行存款"等科目，按照其差额，贷记"捐赠收入"科目，预算会计处理时，按照发生的相关税费等，借记"其他支出"科目，贷记"资金结存"科目。接受捐赠的无形资产按照名义金额入账的，按照名义金额，借记"研发支出"科目，贷记"捐赠收入"科目；同时，按照发生的相关税费等，借记"其他费用"科目，贷记"零余额账户用款额度""银行存款"等科目，预算会计处理时，借记"其他支出"科目，贷记"资金结存"科目。

（四）无偿调入的无形资产

单位无偿调入的无形资产，其成本按照调出的账面价值加上相关税费确定。无偿调入无形资产时，按照确定的无形资产成本，借记"无形资产"科目，按照发生的相关税费等，贷记"零余额账户用款额度""银行存款"等科目，按照其差额，贷记"无偿调拨净资产"科目，预算会计处理时，按照发生的相关税费等，借记"其他支出"科目，贷记"资金结存"科目。

（五）置换取得的无形资产

置换取得的无形资产，参照"库存物品"科目中置换取得库存物品的相关规定进行账务处理。无形资产取得时涉及增值税业务的，相关账务处理参见"应交增值税"科目。

三、无形资产的摊销

摊销是指在无形资产使用年限内，按照确定的方法对应摊销金额进行系统分摊。

（一）无形资产摊销概述

▶ 1. 摊销的范围

行政事业单位应当对使用年限有限的无形资产进行摊销，但已摊销完毕仍继续使用的无形资产和以名义金额计量的无形资产除外。使用年限不确定的无形资产不应摊销。

▶ 2. 摊销年限

根据《政府会计准则第 4 号——无形资产》的规定，对于使用年限有限的无形资产，行政事业单位应当按照以下原则确定无形资产的摊销年限：①法律规定了有效年限的，按照法律规定的有效年限作为摊销年限；②法律没有规定有效年限的，按照相关合同，或单位申请书中的受益年限作为摊销年限；③法律没有规定有效年限、相关合同，或单位申请书也没有规定受益年限的，应当根据无形资产为行政事业单位带来服务潜力或经济利益的实际情况，预计其使用年限；④非大批量购入、单价小于 1 000 元的无形资产，可以于购买的当期将其成本一次性全部转销。

▶ 3. 摊销的方法和基数

行政事业单位应当采用年限平均法或者工作量法对无形资产进行摊销，应摊销金额为其成本，不考虑预计残值。

（二）无形资产摊销的核算

为核算无形资产摊销业务，行政事业单位应设置"无形资产累计摊销"总账科目。该科目应当按照所对应无形资产的明细分类进行明细核算。

行政事业单位按月对无形资产进行摊销时，按照应摊销金额，借记"业务活动费用""单位管理费用""加工物品""在建工程"等科目，贷记"无形资产累计摊销"科目。

四、无形资产的处置

行政事业单位按照规定报经批准处置无形资产，应当分别按以下情况处理。

（一）无形资产的出售、转让

报经批准出售、转让无形资产，按照被出售、转让无形资产的账面价值，借记"资产处置费用"科目，按照在无形资产已计提的摊销，借记"无形资产累计摊销"科目，按照无形资产账面余额，贷记"无形资产"科目；同时，按照收到的价款，借记"银行存款"等科目，按照在处置过程中发生的相关费用，贷记"银行存款"等科目，按照其差额，贷记"应缴财政款"（按照规定应上缴无形资产转让净收入的）或"其他收入"（按照规定将无形资产转让收入纳入本单位预算管理的）科目。对于纳入本单位预算管理的收入，预算会计处理时，借记"资金结存"，贷记"其他预算收入"。

【例 7-42】 2019 年 8 月 3 日，某事业单位将某项专利权出售，该专利权成本为 200 000 元，已累计摊销 90 000 元。出售专利权取得价款 80 000 元，应缴增值税为 4 800 元，全部价税款存入银行。另以单位零余额账户支付其他费用 1 000 元。处置净收入确认为本单位其他收入。该单位编制有关会计分录如表 7-45 所示。

表 7-45　出售无形资产的会计分录

时　间	财务会计分录		预算会计分录
2019 年 8 月 3 日	借：资产处置费用 　　无形资产累计摊销 　　贷：无形资产	110 000 90 000 200 000	不做账务处理
8 月 3 日	借：银行存款 　　贷：零余额账户用款额度 　　　　应交税金——应交增值税（销项税额） 　　 　　　　其他收入	80 000 1 000 4 800 74 200	借：资金结存——货币资金——银行存款 　　　　　　　　　74 200 　　贷：其他预算收入　　　74 200

（二）无形资产的对外捐赠

单位报经批准对外捐赠无形资产，按照无形资产已计提的摊销，借记"无形资产累计摊销"科目，按照在被处置无形资产账面余额，贷记"无形资产"科目，按照在捐赠过程中发生的属于捐出方的相关费用，贷记"银行存款"等科目，按照其差额，借记"资产处置费用"科目。预算会计处理时，按照发生的属于捐出方的相关费用，借记"其他支出"科目，贷记"资金结存"科目。

（三）无形资产的无偿调出

单位报经批准无偿调出无形资产，按照无形资产已计提的摊销，借记"无形资产累计摊销"科目，按照被处置无形资产账面余额，贷记"无形资产"科目，按照其差额，借记"无偿调拨净资产"科目；同时，按照无偿调出过程中发生的属于调出方的相关费用，借记"资产处置费用"科目，贷记"银行存款"等科目。预算会计处理时，按照发生的属于调出方的相关费用，借记"其他支出"科目，贷记"资金结存"科目。

（四）无形资产的置换换出

报经批准置换换出无形资产，参照"库存物品"科目中置换换入库存物品的规定进行账务处理。

（五）无形资产的核销

无形资产预期不能为单位带来服务潜力或经济利益，按照规定报经批准核销时，按照待核销无形资产的账面价值，借记"资产处置费用"科目，按照已计提摊销，借记"无形资产累计摊销"科目，按照无形资产的账面余额，贷记"无形资产"科目。无形资产处置时涉及增值税业务的，还应进行相应的会计处理。

（六）无形资产的清查盘点

单位应当定期对无形资产进行清查盘点，每年至少盘点一次。单位资产清查盘点过程中发现的无形资产盘盈、盘亏等，参照"固定资产"科目相关规定进行账务处理。

任务七　经管资产

单位经管资产是指由行政事业单位控制的，供社会公众使用的经济资源，主要包括公共基础设施、政府储备物资、文物文化资产和保障性住房这类特殊资产。例如，交通行政事业单位可能会有公共交通设施，民政行政事业单位可能会有救灾储备物资，文物行政事业单位有用于向公众展览的历史文物，房屋管理行政事业单位有用于向公众出租的廉租房、公共租赁房等。这类特殊资产的共同特征是直接为社会公众提供服务，而不是为行政事业单位自身的日常运行服务。

微课视频 7-8
经管资产的内容

一、公共基础设施

（一）公共基础设施的概念和分类

▶ **1. 公共基础设施的概念**

公共基础设施是指政府会计主体为满足社会公共需求而控制的，同时具有以下特征的有形资产：①是一个有形资产系统或网络的组成部分；②具有特定用途；③一般不可移动。

▶ **2. 公共基础设施的分类**

公共基础设施主要包括以下种类。

（1）公共基础设施主要包括市政基础设施（如城市道路、桥梁、隧道、公交场站、路灯、广场、公园绿地、室外公共健身器材，以及环卫、排水、供水、供电、供气、供热、污水处理、垃圾处理系统等）。

（2）交通基础设施（如公路、铁路、桥梁、航道、港口等）。

（3）水利基础设施（如大坝、堤防、水闸、泵站、渠道等）。

（4）其他公共基础设施。

行政事业单位独立于公共基础设施，不构成公共基础设施使用不可缺少组成部分的管理维护用房屋建筑物、设备、车辆等，不属于行政事业单位的公共基础设施，而属于单位的固定资产。

（二）公共基础设施的核算

▶ **1. 应设置的账户**

（1）公共基础设施。为了反映公共基础设施增减变动情况，行政事业单位应设置"公共基础设施"总账科目，该科目应按照公共基础设施的类别和项目设置并进行明细核算。期末借方余额反映公共基础设施的原值。

（2）公共基础设施累计折旧（摊销）。为了核算公共基础设施折旧或摊销业务，行政事业单位应设置"公共基础设施累计折旧（摊销）"总账科目，该科目应当按照所对应公共基础设施的明细分类进行明细核算。期末贷方余额反映单位提取的公共基础设施折旧和摊销的累计数。

▶ **2. 账务处理方法**

公共基础设施在取得时，应当按照其成本入账，其账务处理与固定资产基本相同。单位按月计提公共基础设施折旧时，按照应计提的折旧额，借"业务活动费用"科目，贷记"公共基础设施累计折旧"科目。按月对确认为公共基础设施的单独计价入账的土地使用权进行摊销时，按照应计提的摊销额，借记"业务活动费用"科目，贷记"公共基础设施累计摊销"科目。报经批准处置公共基础设施时，按照公共基础设施已计提的折旧或摊销，借记"公共基础设施累计折旧（摊销）"科目，按照被处置公共基础设施账面余额，贷记"公共基础设施"科目，按照在捐赠过程中发生的属于捐出方的相关费用，贷记"银行存款"等科目，按照其差额，借记"资产处置费用"（对外捐赠等）或"无偿调拨净资产"（无偿调出）科目。预算会计处理时，按照捐出方或调出方的相关费用，借记"其他支出"科目，贷记"资金结存"科目。

为了增加公共基础设施使用效能或延长其使用年限而发生的改建、扩建等后续支出，应当计入公共基础设施成本；为维护公共基础设施的正常使用而发生的日常维修、养护等后续支出，应当计入当期费用。

【例 7-43】 2019 年 8 月，某省公路管理局发生以下经济业务。

(1)23 日，该省一条一级公路完工并交付使用，该条公路被确认为公共基础设施，在建工程的成本为 1 560 000 元。该单位编制有关会计分录如表 7-46 所示。

表 7-46 取得公共基础设施的会计分录

时　　间	财务会计分录		预算会计分录
2019 年 8 月 23 日	借：公共基础设施 　贷：在建工程	1 560 000 1 560 000	不做账务处理

(2)30 日，从其他单位无偿调入通信设备并确认为公共基础设施，该项公共基础设施在调出方的账面价值为 625 000 元。调入过程中，该公路管理局发生相关费用 8 000 元，款项通过财政授权支付方式支付。该单位编制有关会计分录如表 7-47 所示。

表 7-47 无偿调入公共基础设施的会计分录

时　　间	财务会计分录		预算会计分录	
2019 年 8 月 30 日	借：公共基础设施 　贷：零余额账户用款额度 　　无偿调拨净资产	633 000 8 000 625 000	借：其他支出 　贷：资金结存——零余额账户用款额度	8 000 8 000

【例 7-44】 2019 年 2 月至 5 月，某市市政管理部门对一条城市道路进行改扩建。

(1)2 月 4 日，将该公共基础设施转入改建、扩建，该设施账面原价为 68 000 000 元，已计提折旧为 32 000 000 元。

(2)4 月 30 日，改扩建中发生支出 7 000 000 元，通过财政直接支付方式支付。

(3)5 月 20 日，该条道路改扩建完成，竣工验收，交付使用。

该单位编制有关会计分录如表 7-48 所示。

表 7-48 公共基础设施的会计分录

时　　间	财务会计分录		预算会计分录	
2019 年 2 月 4 日	借：在建工程 　公共基础设施累计折旧 　贷：公共基础设施	36 000 000 32 000 000 68 000 000	不做账务处理	
4 月 30 日	借：在建工程 　贷：财政拨款收入	7 000 000 7 000 000	借：行政支出 　贷：财政拨款预算收入	7 000 000 7 000 000
5 月 20 日	借：公共基础设施 　贷：在建工程	43 000 000 43 000 000	不做账务处理	

【例 7-45】 2019 年 8 月 10 日，甲城市市政管理部门经批：准将一批供电设施捐赠给乙市，该设施账面余额为 6 200 000 元，累计折旧 1 200 000 元。在捐赠过程中，捐出部门以财政授权方式支付相关费用 30 000 元。该单位编制有关会计分录如表 7-49 所示。

表 7-49　捐赠公共基础设施的会计分录

时　间	财务会计分录		预算会计分录	
2019 年 8 月 10 日	借：资产处置费用 　　公共基础设施累计折旧 　贷：公共基础设施 　　　零余额账户用款额度	5 030 000 1 200 000 6 200 000 30 000	借：其他支出 　贷：资金结存——零余额账户用款额度	30 000 30 000

二、政府储备物资

（一）政府储备物资概述

▶ 1. 政府储备物资的概念

政府储备物资，是指政府会计主体为满足实施国家安全与发展战略、进行抗灾救灾、应对公共突发事件等特定公共需求而控制的，同时具有下列特征的有形资产。

（1）在应对可能发生的特定事件或情形时动用。

（2）其购入、存储保管、更新（轮换）、动用等活动由政府及相关部门发布的专门管理制度规范。

▶ 2. 政府储备物资的分类

政府储备物资包括战略及能源物资、抢险抗灾救灾物资、农产品、医药物资和其他重要商品物资。

（二）政府储备物资的核算

为了反映政府储备物资的增减变动情况，单位应设置"政府储备物资"科目。该科目核算由行政事业单位控制的政府储备物资的成本。该科目应当按照政府储备物资的种类、品种、存放地点等进行明细核算。单位根据需要，可在本科目下设置"在库""发出"等明细科目进行明细核算。

政府储备物资的核算与存货核算类似，取得时按其成本入账，会计处理与"库存物品"科目基本一致。

政府储备物资发出时，应当分情况核算。因动用而发出无须收回的政府储备物资的，按照发出物资的账面余额计入业务活动费用；因动用而发出需要收回或者预期可能收回的政府储备物资的，单位应在按规定质量验收标准收回物资时，将未收回物资账面余额予以转销计入业务活动费用；因行政管理主体变动等原因而将政府储备物资调拨给其他主体的，按照无偿调出政府储备物资的账面余额冲减无偿调拨净资产；对外销售政府储备物资并按照规定将销售净收入上缴财政的，应将取得销售价款时大于所承担的相关税费后的差额确认为应缴财政款；对外销售政府储备物资并将销售收入纳入单位预算统一管理的，应将发出物资的账面余额计入业务活动费用，将实现销售收入计入当期收入。

【例 7-46】 2019 年 8 月 16 日，某行政单位根据规定购入一批政府储备物资并验收入库，其成本为 8 440 000 元，以财政直接支付方式结算款项。另以财政授权方式支付运费等相关费用 60 000 元。该单位编制有关会计分录如表 7-50 所示。

表 7-50　购入政府储备物资的会计分录

时　　间	财务会计分录	预算会计分录
2019 年 8 月 16 日	借：政府储备物资　　　　8 500 000 　贷：财政拨款收入　　　　　8 440 000 　　　零余额账户用款额度　　　60 000	借：行政支出　　　　　　　8 500 000 　贷：财政拨款预算收入　　　　8 440 000 　　　资金结存——零余额账户用款额度 　　　　　　　　　　　　　　　60 000

【例 7-47】　2019 年 9 月 6 日，某事业单位经批准发出需要收回的一批政府储备物资，该批物资账面余额为 800 000 元。11 月 30 日，收回已发出的该批物资，经质量验收，符合标准的物资账面余额为 600 000 元。该单位编制有关会计分录如表 7-51 所示。

表 7-51　发出需要收回的政府储备物资的会计分录

时　　间	财务会计分录	预算会计分录
2019 年 9 月 6 日	借：政府储备物资——发出　　800 000 　贷：政府储备物资——在库　　　800 000	不做账务处理
11 月 30 日	借：政府储备物资——在库　　600 000 　　业务活动费用　　　　　　200 000 　贷：政府储备物资——发出　　　800 000	不做账务处理

【例 7-48】　2019 年 9 月 20 日，经批准对外销售甲类和乙类两种政府储备物资，其中销售甲类物资取得收入 900 000 元存入银行，该物资的账面余额为 700 000 元。如按规定销售收入纳入单位预算统一管理，如何进行账务处理？如按规定将该销售净收入上缴财政，如何进行账务处理？该单位编制有关会计分录如表 7-52 所示。

表 7-52　销售政府储备物资的会计分录

时　　间	财务会计分录	预算会计分录
9 月 20 日 （销售收入纳入 单位预算）	借：业务活动费用　　　　　700 000 　贷：政府储备物资　　　　　　700 000 借：银行存款　　　　　　　900 000 　贷：事业收入　　　　　　　　900 000	借：资金结存——货币资金—— 　　银行存款　　　　900 000 　贷：事业预算收入　　　900 000
9 月 20 日 （销售收入上缴财政）	借：资产处置费用　　　　　700 000 　贷：政府储备物理　　　　　　700 000 借：银行存款　　　　　　　900 000 　贷：应缴财政款　　　　　　　900 000	不做账务处理

三、文物文化资产

（一）文物文化资产的概念

文物文化资产是指行政事业单位为满足社会公共需求而控制的历史文物、艺术品，以及其他具有历史或文化价值并作长期或永久保存的典藏等。行政事业单位为满足自身开展业务活动或其他活动需要而控制的文物和陈列品，属于单位的固定资产，不属于文物文化资产。

（二）文物文化资产的核算

为核算文物文化资产业务，行政事业单位应设置"文物文化资产"总账科目。该科目核算单位为满足社会公共需求而控制的文物文化资产的成本。单位应当设置文物文化资产登记簿和文物文化资产卡片，按文物文化资产类别、项目等设置明细账。

"文物文化资产"科目的核算基本与"固定资产"科目、"公共基础设施"科目、"保障性住房"科目基本相同。

需要注意的是，接受捐赠的文物文化资产成本无法可靠取得的，按照发生的相关税费、运输费等金额，借记"其他费用"科目，贷记"零余额账户用款额度""银行存款"等科目。预算会计处理时，借记"其他支出"科目，贷记"财政拨款预算收入""资金结存"科目。对于成本无法可靠取得的文物文化资产，单位应当设置备查簿进行登记，待成本能够可靠确定后按照规定及时入账。

【例 7-49】 某事业单位于 2019 年 9 月 10 日接受甲公司一批捐赠文物，该批文物评估价 200 000，发生运杂费 1 000 元，以银行存款支付。该单位编制有关会计分录如表 7-53 所示。

表 7-53　接受捐赠的文物文化资产的会计分录

时　间	财务会计分录	预算会计分录
2019 年 9 月 10 日	借：文物文化资产　　　　　201 000 　贷：银行存款　　　　　　　　　1 000 　　　捐赠收入　　　　　　　　200 000	借：其他支出　　　　　　　　1 000 　贷：资金结存——货币资金——银行存款 　　　　　　　　　　　　　　　1 000

【例 7-50】 假设以上文物的成本无法可靠取得。该单位编制有关会计分录如表 7-54 所示。

表 7-54　接受捐赠的文物文化资产成本无法可靠取得的会计分录

时　间	财务会计分录	预算会计分录
2019 年 9 月 10 日	借：其他费用　　　　　　　1 000 　贷：银行存款　　　　　　　　　1 000	借：其他支出　　　　　　　　1 000 　贷：资金结存——货币资金——银行存款 　　　　　　　　　　　　　　　1 000

【例 7-51】 2019 年 9 月 18 日，某事业单位报经批准，无偿调出文物文化资产，被调出文物文化资产的账面余额为 450 000 元，调出过程中发生由本单位负担的相关费用 2 000 元。该单位编制有关会计分录如表 7-55 所示。

表 7-55　无偿调出文物文化资产的会计分录

时　间	财务会计分录	预算会计分录
2019 年 9 月 18 日	借：无偿调拨净资产　　　　450 000 　贷：文物文化资产　　　　　　450 000 借：资产处置费用　　　　　　2 000 　贷：银行存款　　　　　　　　　2 000	借：其他支出　　　　　　　　2 000 　贷：资金结存——货币资金——银行存款 　　　　　　　　　　　　　　　2 000

四、保障性住房

（一）保障性住房的概念

保障性住房是指政府为中低收入住房困难家庭所提供的限定标准、限定价格或租金的住房，一般由廉租住房、经济适用住房、政策性租赁住房、定向安置房等构成。

（二）保障性住房的核算

为了核算保障性住房业务，行政事业单位应设置"保障性住房"和"保障性住房累计折旧"总账科目。该科目应当按照保障性住房的类别、项目等进行明细核算，其期末借方余额，反映保障性住房的原值。保障性住房的核算可参考"固定资产"的核算方法。

任务八　其他资产

一、受托代理资产

（一）受托代理资产的概念

受托代理资产是指单位接受委托方委托管理的各项资产，包括受托指定转赠的物资、受托储存管理的物资等。

微课视频 7-9
受托代理资产

在受托代理交易过程中，单位通常只是从委托方收到受托资产，并按照委托人的意愿将资产转赠给指定的其他组织或个人，或者按照有关规定将资产转交给指定的其他组织或个人，单位本身并不拥有受托资产的所有权和使用权，它只是在交易过程中起中介作用。

（二）受托代理资产的核算

为了核算受托代理资产业务，行政事业单位应设置"受托代理资产"总账科目。该科目核算单位接收委托方委托管理的各项资产的成本。单位管理的罚没物资应当通过该科目核算。单位收到的受托代理资产为现金和银行存款的，不通过该科目核算，应当通过"库存现金""银行存款"科目进行核算。该科目应当按照资产的种类和委托人进行明细核算；属于转赠资产的，还应当按照受赠人进行明细核算。

▶ 1. 受托转赠的物资

接受委托人委托需要转赠给受赠人的物资，其成本按照有关凭据注明的金额确定。接受委托转赠的物资验收入库，按照确定的成本，借记"受托代理资产"科目，贷记"受托代理负债"科目。受托协议约定由受托方承担相关税费、运输费等的，还应当按照实际支付的相关税费、运输费等金额，借记"其他费用"科目，贷记"银行存款"等科目。预算会计处理时，借记"其他支出"科目，贷记"资金结存"科目。

将受托转赠物资交付受赠人时，按照转赠物资的成本，借记"受托代理负债"科目，贷记"受托代理资产"科目。

转赠物资的委托人取消了对捐赠物资的转赠要求，且不再收回捐赠物资的，应当将转赠物资转为单位的存货、固定资产等。按照转赠物资的成本，借记"受托代理负债"科目，贷记"受托代理资产"科目；同时，借记"库存物品""固定资产"等科目，贷记"其他收入"科目。

【例 7-52】甲事业单位接受其他单位委托接受一批物资，转赠给乙事业单位，根据委托单位提供的凭据该批物资价值 20 000 元，于 2019 年 3 月 2 日验收入库。双方约定由甲事业单位承担相关运杂费 5 000 元，均以银行存款付讫。7 月 1 日，甲事业单位将该批物资的一半转赠给乙单位，剩余一半根据委托人要求不再转赠，同时委托人也不再收回，甲单位将该批物资转为本单位存货。该单位编制有关会计分录如表7-56所示。

表 7-56　受托转赠物资的会计分录

时　间	财务会计分录	预算会计分录
2019 年 3 月 2 日	借：受托代理资产——受托转增物资　　　　　　　　　20 000 　贷：受托代理负债　　20 000	不做账务处理
3 月 2 日	借：其他费用——运杂费　5 000 　贷：银行存款　　5 000	借：其他支出——运杂费　　5 000 　贷：资金结存——货币资金——银行存款 　　　　　　　　　　5 000
7 月 1 日 转赠物资	借：受托代理负债　10 000 　贷：受托代理资产——受托转增物资 　　　　　　　　　10 000	不做账务处理
7 月 1 日 不再转赠	借：受托代理负债　10 000 　贷：受托代理资产——受托转增物资 　　　　　　　　　10 000 借：库存物品　　10 000 　贷：其他收入　　10 000	不做账务处理

▶ 2. 受托储存管理的物资

接受委托人委托存储保管的物资，其成本按照有关凭据注明的金额确定。接受受托储存的物资验收入库，按照确定的成本，借记"受托代理资产"科目，贷记"受托代理负债"科目。发生由受托单位承担的与受托存储保管的物资相关的运输费、保管费等费用时，按照实际发生的费用金额，借记"其他费用"等科目，贷记"银行存款"等科目。预算会计处理时，借记"其他支出"科目，贷记"资金结存"科目。

根据委托人要求交付或发出受托存储保管的物资时，按照发出物资的成本，借记"受托代理负债"科目，贷记"受托代理资产"科目。

▶ 3. 罚没物资

单位取得罚没物资时，其成本按照有关凭据注明的金额确定。罚没物资验收（入库），按照确定的成本，借记"受托代理资产"科目，贷记"受托代理负债"科目。罚没物资成本无法可靠确定的，单位应当设置备查簿进行登记。

单位按照规定处置或移交罚没物资时，按照罚没物资的成本，借记"受托代理负债"科目，贷记"受托代理资产"科目。处置时取得款项的，按照实际取得的款项金额，借记"银行存款"等科目，贷记"应缴财政款"等科目。

单位受托代理的其他实物资产，参照本科目有关受托转赠物资、受托存储保管物资的规定进行账务处理。

二、长期待摊费用

（一）长期待摊费用的概念

长期待摊费用是指单位已经发生但应由本期和以后各期负担的分摊期限在 1 年以上（不含 1 年）的各项费用，如以经营租赁方式租入的固定资产发生的改良支出等。

（二）长期待摊费用的核算

为了反映长期待摊费用的增减变动情况，单位应设置"长期待摊费用"总账科目。其明细账应按长期待摊费用的种类设置并进行明细核算。

单位发生长期待摊费用时，按照支出金额，借记"长期待摊费用"科目，贷记"财政拨款收入""零余额账户用款额度""银行存款"等科目。预算会计处理时，借记"行政支出""事业支出"等科目，贷记"财政拨款预算收入""资金结存"科目。

单位按照受益期间摊销长期待摊费用时，按照摊销金额，借记"业务活动费用""单位管理费用""经营费用"等科目，贷记"长期待摊费用"科目。

如果某项长期待摊费用已经不能使单位受益，应当将其摊余金额一次性全部转入当期费用。按照摊销金额，借记"业务活动费用""单位管理费用""经营费用"等科目，贷记"长期待摊费用"科目。

【例 7-53】 2019 年 1 月 1 日，某行政单位以经营租赁方式租入办公用房，合约租期为 5 年。为适合办公需要，该行政单位对租入的办公用房进行装修改良，并通过财政直接支付的方式支付相应的装修改良支出 200 000 元，形成长期待摊费用。之后，按合约租期每年摊销长期待摊费用 40 000 元。该单位编制有关会计分录如表 7-57 所示。

表 7-57　长期待摊费用的会计分录

时　间	财务会计分录		预算会计分录	
2019 年 1 月 1 日	借：长期待摊费用	200 000	借：行政支出	200 000
	贷：财政拨款收入	200 000	贷：财政拨款预算收入	200 000
2020 至 2024 年 每年年初	借：业务管理费用	40 000	不做账务处理	
	贷：长期待摊费用	40 000		

三、待处理财产损溢

（一）待处理财产损溢的概念

待处理财产损溢是指行政事业单位在资产清查过程中查明的资产盘盈、盘亏和报废毁损的价值。行政事业单位财产的处理包括资产的出售、报废、毁损、盘盈、盘亏以及货币性资产损失核销等。

（二）待处理财产损溢的概核算

行政事业单位应当设置"待处理财产损溢"科目，核算单位在资产清查过程中查明的各种资产盘盈、盘亏、报废、毁损的价值。本科目应当按照待处理财产项目进行明细核算；对于在财产处理过程中取得收入或发生相关费用的项目，还应当设置"待处理财产价值""处理净收入"明细科目进行明细核算。行政事业单位财产的处理，一般应当先记入本科目，按照规定报经批准后及时进行相应的账务处理。年终结账前一般应处理完毕。具体会计分录如表 7-58 所示。

表 7-58 待处理财产损溢的会计分录

会计事项	分类	转入待处理财产损溢	报经批准后处理	
现金		现金短缺和溢余参照"库存现金"清查的账务处理		
其他非现金资产	盘盈的非现金资产	借：库存物品/固定资产/无形资产/公共基础设施等 贷：待处理财产损溢	属于流动资产	借：待处理财产损溢 贷：单位管理费用（事业单位）/业务活动费用（行政单位）
			属于以前年度非流动资产	借：待处理财产损溢 贷：以前年度损益调整
其他非现金资产	盘亏、报废的非现金资产	借：——待处理财产价值 待处理财产损溢 固定资产累计折旧/无形资产累计摊销/公共基础设施累计折旧（摊销）等 贷：库存物品/固定资产/无形资产/公共基础设施等	报经批准处理	借：资产处置费用 库存现金/银行存款/其他应收款等（过失人赔偿/保险理赔/资产残值变价收入） 贷：待处理财产损溢——待处理财产价值
			毁损、报废资产处置过程中的相关费用	借：待处理财产损溢——处置净收入 贷：库存现金等
			收支结清	过失人/保险赔偿或资产残值变价等处理收入＞处置相关费用： 借：待处理财产损溢——处置净收入 贷：应缴财政款 反之： 借：置产处置费用 贷：待处理财产损溢——处置净收入 借：其他支出 贷：资金结存等（支付的处理净支出）

注意，盘盈属于本年度非流动资产，按照当年新取得相关资产进行账务处理。

【例 7-54】 某事业单位于 2019 年 10 月 30 日拟报废实验设备一批，价值共计 50 000 元，已经计提折旧 45 000 元。经过有关部门批准同意报废，处理时发生相关运费 500 元，用现金支付，并收到残值收入 1 200 元，对方银行转账。该单位编制有关会计分录如表 7-59 所示。

表 7-59 报废资产的会计分录

时 间	财务会计分录	预算会计分录
10 月 30 日	借：待处理财产损溢——待处理财产价值 　　　　　　　　　　5 000 　　固定资产累计折旧　45 000 　贷：固定资产　　　　　　50 000	不做账务处理

续表

时　　间	财务会计分录	预算会计分录
10 月 30 日	借：资产处置费用　　　　　　5 000 　贷：待处理财产损溢——待处理财产价值 　　　　　　　　　　　　　　5 000	不做账务处理
10 月 30 日	借：银行存款　　　　　　　　1 200 　贷：待处理财产损溢——待处理净收入 　　　　　　　　　　　　　　1 200	不做账务处理
10 月 30 日	借：待处理财产损溢——待处理净收入 　　　　　　　　　　　　　　500 　贷：银行存款　　　　　　　　500	不做账务处理
6 月 20 日	借：待处理财产损溢——待处理净收入 　　　　　　　　　　　　　　700 　贷：应缴财政款　　　　　　　700	不做账务处理

▌在线测试▐

在线测试

实务技能训练

项目八　行政事业单位负债

知识目标

1. 行政事业单位会计负债的概念、核算原则；
2. 行政事业单位会计负债的账务处理的方法。

能力目标

通过完成本任务，你应该：

1. 能够了解行政事业单位会计负债的概念、核算原则；
2. 能够熟练掌握行政事业单位负债的账户设置及账务处理方法。

项目任务

◆任务一：借入款项
◆任务二：应缴财政款
◆任务三：应交税费
◆任务四：应付职工薪酬
◆任务五：应付及预收款项
◆任务六：预计负债

任务导入

政府会计制度下预算会计收付实现制的运用

高彩霞是某职业院校财务处的会计，2019 年该学院借入 6 个月短期借款 20 万元，高彩霞做借记"银行存款"科目，贷记"短期借款"科目的会计分录，财务处长审核时说由于自 2019 年 1 月 1 日起，学院财务处开始执行《政府会计制度——行政事业单位会计科目和报表》，因此还要进行预算会计账务处理，借记"资金结存"科目，贷记"债务预算收入"科目。高彩霞对做双分录很快就理解了，但将借款做成"债务预算收入"不是很理解，认为借款不应该是一种收入。财务处长解释说，由于预算会计采用收付实现制，收到借款即有了现金流入，从预算会计的角度出发，可以理解为一种收入，在归还本金时，可理解为发生了支出，记入"债务还本支出"科目。通过财务处长的讲解，高彩霞很快就理解了这样进行账务处理的道理。

（作者自编）

负债是指行政事业单位所承担的能以货币计量，需要以资产等偿还的债务。行政事业单位的负债按照流动性，分为流动负债和非流动负债。流动负债是指预计在1年内(含1年)偿还的负债，包括短期借款、应交增值税、其他应缴税费、应交财政款、应付及预收款项、应付职工薪酬、应缴款项等。非流动负债是指流动负债以外的负债，包括长期借款、长期应付款、应付政府债券和政府依法担保形成的债务等。

行政事业单位对符合负债定义的债务，应当在确定承担偿债责任并且能够可靠地进行货币计量时确认。行政事业单位的负债，应当按照承担的相关合同金额或实际发生额进行计量。

任务一　借入款项

一、短期借款

(一)短期借款的概念

短期借款是指事业单位经批准向银行或其他金融机构等借入的期限在1年内(含1年)的各种借款。行政单位没有短期借款业务。

微课视频 8-1
短期借款

(二)短期借款的核算

为了核算短期借款业务，事业单位应设置"短期借款"总账科目。本科目应当按照债权人和借款种类进行明细核算。

(1) 单位借入各种短期借款时，按照实际借入的金额，借记"银行存款"科目，贷记"短期借款"科目。预算会计处理时，借记"资金结存"科目，贷记"债务预算收入"科目。

(2) 如果短期借款按季度支付利息或利息在借款到期时连同本金一起归还，并且数额较大，事业单位于月末应采用预提方式进行短期借款利息的核算。在资产负债表日，事业单位应当按照计算确定的短期借款利息费用，借记"其他费用"科目，贷记"应付利息"科目，实际支付利息时，借记"应付利息"科目，贷记"银行存款"科目，预算会计处理时，借记"其他支出"科目，贷记"资金结存"科目。

(3) 归还短期借款时，借记"短期借款"科目，贷记"银行存款"科目。预算会计处理时，借记"债务还本支出"科目，贷记"资金结存"科目。

【例 8-1】 2019年4月1日，某事业单位以7.2%的年利率向某银行借入一笔款项，借款本金200 000元，期限为3个月，6月30日到期还本付息。该单位编制有关会计分录如表8-1所示。

表 8-1　短期借款的会计分录

时　间	财务会计分录		预算会计分录	
2019年 4月1日	借：银行存款 　贷：短期借款	200 000 200 000	借：资金结存——货币资金——银行存款 　　　　　　　　　　　　　　　200 000 　贷：债务预算收入　　　　　　200 000	
4、5月末	借：其他费用 　贷：应付利息	1 200 1 200	不做账务处理	

续表

时　间	财务会计分录		预算会计分录	
6月30日	借：短期借款 　　应付利息 　　其他费用 　贷：银行存款	200 000 2 400 1 200 203 600	借：债务还本支出 　　其他支出 　贷：资金结存——货币资金——银行存款	200 000 3 600 203 600

二、长期借款

(一)长期借款的概念

长期借款是事业单位经批准向银行或其他金融机构等借入的期限超过1年(不含1年)的各种借款本息。

(二)长期借款的核算

为了核算长期借款业务,事业单位应设置"长期借款"总账科目。本科目应设置"本金"和"应计利息"明细科目,并按照贷款单位和贷款种类进行明细核算。对于建设项目借款,还应按照具体项目进行明细核算。

▶1.借入各项长期借款

单位借入各项长期借款时,按照实际借入的金额,借记"银行存款"科目,贷记"长期借款"科目(本金)。预算会计处理时,借记"资金结存"科目,贷记"债务预算收入"科目。

▶2.长期借款利息计提

(1)资本化利息。为建造固定资产、公共基础设施等应支付的专门借款利息,按期计提利息时,属于工程项目建设期间发生的利息,计入工程成本,按照计算确定的应支付的利息金额,借记"在建工程"科目,贷记"应付利息"科目(分息付息)或"长期借款——应付利息"科目(计期一次还本付息)。

(2)费用化利息。属于工程项目完工交付使用后发生的利息,计入当期费用,按照计算确定的应支付的利息金额,借记"其他费用"科目,贷记"应付利息"科目(分息付息)或"长期借款——应付利息"科目(计期一次还本付息)。

(3)按期计提其他长期借款的利息时,按照计算确定的应支付的利息金额,借记"其他费用"科目,贷记"应付利息"科目(分期付息)或"长期借款——应计利息"科目(到期一次还本付息借款)。

▶3.利息支付

实际支付利息时,借记"应付利息"或"长期借款——应计利息"科目,贷记"银行存款"等科目。预算会计处理时,借记"其他支出"科目,贷记"资金结存"科目。

▶4.本金偿还

到期归还长期借款本金、利息时,借记"长期借款——本金"科目,贷记"银行存款"科目。预算会计处理时,借记"债务还本支出"科目,贷记"资金结存"科目。

【例8-2】 2019年1月1日,某事业单位为建造一项固定资产经批准专门向银行借入一笔款项1 000 000元,借款期限为5年,每年支付借款利息60 000元,本金到期一次偿还。工程建造期限为3年，3年后固定资产如期建造完成并交付使用。5年后，该事业单位如期偿还借款本金1 000 000元，并支付最后一年的借款利息60 000元。以上相应借款的本息均通过银行存款支付。该单位编制有关会计分录如表8-2所示。

表8-2　长期借款的会计分录

时　间	财务会计分录	预算会计分录
2019年1月1日	借：银行存款　　　　1 000 000 　　贷：长期借款　　　　1 000 000	借：资金结存——货币资金——银行存款 　　　　　　　　　　1 000 000 　　贷：债务预算收入　　1 000 000
2020、2021、2022年1月1日计算利息	借：在建工程　　　　　60 000 　　贷：应付利息　　　　　6 000	不做账务处理
2020、2021、2022年1月1日支付利息	借：应付利息　　　　　60 000 　　贷：银行存款　　　　　60 000	借：其他支出　　　　　60 000 　　贷：资金结存——货币资金——银行存款 　　　　　　　　　　　60 000
2023年1月1日计算利息	借：其他费用　　　　　60 000 　　贷：应付利息　　　　60 000	不做账务处理
2023年1月1日支付利息	借：应付利息　　　　　60 000 　　贷：银行存款　　　　60 000	借：其他支出　　　　　60 000 　　贷：资金结存——货币资金——银行存款 　　　　　　　　　　　60 000
2024年1月1日还本付息	借：长期借款　　　　1 000 000 　　其他费用　　　　　60 000 　　贷：银行存款　　　1 060 000	借：债务还本支出　　1 000 000 　　其他支出　　　　　60 000 　　贷：资金结存——货币资金——银行存款 　　　　　　　　　　1 060 000

任务二　应缴财政款

一、应缴财政款的概念

应缴财政款是指行政事业单位取得或应收的按照规定应当上缴财政的款项，包括应缴国库的款项和应缴财政专户的款项，但不包括单位按照国家税法等有关规定应当缴纳的各种税费。

（一）应缴国库款

应缴国库款是指行政事业单位在业务活动中按规定取得的应缴国库的各种款项，包括代收的纳入预算管理的基金、代收的行政事业性收费收入、罚没收入、无主财物变价收入，以及其他按预算管理规定应上缴国库(不包括应缴税费)的款项等。

（二）应缴财政专户款

应缴财政专户款是指行政事业单位按规定代收的应上缴财政专户的资金。

微课视频8-2
应缴财政款

二、应缴财政款的核算

行政事业单位应当设置"应缴财政款"科目，对行政事业单位取得的按规定应当上缴财政的款项进行核算。本科目应当按照应缴财政款项的类别进行明细核算。单位按照国家税法等有关规定应当缴纳的各种税费，通过"应交增值税""其他应交税费"科目核算，不通过该科目核算。

单位取得或应收按照规定应缴财政的款项时，借记"银行存款""应收账款"等科目，贷记"应缴财政款"科目。单位上缴应缴财政的款项时，按照实际上缴的金额，借记"应缴财政款"科目，贷记"银行存款"科目。单位处置资产取得的应上缴财政的处置净收入的账务处理，参见"待处理财产损溢"等科目。

【例 8-3】　2019 年 3 月 15 日，某高校收到学费共计 6 000 000 元，款项已存入银行。3月 30 日，以银行存款上缴财政专户学费 6 000 000 元。有关会计分录如表 8-3 所示。

表 8-3　应缴财政款的会计分录

时　间	财务会计分录	预算会计分录
2019 年 3 月 15 日	借：银行存款　　　　　6 000 000 　　贷：应缴财政款　　　　6 000 000	不做账务处理
3 月 30 日	借：应缴财政款　　　　6 000 000 　　贷：银行存款　　　　　6 000 000	不做账务处理

在财政国库集中收付制度下，缴款人应将应缴财政的款项直接缴入财政国库或财政专户，不通过行政事业单位的银行存款账户过渡。在这种情况下，行政事业单位的职责是监督缴款人依法将应缴财政的款项及时上缴财政，单位不需要对相应的缴款业务做正式的会计分录。对于一些零星的难以实行国库集中收缴制度的政府非税收入，行政事业单位在直接收取后，应当及时上缴财政。

任务三　应交税费

应交税费是指行政事业单位按照国家税法等有关规定应当缴纳的各种税费，包括增值税、城市维护建设税、教育费附加税、房产税、车船税、城镇土地使用税等。

一、应交增值税

(一) 增值税的概念

增值税是以商品、应税劳务和应税服务在流转过程中产生的增值额作为计税依据而征收的一流转税。根据我国增值税法规的相关规定，在我国境内销售货物或者加工、修理修配劳务，销售服务、无形资产、不动产以及进口货物的单位和个人，为增值税的纳税人。

根据经营规模大小及会计核算水平的健全程度，增值税纳税人分为一般纳税人和小规模纳税人。计算增值税的方法分为一般计税方法和简易计税方法。

（二）增值税核算应设置的科目

为核算应交增值税业务，行政事业单位应设置"应交增值税"总账科目。属于增值税一般纳税人的单位，应当在该科目下设置"应交税金""未交税金""预交税金""待抵扣进项税额""待认证进项税额""待转销项税额""简易计税""转让金融商品应交增值税""代扣代交增值税"等明细科目。相关明细科目的设置及核算内容如表8-4所示。

微课视频 8-3
增值税基本核算

表 8-4　"应交增值税"明细科目的设置及核算内容

科　　目	明　细　科　目		核 算 内 容
应交增值税	应交税金	进项税额	核算单位购进货物、加工修理修配劳务、服务、无形资产或不动产而支付或负担的，准予从当期销项税额中抵扣的增值税税额
		已交税金	核算单位当月缴纳的增值税税额
		减免税款	核算单位按照现行增值税制度的规定准予减免的增值税税额
		销项税额	核算单位销售货物、加工修理修配劳务、服务、无形资产或不动产应收取的增值税税额
		进项税额转出	核算单位购进货物、加工修理修配劳务、服务、无形资产或不动产等发生非正常损失，以及其他原因而不应从销项税额中抵扣、按照规定转出的进项税额
		转出未交增值税	核算单位月份终了，转出的应交未交的增值税
		转出多交增值税	核算单位月度终了，转出的多交的增值税
	未交税金		核算单位月度终了从"应交税金"或"预交税金"明细科目转入当月应交未交、多交或预交的增值税额，以及当月缴纳以前期间未交的增值税额
	预交税金		核算单位转让不动产、提供不动产经营租赁服务等，以及其他按照现行增值税制度的规定应预缴的增值税税额
	待抵扣进项税额		核算单位已取得增值税扣税凭证并经税务机关认证，按照现行增值税制度的规定准予以后期间从销项税额中抵扣的进项税额
	待认证进项税额		核算单位由于未经税务机关认证而不得从当期销项税额中抵扣的进项税额，包括：一般纳税人已取得增值税扣税凭证并按规定准予从销项税额中抵扣，但尚未经税务机关认证的进项税额；一般纳税人已申请稽核但尚未取得稽核相符结果的海关缴款书进项税额
	待转销项税额		核算单位销售货物、加工修理修配劳务、服务、无形资产或不动产，已确认相关收入或利得，但尚未发生增值税纳税义务而须于以后期间确认为销项税额的增值税
	简易计税		核算单位采用简易计税方法发生的增值税计提、扣减、预缴、缴纳等业务
	转让金融商品应交增值税		核算单位转让金融商品发生的增值税税额
	代扣代缴增值税		核算单位购进在境内未设经营机构的境外单位或个人在境内的应税行为代扣代缴的增值税

属于增值税小规模纳税人的单位只需在"应交增值税"总账科目下设置"转让金融商品应交增值税""代扣代交增值税"明细科目。

"应交增值税"总账科目期末贷方余额，反映单位应交未交的增值税；期末如为借方余额，反映单位尚未抵扣或多交的增值税。

（三）一般纳税人的账务处理

以下简要说明应交增值税的主要账务处理。如不特别说明，其中的"单位"均指增值税一般纳税人。

▶ **1. 单位取得资产或接受服务**

进项税抵扣的情况较为复杂，根据税法规定，不同业务进项税抵扣的情形分为不可抵扣、可以抵扣、分期抵扣几种。

1）单位取得资产或接受服务进项税额允许抵扣

单位购买用于增值税应税项目的资产或服务等时，按照应计入相关成本费用或资产的金额，借记"业务活动费用""在途物品""库存物品""工程物资""在建工程""固定资产""无形资产"等科目，按照当月已认证的可抵扣增值税额，借记"应交增值税——应交税金（进项税额）"科目，按照当月未认证的可抵扣增值税额，借记"应交增值税——待认证进项税额"，按照应付或实际支付的金额，贷记"应付账款""应付票据""银行存款""零余额账户用款额度"等科目。预算会计处理时，按照实际支付的金额，借记"经营支出""事业支出"科目，贷记"资金结存"等科目。

发生退货的，如原增值税专用发票已做认证，应根据税务机关开具的红字增值税专用发票做相反的会计分录；如原增值税专用发票未做认证，应将发票退回并做相反的会计分录。

【例 8-4】 2019 年 9 月 3 日，某事业单位（为增值税一般纳税人）开展非独立核算经营活动，购买一批所用物资，取得的增值税专用发票上注明的物资价款为 80 000 元，增值税税额为 10 400 元，款项以银行存款支付，当日收到物资，已验收入库。该单位编制有关会计分录如表 8-5 所示。

表 8-5　一般纳税人进项税额允许抵扣的会计分录

时　间	财务会计分录	预算会计分录
2019 年 9 月 3 日	借：库存物品　　　　　　　　　80 000　　应交增值税——应交税金（进项税额）　　　　　　　　　　　　10 400　贷：银行存款　　　　　　　　　90 400	借：经营支出　　　　　　　　　90 400　贷：资金结存——货币资金——银行存款　　　　　　　　　　　　　　90 400

2）单位取得资产或接受服务进项税额不允许抵扣

单位购进资产或服务等，用于简易计税方法计税项目、免征增值税项目、集体福利或个人消费等或小规模纳税人购买资产或服务等时，其进项税额按照现行增值税制度的规定不得从销项税额中抵扣的，取得增值税专用发票时，应按照增值税发票注明的金额，借记相关成本费用或资产科目，按照待认证的增值税进项税额，借记"应交增值税——待认证进项税额"科目，按照实际支付或应付的金额，贷记"银行存款""应付账款""零余额账户用款额度"等科目。预算会计处理时，按照实际支付的金额，借记"经营支出""事业支出"科目，贷记"资金结存"等科目。

经税务机关认证为不可抵扣进项税时，借记"应交增值税——应交税金（进项税额）"科目，贷记"应交增值税——待认证进项税额"科目，同时，将进项税额转出，借记相关成本费用科目，贷记"应交增值税——应交税金（进项税额转出）"科目。

【例 8-5】 某事业单位为增值税一般纳税人，2019 年 3 月 3 日，购进一批化妆品，取得增值税专用发票，价款 10 000 元，进项税额 1 300 元，准备用于职工福利。该单位编制有关会计分录如表 8-6 所示。

表 8-6 一般纳税人进项税额不允许抵扣的会计分录

时 间	财务会计分录	预算会计分录
2019 年 3 月 3 日	借：库存物品　　　　　　　10 000 　　应交增值税——应交税金（进项税额） 　　　　　　　　　　　　　1 300 　贷：银行存款　　　　　　　11 300	借：事业支出　　　　　　　11 300 　贷：资金结存——货币资金——银行存款 　　　　　　　　　　　　　11 300
3 月 3 日	借：库存物品　　　　　　　1 300 　贷：应交增值税——应交税金（进项税额 　　　　转出）　　　　　　　1 300	不做账务处理

3）进项税额抵扣情况发生改变

单位因发生非正常损失或改变用途等，原已计入进项税额、待抵扣进项税额或待认证进项税额，但按照现行增值税制度规定不得从销项税额中抵扣的，借记"待处理财产损溢""固定资产"等科目，贷记"应交增值税——应交税金（进项税额转出）"科目、"应交增值税——待抵扣进项税额"科目或"应交增值税——待认证进项税额"科目。原不得抵扣且未抵扣进项税额的固定资产等，因改变用途等用于允许抵扣进项税额的应税项目的，应按照允许抵扣的进项税额，借记"应交增值税——应交税金（进项税额）"科目，贷记"固定资产"等科目。固定资产等资产经上述调整后，应按照调整后的账面价值在剩余尚可使用年限内计提折旧或摊销。

【例 8-6】 2019 年 8 月 5 日，某事业单位（为增值税一般纳税人）开展非独立核算经营活动，库存 A 材料因管理不善发生火灾损失。该物品的实际成本为 80 000 元，相关增值税专用发票上注明的增值税税额为 12 800 元。该单位编制有关会计分录如表 8-7 所示。

表 8-7 进项税额抵扣情况发生改变的会计分录

时 间	财务会计分录	预算会计分录
2019 年 8 月 5 日	借：待处理财产损溢　　　　92 800 　贷：库存物品——A 材料　　80 000 　　　应交增值税——应交税金（进项税额 　　　　转出）　　　　　　　12 800	不做账务处理

4）购买方作为扣缴义务人

按照现行增值税制度的规定，境外单位或个人在境内发生应税行为，在境内未设有经营机构的，以购买方为增值税扣缴义务人。境内一般纳税人购进服务或资产时，按照应计入相关成本费用或资产的金额，借记"经营费用""库存物品""固定资产"等科目，按照可抵扣的增值税税额，借记"应交增值税——应交税金（进项税额）"科目，按照应付或实际支付的金额，贷记"银行存款""应付账款"等科目，按照应代扣代缴的增值税税额，贷记"应交增值税——代扣代交增值税"科目。

实际缴纳代扣代缴增值税时，按照代扣代缴的增值税税额，借记"应交增值税——代扣代交增值税"科目，贷记"银行存款"等科目。预算会计处理时，按照实际支付的金额，借记"经营支出""事业支出"科目，贷记"资金结存"等科目。

【例8-7】　2019年8月10日，某事业单位(为增值税一般纳税人)开展非独立核算经营活动，向一境外单位进行业务咨询，发生咨询费53 000元(款项尚未支付)，增值税税率为6%。该境外单位在境内未设有经营机构，由该事业单位代扣代缴增值税税款，合同约定税款由境外承担。9月1日，实际缴纳该笔代扣代交税金。该单位编制有关会计分录如表8-8所示。

表8-8　购买方作为扣缴义务人的会计分录

时间	财务会计分录	预算会计分录
2019年8月10日	借：经营费用　　　　　　　　50 000 　　应交增值税——应交税金(进项税额) 　　　　　　　　　　　　　3 000 　贷：应付账款　　　　　　　50 000 　　应交增值税——代扣代交增值税 　　　　　　　　　　　　　3 000	不做账务处理
9月1日	借：应交增值税——代扣代交增值税 　　　　　　　　　　　　　3 000 　贷：银行存款　　　　　　　3 000	借：经营支出　　　　　　　3 000 　贷：资金结存——货币资金——银行存款 　　　　　　　　　　　　　3 000

▶ 2. 单位销售资产、提供服务的核算

1) 销售货物或提供服务

单位销售货物或提供服务，应当按照应收或已收的金额，借记"应收账款""应收票据""银行存款"等科目，按照确认的收入金额，贷记"经营收入""事业收入"等科目，按照现行增值税制度的规定计算的销项税额(或采用简易计税方法计算的应纳增值税额)，贷记"应交增值税——应交税金(销项税额)"或"应交增值税——简易计税"科目。预算会计处理时，按实际收到的含税金额，借记"资金结存"科目，贷记"事业预算收入""经营预算收入"等科目。发生销售退回的，应根据按照规定开具的红字增值税专用发票做相反的会计分录。

按照相关政府会计准则或政府会计制度确认收入的时点早于按照增值税制度确认增值税纳税义务发生时点的，应将相关销项税额计入"应交增值税——待转销项税额"科目，待实际发生纳税义务时再转入"应交增值税——应交税金(销项税额)"或"应交增值税——简易计税"科目。

按照增值税制度确认增值税纳税义务发生时点早于按照本制度及相关政府会计准则确认收入的时点的，应按照应纳增值税额，借记"应收账款"科目，贷记"应交增值税——应交税金(销项税额)"或"应交增值税——简易计税"科目。

【例8-8】　某事业单位将闲置的办公楼对外出租，协议约定2019年10月至2020年9月每季度末缴纳当季房租，每季度房租60 000元(不含税)，税率为9%，2019年12月末，该事业单位收到2019年10月至12月的房租。该房租收入不需要上缴财政。该单位编制有关会计分录如表8-9所示。

表 8-9　出租房屋应交增值税的会计分录

时　间	财务会计分录	预算会计分录
2019 年 10 月 31 日	借：应收账款　　　　　　　　　　21 800 　贷：租金收入　　　　　　　20 000 　　　应交增值税——待转销项税额　1 800	不做账务处理
11 月 30 日	借：应收账款　　　　　　　　　　21 800 　贷：租金收入　　　　　　　20 000 　　　应交增值税——待转销项税额　1 800	不做账务处理
12 月 31 日	借：银行存款　　　　　　　　　　65 400 　贷：应收账款　　　　　　　43 600 　　　租金收入　　　　　　　20 000 　　　应交增值税——应交税金（销项税额）1 800 借：应交增值税——待转销项税额　3 600 　贷：应交增值税——应交税金（销项税额）3 600	借：资金结存——货币资金——银行 　　存款　　　　　　　　65 400 　贷：其他预算收入　　　　65 400

2）金融商品转让按照规定以盈亏相抵后的余额作为销售额

金融商品实际转让月末，如产生转让收益，则按照应纳税额，借记"投资收益"科目，贷记"应交增值税——转让金融商品应交增值税"科目；如产生转让损失，则按照可结转下月抵扣税额，借记"应交增值税——转让金融商品应交增值税"科目，贷记"投资收益"科目。缴纳增值税时，应借记"应交增值税——转让金融商品应交增值税"科目，贷记"银行存款"等科目。预算会计处理时，借记"投资预算收入"等科目，贷记"资金结存"科目。年末，"应交增值税——转让金融商品应交增值税"科目如有借方余额，则借记"投资收益"科目，贷记"应交增值税——转让金融商品应交增值税"科目。

【例 8-9】　2019 年 9 月 1 日，某事业单位开展非独立核算经营活动，以 120 000 元出售持有的一项短期投资，出售价款当日收存银行。该项投资实际取得成本为 80 000 元，增值税税率 6%。该单位编制有关会计分录如表 8-10 所示。

表 8-10　转让金融商品的会计分录

时　间	财务会计分录	预算会计分录
2019 年 9 月 1 日	借：银行存款　　　　　　　　　120 000 　贷：短期投资　　　　　　　80 000 　　　投资收益　　　　　　　40 000 借：投资收益　　　　　　　　　2 264 　贷：应交增值税——转让金融商品应交增 　　　值税　　　　　　　　2 264	借：资金结存——货币资金——银行存款 　　　　　　　　　　　120 000 　贷：投资支出　　　　　　80 000 　　　投资预算收益　　　　40 000
9 月 30 日	借：投资收益　　　　　　　　　2 264 　贷：应交增值税——转让金融商品应交增 　　　值税　　　　　　　　2 264	

出售该项投资应交增值税＝(120 000－80 000)÷(1+6%)×6%＝2 264(元)

▶ 3. 月末转出多交增值税和未交增值税

月度终了，单位应当将当月应交未交或多交的增值税自"应交税金"明细科目转入"未交税金"明细科目。当月应交未交的增值税，借记"应交增值税——应交税金（转出未交增值税)"科目,贷记"应交增值税——未交税金"科目;当月多交的增值税,借记"应交增值税——未交税金"科目,贷记"应交增值税——应交税金(转出多交增值税)"科目。

▶ 4. 缴纳增值税

1) 缴纳当月应交增值税

单位缴纳当月应交的增值税,借记"应交增值税——应交税金(已交税金)"科目(小规模纳税人借记"应交增值税"科目),贷记"银行存款"等科目。预算会计处理时,按照实际支付的金额,借记"经营支出""事业支出"科目,贷记"资金结存"等科目。

2) 缴纳以前期间未交增值税

单位缴纳以前期间未交的增值税,借记"应交增值税——未交税金"科目(小规模纳税人借记应"应交增值税"科目),贷记"银行存款"等科目。预算会计处理时,按照实际支付的金额,借记"经营支出""事业支出"科目,贷记"资金结存"等科目。

3) 预交增值税

单位预交增值税时,借记"应交增值税——预交税金"科目,贷记"银行存款"等科目。月末,单位应将"预交税金"明细科目余额转入"未交税金"明细科目,借记"应交增值税——未交税金"科目,贷记"应交增值税——预交税金"科目。预算会计处理时,按照实际支付的金额,借记"经营支出""事业支出"科目,贷记"资金结存"等科目。

4) 减免增值税

对于当期直接减免的增值税,借记"应交增值税——应交税金(减免税款)"科目,贷记"业务活动费用""经营费用"等科目。

按照现行增值税制度的规定,单位初次购买增值税税控系统专用设备支付的费用以及缴纳的技术维护费允许在增值税应纳税额中全额抵减的,按照规定抵减的增值税应纳税额,借记"应交增值税——应交税金(减免税款)"科目,贷记"业务活动费用""经营费用"等科目。

【例 8-10】 2019 年 8 月 16 日,某事业单位(为增值税一般纳税人)开展非独立核算经营活动,购入一批材料,取得增值税专用发票上注明的价款为 40 000 元,增值税税额为 5 200 元。8 月 25 日,对外销售一批物品,开具的增值税专用发票上注明的价款为 50 000 元,增值税税额为 6 500 元,发票已交给买方,约定款项下月支付。该批物品的实际成本为 32 000 元。月末,该笔应交增值税未上交税务局。9 月 20 日,以银行存款缴纳上月未交的增值税。该单位编制有关会计分录如表 8-11 所示。

表 8-11 缴纳增值税的会计分录

时 间	财务会计分录	预算会计分录
2019 年 8 月 16 日	借:库存物品　　　　　　　40 000　　应交增值税——应交税金(进项税额)　　　　　　　　　　　5 200　贷:银行存款　　　　　　45 200	借:经营支出　　　　　　　45 200　　贷:资金结存——货币资金——银行存款　　　　　　　　　　　45 200
8 月 25 日	借:应收账款　　　　　　　56 500　　贷:经营收入　　　　　　50 000　　　　应交增值税——应交税金(销项税额)　　　　　　　　　　　6 500　借:经营费用　　　　　　　32 000　　贷:库存物品　　　　　　32 000	不做账务处理

续表

时 间	财务会计分录	预算会计分录
8月31日	借：应交增值税——应交税金（转出未交增值税） 1 300 贷：应交增值税——未交税金 1 300	不做账务处理
9月20日	借：应交增值税——未交税金 1 300 贷：银行存款 1 300	借：经营支出 1 300 贷：资金结存——货币资金——银行存款 1 300

【例8-11】 2019年9月27日，某事业单位因开展非独立核算经营活动，申请为增值税一般纳税人，初次购买增值税税控系统专用设备作为固定资产核算，取得的增值税专用发票上注明的价款为20 000元，增值税税额为2 600元，价款和税款以银行存款支付。该单位编制有关会计分录如表8-12所示。

表8-12 减免增值税的会计分录

时 间	财务会计分录	预算会计分录
2019年9月27日	借：固定资产 22 600 贷：银行存款 22 600	借：经营支出 22 600 贷：资金结存——货币资金——银行存款 22 600
按规定抵减增值税时	借：应交增值税——应交税金（减免税款） 22 600 贷：经营费用 22 600	

（四）小规模纳税人的账务处理

小规模纳税人购买资产或服务等时不能抵扣增值税，发生的增值税计入资产成本或相关成本费用。

小规模纳税人购买资产或服务时，按应付或实际支付的全部款项（包括支付的增值税税额），借记"在途物品""库存物品""在建工程""固定资产""经营费用"等科目，贷记"应付账款""应付票据""银行存款"等科目。

小规模纳税人销售资产或服务时，按全部价款（包括应交的增值税额），借记"银行存款"等科目，按不含税的销售额，贷记"经营收入"等科目，按应交的增值税，贷记"应交增值税"科目。

事业单位的增值税业务主要涉及经营活动，而经营活动在事业单位中是少量的和小规模的，在公益一类事业单位中也是没有的。行政单位没有经营活动。由于事业单位属于公益组织，根据国家税法的规定可以享受税收优惠。例如，对公立医院提供的医疗服务免征增值税，对公立医院自产自用的制剂免征增值税。公立学校、图书馆、博物馆、文化馆、美术馆、科技馆、体育馆、科学院等的情况类似。

二、其他应交税费

（一）其他应交税费的概念

其他应交税费是指行政事业单位按照税法等规定计算应缴纳的除增值税以外的各种税费，包括城市维护建设税、教育费附加税、地方教育费附加税、车船税、房产税、城镇土地使用税和企业所得税等。

（二）其他应交税费的会计核算

单位应当设置"其他应交税费"科目，按照税法等规定应当缴纳的各种税费进行核算。本科目应当按照应缴纳的税费种类进行明细核算。单位代扣代缴的个人所得税也通过本科目核算。应缴纳的印花税不需要预提应交税费，直接通过"业务活动费用""单位管理费用""经营费用"等科目核算，不通过本科目核算。

微课视频 8-4
其他应交税费

▶ 1. 发生纳税义务

（1）发生城市维护建设税、教育费附加、地方教育费附加等纳税义务的，按照税法规定计算的应缴税费金额，借记"业务活动费用""单位管理费用""经营费用"等科目，贷记"其他应交税费——应交城市维护建设税""应交教育费附加""应交地方教育费附加"等科目。

（2）按照税法规定计算应代扣代缴职工（含长期聘用人员）、其他人员的个人所得税，借记"应付职工薪酬""业务活动费用""单位管理费用""经营费用"等科目，贷记"其他应交税费——应交个人所得税"科目。

（3）发生企业所得税纳税义务的，按照税法规定计算的应交所得税额，借记"所得税费用"科目，贷记"其他应交税费——单位应交所得税"科目。

▶ 2. 交纳各种税费

单位实际交纳上述各种税费时，借记"其他应交税费——应交城市维护建设税、应交教育费附加、应交地方教育费附加、应交个人所得税"等科目，贷记"零余额账户用款额度""银行存款"等科目。预算会计处理时，借记"经营支出""事业支出""非财政拨款结余"科目，贷记"资金结存""财政拨款预算收入"科目。

【例 8-12】　2019 年 12 月，某事业单位开展非独立核算经营活动，当月实际应交增值税为 6 000 元，适用的城市维护建设税率为 7%，教育费附加为 3%，地方教育费附加为 2%；当月代扣代缴的职工个人所得税为 23 000 元；根据规定计算当年应缴纳企业所得税 16 000 元。2020 年 1 月初，该单位以银行存款向税务机关缴纳上述各种税费。

应交城市维护建设税＝6 000×7%＝420（元）

应交教育费附加＝6 000×3%＝180（元）

应交地方教育费附加＝6 000×2%＝120（元）

该单位编制有关会计分录如表 8-13 所示。

表 8-13　缴纳各种税费的会计分录

时　　间	财务会计分录	预算会计分录
2019 年 12 月	借：经营费用　　　　　　　　　　　720 贷：其他应交税费——应交城市维护建设税　420 　　　　　　　　——应交教育费附加　　　180 　　　　　　　　——应交地方教育费附加　120	不做账务处理
12 月代扣个人所得税	借：应付职工薪酬　　　　　　　　23 000 贷：其他应交税费——应交个人所得税 23 000	不做账务处理
12 月确认企业所得税	借：所得税费用　　　　　　　　　16 000 贷：其他应交税费——单位应交所得税 16 000	不做账务处理

续表

时 间	财务会计分录	预算会计分录
2020年1月	借：应交增值税——未交税金　　6 000 　　其他应交税费——应交城市维护建设税 　　　　　　　　　　　　　　420 　　　　　　　——应交教育费附加　180 　　　　　　　——应交地方教育费附加 　　　　　　　　　　　　　　120 　　　　　　　——应交个人所得税 　　　　　　　　　　　　　23 000 　　　　　　　——单位应交所得税 　　　　　　　　　　　　　16 000 　　贷：银行存款　　　　　　45 720	借：经营支出　　　　　　　6 720 　　事业支出　　　　　　　23 000 　　非财政拨款结余——累计结余 　　　　　　　　　　　　16 000 　　贷：资金结存——货币资金——银 　　　　行存款　　　　　　45 720

　　如同增值税的情况，公立医院自用的房产免征房产税。公立学校、图书馆、博物馆、文化馆、美术馆、科技馆、体育馆、科学院等的情况也类似。事业单位的企业所得税业务也主要涉及经营活动，行政单位没有企业所得税业务。国家机关自用的房产免征房产税，而相关行政事业单位的出租房产以及非自身业务使用的生产、营业用房，不属于房产税免税范围。车船税、城镇土地使用税等的情况也类似。

任务四　应付职工薪酬

一、应付职工薪酬的概念

　　应付职工薪酬是指行政事业单位按照有关规定应付给职工（含长期聘用人员）以及为职工支付的各种薪酬，包括基本工资、国家统一规定的津贴补贴、规范津贴补贴（绩效工资）、改革性补贴、社会保险费（如职工基本养老保险费、职业年金、基本医疗保险费等）、住房公积金等。

微课视频 8-5
应付职工薪酬

二、应付职工薪酬的科目设置

　　行政事业单位应当设置"应付职工薪酬"科目，对单位应付给职工及职工支付的各种薪酬进行核算。本科目应当根据国家有关规定按照"基本工资"（含离退休费）、"国家统一规定的津贴补贴""规范津贴补贴（绩效工资）""改革性补贴""社会保险费""住房公积金""其他个人收入"等进行明细核算。其中，"社会保险费"和"住房公积金"明细科目核算内容包括单位从职工工资中代扣代缴的社会保险费、住房公积金，以及单位为职工计算缴纳的社会保险费、住房公积金。

　　"应付职工薪酬"科目借方反映当期行政事业单位应付职工薪酬的减少，贷方反映当期行政事业单位应付职工薪酬的增加，本科目期末贷方余额，反映行政事业单位应付未付的职工薪酬。

三、应付职工薪酬的会计核算

（一）计算确认当期应付职工薪酬（含单位为职工计算缴纳的社会保险费、住房公积金）

单位计算确认当期应付职工薪酬时，根据职工提供服务的受益对象，借记"业务活动费用""单位管理费用""在建工程""加工物品""研发支出"等科目，贷记"应付职工薪酬"科目。

（二）代扣职工各种税费

（1）按照税法规定代扣职工个人所得税时，借记"应付职工薪酬"科目（基本工资），贷记"其他应交税费——个人所得税"科目。

（2）从应付职工薪酬中代扣为职工垫付的水电费、房租等费用时，按照实际扣除的金额，借记"应付职工薪酬"科目（基本工资），贷记"其他应收款"等科目。

（3）从应付职工薪酬中代扣社会保险费和住房公积金，按照代扣的金额，借记"应付职工薪酬"科目（基本工资），贷记"应付职工薪酬"科目（社会保险费、住房公积金）。

（三）向职工支付工资、津贴补贴等薪酬

按照实际支付的金额，借记"应付职工薪酬"科目，贷记"财政拨款收入""零余额账户用款额度""银行存款"等科目。预算会计处理时，借记"行政支出""事业支出""经营支出"等科目，贷记"财政拨款收入""资金结存"科目。

（四）缴纳职工社会保险费和住房公积金

按照国家有关规定，缴纳职工社会保险费和住房公积金时，按照实际支付的金额，借记"应付职工薪酬"科目（社会保险费、住房公积金），贷记"财政拨款收入""零余额账户用款额度""银行存款"等科目。预算会计处理时，借记"行政支出""事业支出""经营支出"等科目，贷记"财政拨款预算收入""资金结存"科目。

【例 8-13】 某行政单位 2019 年 9 月发生以下经济业务。

（1）15 日，职工基本工资 800 000 元，绩效工资 200 000 元。按规定计算应为职工缴纳社会保险费 200 000 元、住房公积金 80 000 元，代扣代缴社会保险费 90 000 元，住房公积金 50 000 元，代扣代缴个人所得税 42 000 元，代扣为职工垫付的水电费共 36 000 元。

（2）30 日，使用财政直接支付方式支付职工薪酬，缴纳住房公积金、社会保险费和个人所得税。该单位编制有关会计分录如表 8-14 所示。

表 8-14　应付职工薪酬的会计分层

时 间	财务会计分录		预算会计分录
2019 年 9 月 15 日	借：业务活动费用	1 280 000	不做账务处理
	贷：应付职工薪酬——基本工资	800 000	
	——规范津贴补贴（绩效工资）		
		200 000	
	——社会保险费	200 000	
	——住房公积金	80 000	
	借：应付职工薪酬——基本工资	218 000	
	贷：应付职工薪酬——社会保险费	90 000	
	——住房公积金	50 000	
	其他应交税费——个人所得税	42 000	
	其他应收款——代垫职工水电费	36 000	

续表

时　间	财务会计分录	预算会计分录
9月30日	借：应付职工薪酬——基本工资　　　582 000 　　　　　　——规范津贴补贴（绩效工资） 　　　　　　　　　　　　　　200 000 　　　　　　——社会保险费　　　　290 000 　　　　　　——住房公积金　　　　130 000 　　　其他应交税费——个人所得税　　42 000 　　　贷：财政拨款收入　　　　　　1 244 000	借：行政支出　　　　　　1 244 000 　贷：财政拨款预算收入 1 244 000

任务五　应付及预收款项

单位的应付及预收款项是指其在开展业务活动中发生的各项债务，包括应付账款、应付票据、其他应付款，以及应付政府补贴款等。

一、应付账款

（一）应付账款的概念

应付账款是指行政事业单位因购买物资或服务、工程建设等而应付的偿还期限在 1 年以内（含 1 年）的款项。应付账款应当在收到所购物资或服务、完成工程时确认。

（二）应付账款的会计核算

事业单位应当设置"应付账款"科目，对单位因购买物资或服务、工程建设等而应付的偿还期限在 1 年以内（含 1 年）的款项进行核算。对于建设项目，还应设置"应付器材款""应付工程款"等明细科目。本科目应当按照债权单位（或个人）进行明细核算。

（1）收到所购材料、物资、设备或服务以及确认完成工程进度但尚未付款时，根据发票及账单等有关凭证，按照应付未付款项的金额，借记"库存物品""固定资产""在建工程"等科目，贷记"应付账款"科目。涉及增值税业务的，账务处理参见"应交增值税"科目。

（2）偿付应付账款时，按照实际支付的金额，借记"应付账款"科目，贷记"财政拨款收入""零余额账户用款额度""银行存款"等科目。预算会计处理时，借记"行政支出""事业支出""经营支出"等科目，贷记"财政拨款预算收入""资金结存"科目。开出、承兑商业汇票抵付应付账款时，借记"应付账款"科目，贷记"应付票据"科目。

（3）无法偿还或债权人豁免偿还的应付账款，应当按照规定报经批准后进行账务处理。经批准核销时，借记"应付账款"科目，贷记"其他收入"科目。

核销的应付账款应在备查簿中保留登记。

【例 8-14】 2019 年 10 月 10 日，某事业单位购买一批物品 23 000 元用于事业活动，物品已验收入库，款项尚未支付。11 月 2 日，该事业单位以零余额账户用款额度偿付了购买该批物品的款项。该单位编制有关会计分录如表 8-15 所示。

表 8-15 应付账款的会计分录

时　间	财务会计分录		预算会计分录
2019 年 10 月 10 日	借：库存物品 　贷：应付账款	23 000 23 000	不做账务处理
11 月 2 日	借：应付账款 　贷：零余额账户用款额度	23 000 23 000	借：事业支出　　　　　　　　　23 000 　贷：资金结存——零余额账户用款额度 　　　　　　　　　　　　　　23 000

二、应付票据

(一) 应付票据的概念

应付票据，是指事业单位因购买材料、物资时所开出、承兑的商业汇票，包括银行承兑汇票和商业承兑汇票。按国家有关规定，单位之间只有在商品交易的情况下，才能使用商业汇票结算方式。

(二) 应付票据的会计核算

事业单位应设置"应付票据"科目，以便核算事业单位发生债务时所开出、承兑的各种商业汇票。本科目应当按照债权人进行明细核算。

(1) 开出、承兑商业汇票时，借记"库存物品""固定资产"等科目，贷记"应付票据"科目。涉及增值税业务的，相关账务处理参见"应交增值税"科目。以商业汇票抵付应付账款时，借记"应付账款"科目，贷记"应付票据"科目。

(2) 支付银行承兑汇票的手续费时，借记"业务活动费用""经营费用"等科目，贷记"银行存款""零余额账户用款额度"等科目。预算会计处理时，借记"行政支出""事业支出""经营支出"等科目，贷记"财政拨款预算收入""资金结存"科目。

(3) 商业汇票到期时，应当分别按以下情况处理。

① 收到银行支付到期票据的付款通知时，借记"应付票据"科目，贷记"银行存款""零余额账户用款额度"等科目。预算会计处理时，借记"行政支出""事业支出""经营支出"等科目，贷记"财政拨款预算收入""资金结存"科目。

② 银行承兑汇票到期，单位无力支付票款的，按照应付票据账面余额，借记"应付票据"科目，贷记"短期借款"科目。预算会计处理时，借记"行政支出""事业支出""经营支出"等科目，贷记"债务预算收入"科目。

③ 商业承兑汇票到期，单位无力支付票款的，按照应付票据账面余额，借记"应付票据"科目，贷记"应付账款"科目。

行政事业单位还应当设置"应付票据备查簿"，详细登记每一应付票据的种类、号数、出票日期、到期日、票面金额、交易合同号、收款人姓名或单位名称，以及付款日期和金额等资料。应付票据到期结清票款后，上述内容应当在备查簿内逐笔注销。

【例 8-15】 2019 年 9 月 15 日，某事业单位为开展事业活动采用银行承兑汇票结算方式购入一批材料，价款 50 000 元，材料已验收入库。单位开出 3 个月到期的银行承兑汇票，并支付银行承兑手续费 200 元。12 月 15 日，票据到期，单位无力偿还。该单位编制有关会计分录如表 8-16 所示。

表 8-16　应付票据的会计分录

时　间	财务会计分录	预算会计分录
2019年 9月15日	借：库存物品　　　　　　50 000 　　贷：应付票据　　　　　　50 000 借：业务活动费用　　　　　200 　　贷：银行存款　　　　　　　200	借：事业支出　　　　　　　200 　　贷：资金结存——货币资金——银行存款 　　　　　　　　　　　　　　200
12月15日	借：应付票据　　　　　　50 000 　　贷：短期借款　　　　　　50 000	借：事业支出　　　　　　50 000 　　贷：债务预算收入　　　　50 000

三、其他应付款

（一）其他应付款的概念

其他应付款是指行政事业单位除应交增值税、其他应交税费、应缴财政款、应付职工薪酬、应付票据、应付账款、应付政府补贴款、应付利息、预收账款以外的其他各项偿还期限在1年内（含1年）的应付及暂收款项，如收取押金、存入保证金、已经报销但尚未偿还银行的本单位公务卡欠款等。

同级政府财政部门预拨的下期预算款和没有纳入预算的暂付款项，以及采用实拨资金方式通过本单位转拨给下属单位的财政拨款，也通过本科目核算。

（二）其他应付款的会计核算

事业单位应当设置"其他应付款"科目，对其他应付款的增减变动及其结存情况进行核算。本科目应按照其他应付款的类别以及债权单位（或个人）进行明细核算。

▶ 1. 发生其他应付及暂收款项时

（1）发生其他应付及暂收款项，借记"银行存款"等科目，贷记"其他应付款"科目。

（2）支付（或退回）其他应付及暂收款项时，借记"其他应付款"科目，贷记"银行存款"等科目。

（3）将暂收款项转为收入时，借记"其他应付款"科目，贷记"事业收入"等科目。预算会计处理时，借记"资金结存"科目，贷记"事业预算收入"等科目。

▶ 2. 收到同级政府财政部门预拨的下期预算款和没有纳入预算的暂付款项

（1）按照实际收到的金额，借记"零余额账户用款额度"等科目，贷记"其他应付款"科目；收到同级政府财政部门预拨的下期预算款不在当期进行预算会计处理。

（2）待到下一预算期或批准纳入预算时，借记"其他应付款"科目，贷记"财政拨款收入"科目。预算会计处理时，借记"资金结存"科目，贷记"财政拨款预算收入"科目。

（3）采用实拨资金方式通过本单位转拨给下属单位的财政拨款，按照实际收到的金额，借记"银行存款"科目，贷记"其他应付款"科目；向下属单位转拨财政拨款时，按照转拨的金额，借记"其他应付款"科目，贷记"银行存款"科目。

▶ 3. 本单位公务卡持卡人报销时

（1）按照审核报销的金额，借记"业务活动费用""单位管理费用"等科目，贷记"其他应付款"科目。

（2）偿还公务卡欠账时，借记"其他应付款"科目，贷记"零余额账户用款额度"等科目。预算会计处理时，借记"行政支出""事业支出"等科目，贷记"资金结存"科目。

▶ 4. 无法偿还或债权人豁免偿还的其他应付款项

无法偿还或债权人豁免偿还的其他应付款项，应当按照规定报经审批后进行账务处理。经批准核销时，借记"其他应付款"科目，贷记"其他收入"科目。核销的其他应付款应在备查簿中保留登记。

【例 8-16】　某事业单位职工甲某（业务部门）于 2019 年 10 月 12 日用公务卡购买办公用品 3 000 元，取得发票并报销；10 月 20 日，财务部门通过财政授权方式做公务卡归还操作。该单位编制有关会计分录如表 8-17 所示。

表 8-17　其他应付款的会计分录

时　间	财务会计分录	预算会计分录
2019 年 10 月 12 日	借：业务活动费用　　　　　3 000 　贷：其他应付款——甲某　　　3 000	不做账务处理
10 月 20 日	借：其他应付款——甲某　　3 000 　贷：零余额账户用款额度　　　3 000	借：事业支出　　　　　　　　3 000 　贷：资金结存——零余额账户用款额度 　　　　　　　　　　　　　3 000

四、应付政府补贴款

（一）应付政府补贴款的概念

应付政府补贴款是指负责发放政府补贴的行政单位，按照有关规定应付给政府补贴接受者的各种款项，例如，行政单位向低保居民发放的生活补贴，向农民发放农机购置补贴，向使用清洁能源的单位和个人发放的清洁能源补贴，向购买节能电器的单位和个人发放的节能补贴等。应付政府补贴款应当在规定发放政府补贴的时间确认。

微课视频 8-6
应付政府补贴款

（二）应付政府补贴款的会计核算

行政单位应当设置"应付政府补贴款"科目，对按照有关规定应付给政府补贴接受者的各种政府补贴款进行核算。本科目应当按照应支付的政府补贴种类进行明细核算，还应该根据需要按照补贴接受者进行明细核算，或者按照补贴接受者予以登记。

（1）发生应付政府补贴时，按照规定计算确定的应付政府补贴金额，借记"业务活动费用"科目，贷记"应付政府补贴款"科目。

（2）支付应付政府补贴款时，按照支付的金额，借记"应付政府补贴款"科目，贷记"零余额账户用款额度""银行存款"等科目。预算会计处理时，借记"行政支出"科目，贷记"资金结存"科目。

【例 8-17】　某行政单位负责给当地的低保居民发放政府给予的生活补助，2019 年 10 月 3 日，发生应付低保居民生活补贴 200 000 元。11 月 20 日，该行政单位用财政授权支付方式支付上述补贴款。该单位编制有关会计分录如表 8-18 所示。

表 8-18　应付政府补贴款的会计分录

时　间	财务会计分录	预算会计分录
2019 年 10 月 3 日	借：业务活动费用　　　　200 000 　　贷：应付政府补贴款　　　　200 000	
11 月 20 日	借：应付政府补贴款　　　　200 000 　　贷：零余额账户用款额度　　200 000	借：行政支出　　　　　　　200 000 　　贷：资金结存——零余额账户用款额度 　　　　　　　　　　　　　　200 000

任务六　预 计 负 债

一、预计负债的概念

预计负债是指单位对因或有事项所产生的现时义务而确认的负债，如对未决诉讼等确认的负债。或有事项是指由过去的交易或事项形成的，其结果须由某些未来事项的发生或不发生才能决定的不确定事项，如未决诉讼、债务担保等。

二、预计负债的会计核算

事业单位应当设置"预计负债"科目，核算预计负债的形成、支付或冲销等情况。本科目应当按照预计负债的项目进行明细核算。

单位确认预计负债时，按照预计的金额，借记"业务活动费用""经营费用""其他费用"等科目，贷记"预计负债"科目。实际偿付预计负债时，按照偿付的金额，借记"预计负债"科目，贷记"银行存款""零余额账户用款额度"等科目。预算会计处理时，借记"事业支出""经营支出""其他支出"等科目，贷记"资金结存"等科目。

单位应当在资产负债表日根据确凿证据需要对已确认的预计负债账面余额进行调整。

【例 8-18】2019 年 10 月 25 日，某事业单位因安全事故被刘某起诉。年末，该单位未接到法院的判决。该单位聘请的律师认为败诉的可能性较大，预计要支付的赔偿金额 260 000 元，诉讼费 15 000 元。2020 年 4 月 16 日，该事业单位收到法院的判决书，须支付赔偿金额、诉讼费用共计 270 000 元；当日，甲单位以银行存款支付完毕。该单位编制有关会计分录如表 8-19 所示。

表 8-19　预计负债的会计分录

时　间	财务会计分录	预算会计分录
2019 年 10 月 25 日	借：单位管理费用——诉讼费　　15 000 　　其他费用　　　　　　　　260 000 　　贷：预计负债　　　　　　　275 000	不做账务处理
2020 年 4 月 16 日	借：预计负债　　　　　　　275 000 　　贷：其他费用　　　　　　　5 000 　　　　银行存款　　　　　　270 000	借：其他支出　　　　　　　270 000 　　贷：资金结存——货币资金——银行存款 　　　　　　　　　　　　　　270 000

┃ 在线测试 ┃

在线测试

实务技能训练

项目九　行政事业单位收入与预算收入

知识目标

1. 理解单位收入及预算收入的概念、内容、确认和计量；
2. 掌握单位财务会计收入和预算收入的账户设置、对应关系及账务处理。

能力目标

通过完成本任务，你应该：

1. 能够熟悉和理解单位财务会计收入、预算收入的概念和内容，并掌握其确认和计量的方法；

2. 能够熟练掌握单位财务会计收入和预算收入的账户设置及核算方法。

项目任务

◆ 任务一：收入与预算收入
◆ 任务二：财政拨款收入与财政拨款预算收入
◆ 任务三：非同级财政拨款收入与非同级财政拨款预算收入
◆ 任务四：事业单位专有收入
◆ 任务五：其他各项收入与其他预算收入

任务导入

政府会计制度的双功能

　　2019 年，王虎青从某高校会计专业毕业后，通过公开招考，顺利考入省属某高职学院财务处担任会计。财务处主管会计在他入职时问了他这样一个问题，学院收到代理银行转来的财政支付额度到账通知书，收到本月财政授权支付额度 100 万元，你如何做账？王虎青在 2017 年大三时学过预算会计，所以就很快地回答：借记"零余额账户用款额度"科目，贷记"财政补助收入"科目。主管会计听后告诉他，事业单位会计现在要执行《政府会计制度——行政事业单位会计科目和报表》，这样做账已不符合现行的会计制度，应做两笔分录：一笔是财务会计分录，借记"零余额账户用款额度"科目，贷记"财政拨款收入"科目；另一笔是预算会计分录，借记"资金结存"科目，贷记"财政拨款预算收入"科目。因此单位决定派他外出参加培训，学习最新的政府会计准则和会计制度，待他培训合格后再上岗。

（作者自编）

　　政府会计（行政事业单位会计）由财务会计和预算会计构成，相应的行政事业单位收入分为财务会计收入和预算会计收入。下面我们就分5项任务完成行政事业单位收入的账务处理。你可以对照能力目标反复演练，有的放矢地依次完成各分项任务，直至完成全部任务，从而获取相应的职业能力。

任务一　收入与预算收入

一、收入与预算收入的概念及分类

（一）收入的概念与分类

　　收入是财务会计要素。根据《政府会计准则——基本准则》第四十二条，收入是指报告期内导致政府会计主体净资产增加的、含有服务潜力或者经济利益的经济资源的流入。

　　行政事业单位的收入主要分为财政拨款收入、事业收入、上级补助收入、附属单位上缴收入、经营收入、非同级财政拨款收入、投资收益、捐赠收入、利息收入、租金收入和其他收入。

　　需要注意的是，在以上收入中财政拨款收入、非同级财政拨款收入、捐赠收入、利息收入、租金收入和其他收入是行政事业单位共有的收入，而事业收入、上级补助收入、附属单位上缴收入、经营收入、投资收益是事业单位特有的收入。

（二）预算收入的概念与分类

　　预算收入是预算会计要素，是指政府会计主体在预算年度内依法取得的并纳入预算管理的现金流入。

　　行政事业单位的预算收入主要分为财政拨款预算收入、事业预算收入、上级补助预算收入、附属单位上缴预算收入、经营预算收入、非同级财政拨款预算收入、投资预算收益、债务预算收入、其他预算收入。

　　需要注意的是，在以上预算收入中财政拨款预算收入、非同级财政拨款预算收入、其他预算收入是行政事业单位共有的预算收入，而事业预算收入、上级补助预算收入、附属单位上缴预算收入、经营预算收入、投资预算收益、债务预算收入是事业单位特有的预算收入。

二、收入与预算收入的确认

（一）收入的确认

　　根据《政府会计准则——基本准则》第四十三条，收入的确认应当同时满足以下条件。

　　（1）与收入相关的含有服务潜力或者经济利益的经济资源很可能流入政府会计主体。

　　（2）含有服务潜力或者经济利益的经济资源流入会导致政府会计主体资产增加或者负债减少。

　　（3）流入金额能够可靠地计量。

（二）预算收入的确认

预算收入一般在实际收到时予以确认，以实际收到的金额计量。

三、收入和预算收入的区别与联系

对政府会计主体而言，收入和预算收入的确认是两个既有区别又有相同之处的事情。两者的区别主要体现在以下4个方面。

（一）核算基础不同

收入确认和计量的基础是权责发生制，而预算收入确认的基础是收付实现制。

（二）确认时点不同

收入在同时满足3个条件的情况下确认，而预算收入是在预算年度内政府会计主体依法取得并纳入预算管理的现金流入时确认。

（三）表现形式不同

收入的表现形式是产生经济资源的流入，既可以在当时就反映为现金及现金等价物，也可以反映为一项未来会产生现金流入的债权，还可以是一项实物资产的形成。而预算收入的表现形式仅为现金流入。

（四）确认口径不同

政府会计主体取得银行借款，提供服务收取的应交增值税不确认收入；而提供服务实际收到的应交增值税则确认预算收入。

从上述（一）、（二）分析可以看出，由于收入和预算收入采用不同的核算基础，形成了两者的时间性差异，即在一个年度内两者确认和计量的金额大多是不同的。但从长期来看，政府会计主体取得的收入和预算收入应当是一致的。当然，在实际工作中大量存在满足收入确认条件，同时也满足预算收入确认条件的事项，这时两者确认的时点、金额就是一致的。

从（三）、（四）分析可以看出，由于收入和预算收入概念的界定，形成了两者的永久性差异，即无论时间长短，有部分可以确认为收入的事项永远无法确认为预算收入。比如政府会计主体在收到捐赠的固定资产时，确认了收入，但由于没有现金的流入，不能确认为预算收入。

任务二　财政拨款收入与财政拨款预算收入

一、核算内容

（一）财政拨款收入的核算内容

"财政拨款收入"科目核算行政事业单位从同级政府财政部门取得的各类财政拨款。这里的"同级财政部门"是指中央级单位对应的是财政部，省、自治区、直辖市属单位对应的是本省（自治区）财政厅或直辖市财政局，设区的市、自治州、县、自治县、不设区的市，市辖区所属单位对应的是本行政辖区财政局，乡、民族乡、镇单位

微课视频 9-1
财政拨款收入与
财政拨款预算收入

对应的是本行政辖区财政所；"各类财政拨款"是指全口径财政拨款，包括政府性基金和一般公共预算拨款等，无论何种形式，只要是同级政府财政部门根据经费领拨关系，拨给政府会计主体的经费，均应计入财政拨款收入。

需要说明的是，并不是单位取得的所有财政拨款均通过"财政拨款收入"科目核算。同级政府财政部门预拨的下期预算款和没有纳入预算的暂付款项，以及采用实拨资金方式通过本单位转拨给下属单位的财政拨款，通过"其他应付款"科目核算，不通过本科目核算。

（二）财政拨款预算收入的核算内容

"财政拨款预算收入"科目核算单位从同级政府财政部门取得的各类财政拨款。

二、明细科目设置

"预算收入"科目需要严格按照预算管理的要求设置相关的明细科目，并按照与预算管理要求相一致的原则进行明细核算。"预算支出"科目的情况也是如此。只有这样，预算执行情况才能得到如实的反映。

相比较而言，财务会计核算中的"收入和费用"科目，包括"财政拨款收入""业务活动费用"科目等，不需要按照预算管理要求设置相应的明细科目。因为这些科目的核算目标，不是为了反映预算执行情况，而是为了反映收入与费用相抵后的盈余情况。

（一）财政拨款收入明细科目的设置

财政拨款收入可按照一般公共预算财政拨款、政府性基金预算财政拨款等拨款种类进行明细核算。

从制度要求来看，并未规定"财政拨款收入"明细科目必须按照预算管理要求设置明细科目。如果单位为了与财政拨款预算收入逐一比对，也可根据管理需求需要，与"财政拨款预算收入"设置同样的明细科目。

（二）财政拨款预算收入明细科目的设置

财政拨款预算收入应当设置"基本支出"和"项目支出"两个明细科目，并按照《政府收支分类科目》中"支出功能分类科目"的项级科目进行明细核算；同时，在"基本支出"明细科目下按照"人员经费"和"日常公用经费"进行明细核算，在"项目支出"明细科目下按照具体项目进行明细核算。有一般公共预算财政拨款、政府性基金预算财政拨款等两种或两种以上财政拨款的单位，还应当按照财政拨款的种类进行明细核算。每个事业单位可以根据各自的核算和预算管理需要，设置明细科目。

三、账务处理

（一）财政直接支付方式

在财政直接支付方式下，根据收到的财政直接支付入账通知书及相关原始凭证，按照通知书中的直接支付入账金额，借记"库存物品""固定资产""业务活动费用""单位管理费用""应付职工薪酬"等科目，贷记"财政拨款收入"科目。预算会计处理时，借记"事业支出""行政支出"等科目，贷记"财政拨款预算收入"科目。涉及增值税业务的，相关账务处理参见"应交增值税"科目。

年末，根据本年度财政直接支付预算指标数与当年财政直接支付实际支付数的差额，借记"财政应返还额度——财政直接支付"科目，贷记"财政拨款收入"科目。预算会计处理时，借记"资金结存——财政应返还额度"科目，贷记"财政拨款预算收入"科目。

【例 9-1】 2019 年 10 月 20 日，某行政单位使用一般公共预算的基本支出经费，以财政直接支付方式购置一批业务活动用办公用品，价款 6 万元。办公用品已于购买后随即使用。该单位已收到"财政直接支付入账通知书"及办公用品购置发票等相关原始凭证。该单位编制有关会计分录如表 9-1 所示。

表 9-1　财政直接支付的会计分录

时　间	财务会计分录	预算会计分录
2019 年 10 月 20 日	借：业务活动费用　　　　60 000 贷：财政拨款收入——一般公共预算——基本支出（日常公用经费）　60 000	借：行政支出　　　　　　60 000 贷：财政拨款预算收入——一般公共预算——基本支出（日常公用经费） 　　　　　　　　　　　60 000

【例 9-2】 2019 年 12 月 31 日，某事业单位收到年度财政直接支付预算指标对账表，表中注明年度财政直接支付预算额度 8 000 万元。其中，基本支出 5 000 万元，已执行 4 950 万元；项目支出 3 000 万元，已执行 2 980 万元。该单位编制有关会计分录如表 9-2 所示。

表 9-2　财政直接支付年末的会计分录

时　间	财务会计分录	预算会计分录
2019 年 12 月 31 日	借：财政应返还额度——财政直接支付 　　　　　　　　　　　700 000 贷：财政拨款收入——一般公共预算 （基本支出）　　　　500 000 （项目支出）　　　　200 000	借：资金结存——财政应返还额度 　　　　　　　　　　　700 000 贷：财政拨款预算收入——一般公共预算 （基本支出）　　　　500 000 （项目支出）　　　　200 000

（二）财政授权支付方式

在财政授权支付方式下，根据收到的财政授权支付额度到账通知书，按照通知书中的授权支付额度，借记"零余额账户用款额度"科目，贷记"财政拨款收入"科目。预算会计处理时，借记"资金结存——零余额账户用款额度"科目，贷记"财政拨款预算收入"科目。

年末，本年度财政授权支付预算指标数大于零余额账户用款额度下达数的，根据未下达的用款额度，借记"财政应返还额度——财政授权支付"科目，贷记"财政拨款收入"科目。预算会计处理时，借记"资金结存——财政应返还额度"科目，贷记"财政拨款预算收入"科目。

【例 9-3】 2019 年 10 月 5 日，某事业单位收到财政授权支付到账通知书，财政部门为事业单位支付了为开展日常业务活动的用款额度 20 万元。该单位编制有关会计分录如表 9-3 所示。

表 9-3　财政授权支付的会计分录

时　间	财务会计分录	预算会计分录
2019 年 10 月 5 日	借：零余额账户用款额度　　200 000 贷：财政拨款收入——一般公共预算（基本支出）　　　　200 000	借：资金结存——零余额账户用款额度 　　　　　　　　　　　200 000 贷：财政拨款预算收入——一般公共预算 （基本支出）　　　　200 000

【例 9-4】 某事业单位 2019 年全年财政授权支付预算指标 3 000 万元。其中，基本支出 2 000 万元，已全部下达；项目支出 1 000 万元，当年下达数 950 万元，还有 50 万元截至年底尚未下达。该单位编制有关会计分录如表 9-4 所示。

表 9-4 财政授权支付年末的会计分录

时 间	财务会计分录	预算会计分录
2019 年 12 月 31 日	借：财政应返还额度——财政授权支付 50 000 贷：财政拨款收入——一般公共预算 （项目支出） 50 000	借：资金结存——财政应返还额度 50 000 贷：财政拨款预算收入——一般公共预算 （项目支出） 50 000

（三）其他方式

在其他方式下收到财政拨款收入时，按照实际收到的金额，借记"银行存款"等科目，贷记"财政拨款收入"科目。预算会计处理时，借记"资金结存——货币资金"科目，贷记"财政拨款预算收入"科目。

（四）国库直接支付款项退回

因差错更正或购货退回等发生国库直接支付款项退回的，属于本年度支付的款项，按照退回金额，借记"财政拨款收入"科目，贷记"业务活动费用""库存物品"等科目，预算会计处理时，借记"财政拨款预算收入"科目，贷记"事业支出"等科目；属于以前年度支付的款项，按照退回金额，借记"财政应返还额度——财政直接支付"科目，贷记"以前年度盈余调整""库存物品"等科目，预算会计处理时，借记"资金结存——财政应返还额度"科目，贷记"财政拨款结转——年初余额调整""财政拨款结余——年初余额调整"等科目。

【例 9-5】 2019 年 10 月 5 日，某事业单位发现两批材料因质量问题退回，均为使用一般公共预算的基本支出经费且采用财政直接支付方式支付款项。其中一笔是当年 6 月购买的一批材料被退回，金额 20 万元；另一笔是 2018 年购买的一批低值易耗品被退回，金额 5 万元，该笔授权支付资金要求结转至财政拨款结转科目。该单位编制有关会计分录如表 9-5 所示。

表 9-5 国库支付款项退回的会计分录

时 间	财务会计分录	预算会计分录
2019 年 10 月 5 日	借：财政拨款收入——一般公共预算（基本支出） 200 000 贷：库存物品 200 000	借：财政拨款预算收入一般公共预算（基本支出） 200 000 贷：事业支出 200 000
10 月 5 日	借：财政应返还额度——财政直接支付 50 000 贷：库存物品 50 000	借：资金结存——财政应返还额度 50 000 贷：财政拨款结转——年初余额调整 50 000

（五）期末结账

▶ 1. 财政拨款收入的账务处理

期末，将"财政拨款收入"科目本期贷方发生额转入本期盈余，借记"财政拨款收入"科目，贷记"本期盈余"科目。期末结转后，本科目无余额。

▶ **2. 财政拨款预算收入的账务处理**

期末，将本科目本期发生额转入财政拨款结转，借记"财政拨款预算收入"科目，贷记"财政拨款结转——本年收支结转"科目。期末结转后，本科目无余额。

财政拨款收入和财政拨款预算收入的主要账务处理如表 9-6 所示。

表 9-6　财政拨款收入和财政拨款预算收入的主要账务处理

序号	业务和事项内容		账务处理	
			财务会计	预算会计
1	收到拨款	财政直接支付方式	借：库存物品/固定资产/业务活动费用/单位管理费用/应付职工薪酬等 　贷：财政拨款收入	借：事业支出等 　贷：财政拨款预算收入
		财政授权支付方式	借：零余额账户用款额度 　贷：财政拨款收入	借：资金结存——零余额账户用款额度 　贷：财政拨款预算收入
		其他方式	借：银行存款等 　贷：财政拨款收入	借：资金结存——货币资金 　贷：财政拨款预算收入
2	年末确认拨款差额	根据本年度财政直接支付预算指标数与当年财政直接支付实际支付数的差额	借：财政应返还额度——财政直接支付 　贷：财政拨款收入	借：资金结存——财政应返还额度 　贷：财政拨款预算收入
		本年度财政授权支付预算指标数大于零余额账户用款额度下达数的差额	借：财政应返还额度——财政授权支付 　贷：财政拨款收入	借：资金结存——财政应返还额度 　贷：财政拨款预算收入
3	因差错更正或购货退回等发生的国库直接支付款项退回的	属于本年度支付的款项	借：财政拨款收入 　贷：业务活动费用/库存物品等	借：财政拨款预算收入 　贷：事业支出等
		属于以前年度支付的款项（财政拨款结转资金）	借：财政应返还额度——财政直接支付 　贷：以前年度盈余调整/库存物品等	借：资金结存——财政应返还额度 　贷：财政拨款结转——年初余额调整
		属于以前年度支付的款项（财政拨款结余资金）		借：资金结存——财政应返还额度 　贷：财政拨款结余——年初余额调整
4	期末/年末结转		借：财政拨款收入 　贷：本期盈余	借：财政拨款预算收入 　贷：财政拨款结转——本年收支结转

任务三　非同级财政拨款收入与非同级财政拨款预算收入

一、核算内容

（一）非同级财政拨款收入的核算内容

"非同级财政拨款收入"科目核算单位从非同级政府财政取得的经费拨款，包括从同级政府其他部门取得的横向转拨财政款、从上级或下级政府财政部门取得的经费拨款等。事业单位因开展科研及其辅助活动从非同级政府财政部门取得的经费拨款，应当通过"事业收入——非同级财政拨款"科目核算，不通过本科目核算。

（二）非同级财政拨款预算收入的核算内容

"非同级财政拨款预算收入"科目核算单位从非同级政府财政部门取得的财政拨款，包括本级横向转拨财政款和非本级财政拨款。对于因开展科研及其辅助活动从非同级政府财政部门取得的经费拨款，应当通过"事业预算收入——非同级财政拨款"科目进行核算，不通过本科目核算。

二、明细科目设置

（一）非同级财政拨款收入明细科目设置

非同级财政拨款收入应当按照本级横向转拨财政款和上级部门拨款、下级部门拨款进行明细核算，并按照收入来源进行明细核算。

（二）非同级财政拨款预算收入明细科目设置

非同级财政拨款预算收入应当按照非同级财政拨款预算收入的类别、来源，以及《政府收支分类科目》中"支出功能分类科目"的项级科目等进行明细核算。非同级财政拨款预算收入中如有专项资金收入，还应按照具体项目进行明细核算，如表9-7所示。

表9-7　非同级财政拨款预算收入明细科目

总账科目	二级明细科目	三级明细科目	四级明细科目	五级明细科目	六级明细科目
非同级财政拨款预算收入	政府支出功能分类的项级科目	××拨款单位	××拨款	非专项拨款	
				专项拨款	××项目拨款
					××项目拨款
			××拨款	同上	同上
		××拨款单位	同上	同上	同上

三、账务处理

（一）非同级财政拨款收入的主要账务处理

（1）确认非同级财政拨款收入时，按照应收或实际收到的金额，借记"其他应收款""银行存款"等科目，贷记"非同级财政拨款收入"科目。

如果行政事业单位确认非同级财政拨款收入时尚未收到款项，在预算会计中，不需要进行会计处理。

(2) 期末，将本科目本期发生额转入本期盈余，借记"非同级财政拨款收入"科目，贷记"本期盈余"科目。期末结转核算参见"本期盈余"科目。

(二) 非同级财政拨款预算收入的主要账务处理

(1) 取得非同级财政拨款预算收入时，按照实际收到的金额，借记"资金结存——货币资金"科目，贷记"非同级财政拨款预算收入"科目。

(2) 年末，将本科目本年发生额中的专项资金收入转入非财政拨款结转，借记科目"非同级财政拨款预算收入"下各专项资金收入明细科目，贷记"非财政拨款结转——本年收支结转"科目；将本科目本年发生额中的非专项资金收入转入其他结余，借记"非同级财政拨款预算收入"科目下各非专项资金收入明细科目，贷记"其他结余"科目。

非同级财政拨款收入和非同级财政拨款预算收入的主要账务处理如表9-8所示。

表9-8　非同级财政拨款收入和非同级财政拨款预算收入的主要账务处理

序号	业务和事项内容		账务处理	
			财 务 会 计	预 算 会 计
1	确认收入时	按照应收或实际收到的金额	借：其他应收账款/银行存款等 　　贷：非同级财政拨款收入	借：资金结存——货币资金（实际收到金额） 　　贷：非同级财政拨款预算收入
2	期末/年末结转	专项资	借：非同级财政拨款收入 　　贷：本期盈余	借：非同级财政拨款预算收入 　　贷：非财政拨款结转——本年收支结转
		非专项资金金		借：非同级财政拨款预算收入 　　贷：其他结余

【例9-6】　某省级事业单位于2019年10月15日确认从市财政局收到一笔专项经费10万元，11月10日，收到该笔拨款。该单位编制有关会计分录如表9-9所示。

表9-9　取得非同级财政拨款预算收入的会计分录

时　　间	财务会计分录	预算会计分录
2019年10月15日	借：其他应收款　　　　　　100 000 　　贷：非同级财政拨款收入——下级部门拨款　　　　　　100 000	不做账务处理
11月10日	借：银行存款　　　　　　100 000 　　贷：其他应收款　　　　100 000	借：资金结存——货币资金——银行存款 　　　　　　　　　　　　100 000 　　贷：非同级财政拨款预算收入——一般公共预算（基本支出）　　　　100 000

【例9-7】　年末，某事业单位"非同级财政拨款预算收入"科目的本年发生额为200 000元，其中，专项资金收入120 000元，非专项资金收入80 000元。该事业单位分别将其转入"非财政拨款结转——本年收支结转"和"其他结余"科目。有关会计分录如下。

借：非同级财政拨款预算收入　　　　　　　　　　　　　　　　　　　200 000

　　贷：非财政拨款结转——本年收支结转　　　　　　　　　　　　　　　120 000

　　　　其他结余　　　　　　　　　　　　　　　　　　　　　　　　　80 000

任务四　事业单位专有收入

一、事业收入与事业预算收入

（一）核算内容及账户设置

微课视频 9-2
事业收入与
事业预算收入

▶ 1. 事业收入的核算内容及账户设置

事业收入是指事业单位开展专业业务活动及辅助活动所取得的收入。其中，专业业务活动是指事业单位根据本单位专业特点所从事或开展的主要业务活动，如文化事业单位的演出活动、科研事业单位的科研活动、教育事业单位的教育活动、医疗卫生事业单位的医疗保健活动等。辅助活动是指与其专业业务活动相关的，直接为专业业务活动服务的单位行政管理活动、后勤服务活动及其他有关活动。

事业单位应当设置"事业收入"科目核算事业单位开展专业业务活动及其辅助活动实现的收入，不包括从同级政府财政部门取得的各类财政拨款。本科目应当按照事业收入的类别、来源等进行明细核算。对于因开展科研及其辅助活动从非同级政府财政部门取得的经费拨款，应当在本科目下单设"非同级财政拨款"明细科目进行核算。

▶ 2. 事业预算收入的核算内容及账户设置

事业预算收入是指事业单位开展专业业务活动及其辅助活动取得的现金流入。

事业单位应当设置"事业预算收入"科目核算事业单位开展专业业务活动及其辅助活动取得的现金流入。事业单位因开展科研及其辅助活动从非同级政府财政部门取得的经费拨款，也通过本科目核算。

本科目应当按照事业预算收入的类别、项目、来源，以及《政府收支分类科目》中"支出功能分类科目"的项级科目等进行明细核算。对于因开展科研及其辅助活动从非同级政府财政部门取得的经费拨款，应当在本科目下单设"非同级财政拨款"明细科目进行明细核算。事业预算收入中如有专项资金收入，还应按照具体项目进行明细核算。

（二）事业收入的主要账务处理

▶ 1. 采用财政专户返还方式管理的事业收入（如学校收取的学费、住宿费等）

（1）实现应上缴财政专户的事业收入时，按照实际收到或应收的金额，借记"银行存款""应收账款"等科目，贷记"应缴财政款"科目。

（2）向财政专户上缴款项时，按照实际上缴的款项金额，借记"应缴财政款"科目，贷记"银行存款"等科目。

（3）收到从财政专户返还的事业收入时，按照实际收到的返还金额，借记"银行存款"等科目，贷记"事业收入"科目。

▶ 2. 采用预收款方式确认的事业收入

（1）实际收到预收款项时，按照收到的款项金额，借记"银行存款"等科目，贷记"预收账款"科目。

（2）以合同完成进度确认事业收入时，按照基于合同完成进度计算的金额，借记"预收账款"科目，贷记"事业收入"科目。

▶ 3. 采用应收款方式确认的事业收入

（1）根据合同完成进度计算本期应收的款项，借记"应收账款"科目，贷记"事业收入"科目。

（2）实际收到款项时，借记"银行存款"等科目，贷记"应收账款"科目。

▶ 4. 在其他方式下确认的事业收入

在其他方式下确认的事业收入，按照实际收到的金额，借记"银行存款""库存现金"等科目，贷记"事业收入"科目。涉及增值税业务的，相关账务处理参见本书"应交增值税"章节。

▶ 5. 期末

期末，将本科目本期发生额转入本期盈余，借记"事业收入"科目，贷记"本期盈余"科目。期末结转后，本科目应无余额。

（三）事业预算收入的账务处理

（1）采用财政专户返还方式管理的事业预算收入，在收到从财政专户返还的事业预算收入时，应按照实际收到的返还金额，借记"资金结存——货币资金"科目，贷记"事业预算收入"科目。

（2）收到其他事业预算收入时，应按照实际收到的款项金额，借记"资金结存——货币资金"科目，贷记"事业预算收入"科目。

（3）年末，将本科目本年发生额中的专项资金收入转入非财政拨款结转，借记"事业预算收入"科目下各专项资金收入明细科目，贷记"非财政拨款结转——本年收支结转"科目；将本科目本年发生额中的非专项资金收入转入其他结余，借记"事业预算收入"科目下各非专项资金收入明细科目，贷记"其他结余"科目。

事业收入和事业预算收入的主要账务处理如表 9-10 所示。

表 9-10 事业收入和事业预算收入的主要账务处理

序号	业务和事项内容		账 务 处 理	
			财 务 会 计	预 算 会 计
1	采用财政专户返还方式	实际收到或应收应上缴财政专户的事业收入时	借：银行存款/应收账款 　贷：应缴财政款	——
		向财政专户上缴款项时	借：应缴财政款 　贷：银行存款	——
		收到从财政专户返还的款项时	借：银行存款 　贷：事业收入	借：资金结存——货币资金 　贷：事业预算收入
2	采用预收款方式	实际收到款项时	借：银行存款 　贷：预收账款	借：资金结存——货币资金 　贷：事业预算收入
		按合同完成进度确认收入时	借：预收账款 　贷：事业收入	——
3	采用应收款方式	根据合同完成进度计算本期应收的款项	借：应收账款 　贷：事业收入	——
		实际收到款项时	借：银行存款 　贷：应收账款	借：资金结存——货币资金 　贷：事业预算收入

续表

序号	业务和事项内容		账务处理	
			财务会计	预算会计
4	其他方式		借：银行存款/库存现金 　贷：事业收入	借：资金结存——货币资金 　贷：事业预算收入
5	期末/年末结转	专项资金收入	借：事业收入 　贷：本期盈余	借：事业预算收入 　贷：非财政拨款结转—— 　　本年收支结转
		非专项资金收入		借：事业预算收入 　贷：其他结余

【例 9-8】 某高职学院于 2019 年 9 月 1 日收到学生 2019 学年第一学期的学费 800 000 元、住宿费 100 000 元。2019 年 9 月 30 日，学院将费用统一存入财政专户。2019 年 11 月 1 日，学院收到财政专户核拨返还的学费、住宿费 700 000 元。该学院编制有关会计分录如表 9-11 所示。

表 9-11 采用财政专户返还方式收入的会计分录

时　间	财务会计分录	预算会计分录
2019 年 9 月 1 日	借：银行存款　　　　900 000 　贷：应缴财政款——应缴财政专户款 　　　　　　　　　　900 000	不做账务处理
9 月 30 日	借：应缴财政款——应缴财政专户款 　　　　　　　　　　900 000 　贷：银行存款　　　900 000	不做账务处理
11 月 1 日	借：银行存款　　　　700 000 　贷：事业收入——财政专户返还收入 　　　　　　　　　　700 000	借：资金结存——货币资金——银行存款 　　　　　　　　　　700 000 　贷：事业预算收入——高等职业教育 700 000

【例 9-9】 某事业单位于 2019 年 3 月 1 日同红星公司签订了某项应用技术研究与开发合同，为期 1 年，共计 800 000 元。2019 年 3 月 10 日，该单位收到红星公司预付的 800 000 元。2019 年 9 月 1 日，该单位完成了该技术合同规定内容的一半，提供的技术服务获得了对方的认可，可以确认 50% 的技术服务收入。该单位编制有关会计分录如表9-12 所示。

表 9-12 采用预收款方式收入的会计分录

时　间	财务会计分录	预算会计分录
2019 年 3 月 10 日	借：银行存款　　　　800 000 　贷：预收账款——红星公司 800 000	借：资金结存——货币资金——银行存款 　　　　　　　　　　800 000 　贷：事业预算收入——红星公司——应用 　　技术研究与开发　　800 000
9 月 1 日	借：预收账款——红星公司 400 000 　贷：事业收入——科研收入 400 000	不做账务处理

二、经营收入与经营预算收入

(一) 核算内容及账户设置

▶ 1. 经营收入的核算内容及账户设置

经营收入是指事业单位在专业业务活动及其辅助活动之外开展非独立核算经营活动取得的收入。

为了核算经营收入业务，事业单位应设置"经营收入"总账科目。该科目应当按照经营活动的类别、项目和收入来源等进行明细核算。

▶ 2. 经营预算收入的核算内容及账户设置

经营预算收入是指事业单位在专业业务活动及其辅助活动之外开展非独立核算经营活动取得的现金流入。

为了核算经营预算收入业务，事业单位应设置"经营预算收入"总账科目。该科目应当按照经营活动的类别、项目，以及《政府收支分类科目》中"支出功能分类科目"的项级科目等进行明细核算。

(二) 账务处理

▶ 1. 经营收入的主要账务处理

经营收入应当在提供服务或发出存货，同时收讫价款或者取得索取价款的凭据时，按照实际收到或应收的金额予以确认。

实现经营收入时，应按照确定的收入金额，借记"银行存款""应收账款""应收票据"等科目，贷记"经营收入"科目。涉及增值税业务的，相关账务处理参见"应交增值税"科目。

期末，将本科目本期发生额转入本期盈余，借记"经营收入"科目，贷记"本期盈余"科目。

▶ 2. 经营预算收入的主要账务处理

收到经营预算收入时，应按照实际收到的金额，借记"资金结存——货币资金"科目，贷记"经营预算收入"科目。年末，将本科目本年发生额转入经营结余，借记"经营预算收入"科目，贷记"经营结余"科目。

经营收入和经营预算收入的主要账务处理如表 9-13 所示。

表 9-13　经营收入和经营预算收入的主要账务处理

序号	业务和事项内容		账务处理	
			财务会计	预算会计
1	确认经营收入时	按照确定的收入金额	借：银行存款/应收账款/应收票据 贷：经营收入	借：资金结存——货币资金（实际收到金额） 贷：经营预算收入
2	期末/年末结转		借：经营收入 贷：本期盈余	借：经营预算收入 贷：经营结余

【例 9-10】　2019 年 10 月 2 日，某研究院所属非独立核算的车队对外提供运输服务(小规模纳税人，增值税税率 3%)，收取运输服务费 2 000 元，税款 60 元，共计 2 060 元。有

关会计分录如表 9-14 所示。

表 9-14　经营收入和经营预算收入的会计分录

时　间	财务会计分录	预算会计分录
2019 年 10 月 2 日	借：银行存款　　　　　　　2 060 　贷：经营收入——车队　　　　2 000 　　　应交增值税——销项税额　　60	借：资金结存——货币资金——银行存款 　　　　　　　　　　　　　　2 060 　贷：经营预算收入　　　　　　2 060

三、投资收益与投资预算收益

（一）核算内容及账户设置

▶ 1. 投资收益的核算内容及账户设置

投资收益是指事业单位股权投资和债券投资所实现的收益或发生的损失。

为了核算投资收益业务，事业单位应设置"投资收益"总账科目。该科目应当按照投资的种类等进行明细核算。

▶ 2. 投资预算收益的核算内容及账户设置

投资预算收益是指事业单位取得的按照规定纳入部门预算管理的属于投资收益性质的现金流入，包括股权投资收益、出售或收回债券投资所取得的收益和债券投资利息收入。

为了核算投资预算收益业务，事业单位应设置"投资预算收益"总账科目。该科目应当按照《政府收支分类科目》中"支出功能分类科目"的项级科目等进行明细核算。

（二）账务处理

投资收益和投资预算收益的主要账务处理如表 9-15 所示。

表 9-15　投资收益和投资预算收益的主要账务处理

序号	业务和事项内容		账务处理	
			财务会计	预算会计
1	出售或到期收回短期债券本息		借：银行存款 　　投资收益（借差） 　贷：短期投资（成本） 　　　投资收益（贷差）	借：资金结存——货币资金（实际收到款项） 　　投资预算收益（借差） 　贷：投资支出/其他结余（投资成本） 　　　投资预算收益（贷差）
2	持有分期付息、一次还本的长期债权投资	确认应收未收利息	借：应收利息 　贷：投资收益	——
		实际收到利息时	借：银行存款 　贷：应收利息	借：资金结存——货币资金 　贷：投资预算收益
3	持有的一次还本付息的长期债权投资	计算确定的应收未收利息，增加长期债权投资的账面余额	借：长期债券投资——应计利息 　贷：投资收益	——

续表

序号	业务和事项内容		账务处理	
			财务会计	预算会计
4	出售长期债券投资或到期收回长期债券投资本息		借：银行存款 　　投资收益（借差） 　贷：长期债券投资 　　　应收利息 　　　投资收益（贷差）	借：资金结存——货币资金 　　（实际收到款项） 　　投资预算收益（借差） 　贷：投资支出/其他结余 　　　投资预算收益（贷差）
5	成本法下长期股权投资持有期间，被投资单位宣告分派利润或股利		借：应收股利 　贷：投资收益	——
			借：银行存款 　贷：应收股利	借：资金结存——货币资金 　贷：投资预算收益
6	采用权益法核算的长期股权投资持有期间	按照应享有或应分担的被投资单位实现的净损益的份额	借：长期股权投资——损益调整 　贷：投资收益（被投资单位实现净利润） 借：投资收益（被投资单位发生净亏损） 　贷：长期股权投资——损益调整	——
		收到被投资单位发放的现金股利	借：银行存款 　贷：应收利息	借：资金结存——货币资金 　贷：投资预算收益
		被投资单位发生净亏损，但以后年度有实现净利润的，按规定恢复确认投资收益	借：长期股权投资——损益调整 　贷：投资收益	——
7	期末/年末结转	投资收益为贷方余额时	借：投资收益 　贷：本期盈余	借：投资预算收益 　贷：其他结余

相关会计实务示例参见"短期投资""长期债券投资"和"长期股权投资"科目会计分录。

四、上级补助收入与上级补助预算收入

（一）核算内容及账户设置

▶ 1. 上级补助收入的核算内容及账户设置

上级补助收入是指事业单位从主管部门和上级单位取得的非财政拨款收入。

上级补助收入不同于财政拨款收入，它们之间的主要差别是：财政拨款收入源于同级财政部门，资金性质为财政资金；上级补助收入源于主管部门或上级单位，资金性质为非财政资金，如主管部门或上级单位自身组织的收入或集中下级单位的收入等。另外，财政拨款收入属于事业单位的常规性收入，是事业单位开展业务活动的基本保证；上级补助收入属于事业单位的非常规性收入，主管部门或上级单位一般根据自身资金情况和事业单位的需要，向事业单位拨付上级补助资金。

为了核算上级补助收入业务，事业单位应设置"上级补助收入"总账科目。该科目应当

按照发放补助单位、补助项目等进行明细核算。

▶ 2. 上级补助预算收入的核算内容及账户设置

上级补助预算收入是指事业单位从主管部门和上级单位取得的非财政补助现金流入。

为了核算上级补助预算收入业务，事业单位应设置"上级补助预算收入"总账科目。该科目应当按照发放补助单位、补助项目，以及《政府收支分类科目》中"支出功能分类科目"的项级科目等进行明细核算。上级补助预算收入中如有专项资金收入，还应按照具体项目进行明细核算。

（二）账务处理

▶ 1. 上级补助收入的主要账务处理

确认上级补助收入时，按照应收或实际收到的金额，借记"其他应收款""银行存款"等科目，贷记"上级补助收入"科目。实际收到应收的上级补助款时，按照实际收到的金额，借记"银行存款"等科目，贷记"其他应收款"科目。

期末，将本科目本期发生额转入本期盈余，借记"上级补助收入"科目，贷记"本期盈余"科目。

▶ 2. 上级补助预算收入的主要账务处理

收到上级补助预算收入时，按照实际收到的金额，借记"资金结存——货币资金"科目，贷记"上级补助预算收入"科目。

年末，将本科目本年发生额中的专项资金收入转入非财政拨款结转，借记本科目下各专项资金收入明细科目，贷记"非财政拨款结转——本年收支结转"科目；将本科目的非专项资金收入转入其他结余，借记"上级补助预算收入"科目下各非专项资金收入明细科目，贷记"其他结余"科目。

上级补助收入和上级补助预算收入的主要账务处理如表9-16所示。

表 9-16　上级补助收入和上级补助预算收入的主要账务处理

序号	业务和事项内容		账务处理	
			财 务 会 计	预 算 会 计
1	日常核算	确认时，按照应收或实际收到的金额	借：其他应收款/银行存款 　　贷：上级补助收入	借：资金结存——货币资金 （按照实际收到的金额） 　　贷：上级补助预算收入
		收到应收的上级补助收入时	借：银行存款 　　贷：其他应收款	
2	期末/年末结转	专项资金	借：上级补助收入 　　贷：本期盈余	借：上级补助预算收入 　　贷：非财政拨款结转—— 　　　　本年收支结转
		非专项资金		借：上级补助预算收入 　　贷：其他结余

【例 9-11】　某单位于2019年9月20日确认应收到上级补助收入200 000元，其中：专项资金收入150 000元，非专项资金收入50 000元，经查150 000元专项资金已收到。10月8日，收到上述非专项资金。该单位编制有关会计分录如表9-17所示。

表 9-17　上级补助收入和上级补助预算收入的会计分录

时　间	财务会计分录	预算会计分录
2019 年 9 月 20 日	借：其他应收款——上级补助收入 　　　　　　　　　50 000 　　　银行存款　　　150 000 　贷：上级补助收入——专项资金收入 　　　　　　　　　150 000 　　　　　——非专项资金收入 　　　　　　　　　50 000	借：资金结存——货币资金——银行存款 　　　　　　　　　150 000 　贷：上级补助预算收入——专项资金收入 　　　　　　　　　150 000
10 月 8 日	借：银行存款　　　50 000 　贷：其他应收款——上级补助收入 　　　　　　　　　50 000	借：资金结存——货币资金——银行存款 　　　　　　　　　50 000 　贷：上级补助预算收入——非专项资金收入 　　　　　　　　　50 000

五、附属单位上缴收入与附属单位上缴补助预算收入

（一）核算内容及账户设置

▶ 1. 附属单位上缴收入的核算内容及账户设置

附属单位上缴收入是指事业单位取得的附属独立核算单位按照有关规定上缴的收入。

事业单位的附属独立核算单位既可以是事业单位，也可以是企业。事业单位与其附属独立核算的事业单位通常存在行政隶属关系和预算管理关系，与其附属独立核算的企业通常不仅存在投资上的资金联系，而且存在有权任免其管理人员职务、支持或否决其经营决策等权力联系。事业单位的附属独立核算单位通常按规定的标准或比例向事业单位上缴款项，从而形成事业单位的附属单位上缴收入。

为了核算附属单位上缴收入业务，事业单位应设置"附属单位上缴收入"总账科目。该科目应当按照附属单位、缴款项目等进行明细核算。

▶ 2. 附属单位上缴预算收入的核算内容及账户设置

附属单位上缴预算收入是指事业单位取得附属独立核算单位根据有关规定上缴的现金流入。

为了核算附属单位上缴预算收入业务，事业单位应设置"附属单位上缴预算收入"总账科目。该科目应当按照附属单位、缴款项目，以及《政府收支分类科目》中"支出功能分类科目"的项级科目等进行明细核算。附属单位上缴预算收入中如有专项资金收入，还应按照具体项目进行明细核算。

（二）账务处理

▶ 1. 附属单位上缴收入的主要账务处理

确认附属单位上缴收入时，按照应收或收到的金额，借记"其他应收款""银行存款"等科目，贷记"附属单位上缴收入"科目。实际收到应收附属单位上缴款时，按照实际收到的金额，借记"银行存款"等科目，贷记"其他应收款"科目。

期末，将本科目本期发生额转入本期盈余，借记"附属单位上缴收入"科目，贷记"本期盈余"科目。

▶ 2. 附属单位上缴预算收入的主要账务处理

收到附属单位缴来款项时，按照实际收到的金额，借记"资金结存——货币资金"科目，贷记"附属单位上缴预算收入"科目。

年末，将本科目本年发生额中的专项资金收入转入非财政拨款结转，借记"附属单位上缴预算收入"科目下各专项资金收入明细科目，贷记"非财政拨款结转——本年收支结转"科目；将本科目本年发生额中的非专项资金收入转入其他结余，借记"附属单位上缴预算收入"科目下各非专项资金收入明细科目，贷记"其他结余"科目。

附属单位上缴收入和附属单位上缴预算收入的主要账务处理如表 9-18 所示。

表 9-18　附属单位上缴收入和附属单位上缴预算收入的主要账务处理

序号	业务和事项内容		账务处理	
			财务会计	预算会计
1	日常核算	确认时，按照应收或实际收到的金额	借：其他应收款/银行存款 　　贷：附属单位上缴收入	借：资金结存——货币资金 　　（按照实际收到的金额） 　　贷：附属单位上缴预算收入
		收到应收的附属单位上缴收入时	借：银行存款 　　贷：其他应收款	
2	期末/年末结转	专项资金	借：附属单位上缴收入 　　贷：本期盈余	借：附属单位上缴预算收入 　　贷：非财政拨款结转—— 　　　本年收支结转
		非专项资金		借：附属单位上缴预算收入 　　贷：其他结余

【例 9-12】 2019 年 10 月 8 日，某事业单位与 A 附属单位签订上缴协议，注明 A 单位应当于 12 月 31 日前上缴管理费 30 万元，折旧费 10 万元。协议签订当天，A 单位将 30 万元交至该单位基本存款账户。该单位编制有关会计分录如表 9-19 所示。

表 9-19　附属单位上缴收入和附属单位上缴预算收入的会计分录

时　间	财务会计分录	预算会计分录
2019 年 10 月 8 日	借：其他应收款——附属单位上缴款　10 000 　　银行存款　　　　　　　　　　300 000 　　贷：附属单位上缴收入——A 单位——折旧费 　　　　　　　　　　　　　　　300 000 　　　　　——A 单位——管理费 　　　　　　　　　　　　　　　10 000	借：资金结存——货币资金——银行存款　　　　　　　　300 000 　　贷：附属单位上缴预算收入 　　　　　　　　　　　　300 000

六、债务预算收入

（一）核算内容及账户设置

债务预算收入是指事业单位按照规定从银行和其他金融机构等借入的、纳入部门预算管理的、不以财政资金作为偿还来源的债务本金。

为了核算债务预算收入业务，事业单位应设置"债务预算收入"总账科目。该科目应当按照贷款单位、贷款种类，以及《政府收支分类科目》

微课视频 9-3
债务预算收入

中"支出功能分类科目"的项级科目等进行明细核算。债务预算收入中如有专项资金收入，还应按照具体项目进行明细核算。

（二）账务处理

借入各项短期或长期借款时，按照实际借入的金额，借记"资金结存——货币资金"科目，贷记"债务预算收入"科目。

年末，将本科目本年发生额中的专项资金收入转入非财政拨款结转，借记"债务预算收入"科目下各专项资金收入明细科目，贷记"非财政拨款结转——本年收支结转"科目；将本科目本年发生额中的非专项资金收入转入其他结余，借记"债务预算收入"科目下各非专项资金收入明细科目，贷记"其他结余"科目。

债务预算收入的主要账务处理如表 9-20 所示。

表 9-20　债务预算收入的主要账务处理

序号	业务和事项内容		账务处理	
			财务会计	预算会计
1	短期借款	借入各项短期借款	借：银行存款 　贷：短期借款	借：资金结存——货币资金 　贷：债务预算收入
		归还短期借款本金	借：短期借款 　贷：银行存款	借：债务还本支出 　贷：资金结存——货币资金
	长期借款	借入各项长期借款	借：银行存款 　贷：长期借款——本金	借：资金结存——货币资金 　贷：债务预算收入
		归还长期借款本金	借：长期借款——本金 　贷：银行存款	借：债务还本支出 　贷：资金结存——货币资金
2	期末/年末结转	债务预算收入结转 专项资金	——	借：债务预算收入 　贷：非财政拨款结转——本年收支结转
		债务预算收入结转 非专项资金	——	借：债务预算收入 　贷：其他结余
		债务还本支出结转	——	借：其他结余 　贷：债务预算支出

注意：与其他预算收入科目不同，预算会计中的"债务预算收入"科目，在财务会计中没有对应的"债务收入"科目。

【例 9-13】　2019 年 9 月 30 日，某事业单位经上级主管部门批准，从当地工商银行借入 500 万元，为期 3 年，年利率 5.2%，纳入部门预算管理，以自有资金作为偿还来源，作为单位工程项目专用。该单位编制有关会计分录如表 9-21 所示。

表 9-21　长期借款的会计分录

时　间	财务会计分录		预算会计分录	
2019 年 9 月 30 日	借：银行存款 　贷：长期借款	5 000 000 5 000 000	借：资金结存——货币资金——银行存款 　　　　　　　　　　　　　　　5 000 000 贷：债务预算收入——专项资金收入　5 000 000	

任务五　其他各项收入与其他预算收入

一、其他各项收入

其他各项收入包括捐赠收入、利息收入、租金收入和其他收入。

（一）捐赠收入

▶ 1. 核算内容及账户设置

捐赠收入是指行政事业单位接受其他单位或者个人捐赠取得的收入。

为了核算捐赠收入业务，行政事业单位应设置"捐赠收入"总账科目。该科目应当按照捐赠资产的用途和捐赠单位等进行明细核算。

▶ 2. 账务处理

捐赠收入和其他预算收入的主要账务处理如表 9-22 所示。

表 9-22　捐赠收入和其他预算收入的主要账务处理

序号	业务和事项内容		账务处理	
			财务会计	预算会计
1	接受捐赠的货币资金	按照实际收到的金额	借：银行存款/库存现金 　贷：捐赠收入	借：资金结存——货币资金 　贷：其他预算收入——捐赠预算收入
2	接受捐赠的存货、固定资产等	按照确定的成本	借：库存物品/固定资产 　贷：银行存款（相关税费支出） 　　　捐赠收入	借：其他支出（支付的相关税费等） 　贷：资金结存
		如按照名义金额入账	借：库存物品/固定资产（名义金额） 　贷：捐赠收入 借：其他费用 　贷：银行存款（相关税费支出）	借：其他支出/事业支出（支付的相关税费等） 　贷：资金结存
3	期末/年末结转	专项资金	借：捐赠收入 　贷：本期盈余	借：其他预算收入——捐赠预算收入 　贷：非财政拨款结转——本年收支结转
		非专项资金		借：其他预算收入——捐赠预算收入 　贷：其他结余

【例 9-14】　某事业单位于 2019 年 10 月 10 日收到甲公司捐赠现金 80 000 元。该单位编制有关会计分录如表 9-23 所示。

表 9-23　接受货币资金捐赠的会计分录

时　间	财务会计分录	预算会计分录
2019 年 10 月 10 日	借：银行存款　　　　80 000 　贷：捐赠收入　　　　　80 000	借：资金结存——货币资金——银行存款　80 000 　贷：其他预算收入——捐赠预算收入　　　80 000

【例 9-15】 2019 年 10 月 12 日，某事业单位接受乙公司捐赠的一台实验设备，乙公司所提供的凭据表明其价值为 120 000 元，该事业单位以银行存款支付了运输费 2 000 元。暂不考虑相关税费。该单位编制有关会计分录如表 9-24 所示。

表 9-24　接受固定资产捐赠成本确定的会计分录

时　间	财务会计分录	预算会计分录
2019 年 10 月 12 日	借：固定资产　　　　122 000 　贷：捐赠收入　　　　　120 000 　　　银行存款　　　　　　2 000	借：其他支出　　　　　　　　　　　2 000 　贷：资金结存——货币资金——银行存款　2 000

【例 9-16】 2019 年 10 月 25 日，某事业单位与 B 公司签订捐赠协议，约定 B 公司捐赠单位一批字画。该批字画没有相关凭据且未经资产评估，同类或类似资产的市场价格也无法可靠取得。当日，该单位租用车辆自 B 公司仓库将字画运输至本单位，并支付了运输费 0.3 万元。该单位编制有关会计分录如表 9-25 所示。

表 9-25　接受固定资产捐赠成本无法确定的会计分录

时　间	财务会计分录	预算会计分录
2019 年 10 月 25 日	借：固定资产　　　　　　1 　贷：捐赠收入　　　　　　　1 借：其他费用　　　　3 000 　贷：银行存款　　　　　3 000	借：事业支出　　　　　　　　　　　3 000 　贷：资金结存——货币资金——银行存款　3 000

（二）利息收入

▶ 1. 核算内容及账户设置

利息收入是指行政事业单位取得的银行存款利息。

为了核算利息收入业务，行政事业单位应设置"利息收入"总账科目。

▶ 2. 账务处理

利息收入和其他预算收入的主要账务处理如表 9-26 所示。

表 9-26　利息收入和其他预算收入的主要账务处理

序号	业务和事项内容		账务处理	
			财务会计	预算会计
1	确认银行存款利息收入	实际收到利息时	借：银行存款 　贷：利息收入	借：资金结存——货币资金 　贷：其他预算收入——利息预算收入
2	期末/年末结转		借：利息收入 　贷：本期盈余	借：其他预算收入——利息预算收入 　贷：其他结余

【例 9-17】 2019 年 12 月，某事交通局发生如下收入业务。

（1）20 日，收到银行转来第 4 季度的存款利息 16 000 元。其会计分录如表 9-27 所示。

（2）31 日，该单位将"利息收入"科目余额 16 000 元转入"本期盈余"科目。其会计分录如表 9-28 所示。

表 9-27　确认银行存款利息收入的会计分录

时　间	财务会计分录	预算会计分录
2019 年 12 月 20 日	借：银行存款　　　　16 000 　　贷：利息收入　　　　　16 000	借：资金结存——货币资金——银行存款 　　　　　　　　　　　　　　16 000 　　贷：其他预算收入——利息预算收入　　16 000

表 9-28　银行存款利息收入年末结转的会计分录

时　间	财务会计分录	预算会计分录
2019 年 12 月 31 日	借：利息收入　　　　16 000 　　贷：本期盈余　　　　16 000	借：其他预算收入——利息预算收入　16 000 　　贷：其他结余　　　　　　　　　16 000

(三) 租金收入

▶ **1. 核算内容及账户设置**

租金收入是指行政事业单位经批准利用国有资产出租取得并按照规定纳入本单位预算管理的收入。

为了核算租金收入业务，行政事业单位应设置"租金收入"总账科目。该科目应当按照出租国有资产类别和收入来源等进行明细核算。

▶ **2. 账务处理**

国有资产出租收入，应当在租赁期内各个期间按照直线法予以确认。租金收入和其他预算收入的主要账务处理如表 9-29 所示。

表 9-29　租金收入和其他预算收入的主要账务处理

序号	业务和事项内容		账务处理	
			财务会计	预算会计
1	预收租金方式	收到预付的租金时	借：银行存款 　贷：预收账款	借：资金结存——货币资金 　贷：其他预算收入——租金预算收入
		按照直线法分期确认租金收入时	借：预收账款 　贷：租金收入	——
2	后付租金方式	确认租金收入时	借：应收账款 　贷：租金收入	——
		收到租金时	借：银行存款 　贷：应收账款	借：资金结存——货币资金 　贷：其他预算收入——租金预算收入
3	分期收取租金	按期收取租金	借：银行存款 　贷：租金收入	借：资金结存——货币资金 　贷：其他预算收入——租金预算收入
4	期末/年末结转		借：租金收入 　贷：本期盈余	借：其他预算收入——租金收入 　贷：其他结余

(四) 其他收入

▶ **1. 核算内容及账户设置**

其他收入是指行政事业单位取得的除了财政拨款收入、事业收入、上级补助收入、附属单位上缴收入、经营收入、非同级财政拨款收入、投资收益、捐赠收入、利息收入、租金收入以外的各项收入，包括现金盘盈收入、按照规定纳入单位预算管理的科技成果转化收入、行政单位收回已核销的其他应收款、无法偿付的应付及预收款项、置换换出资产评估增值等。

为了核算其他收入业务，行政事业单位应设置"其他收入"总账科目。该科目应当按照其他收入的类别、来源等进行明细核算。

▶ 2. 账务处理

其他收入和其他预算收入的主要账务处理如表 9-30 所示。

表 9-30　其他收入和其他预算收入的主要账务处理

序号	业务和事项内容		账务处理	
			财务会计	预算会计
1	现金盘盈收入	属于无法查明原因的部分，报经批准后	借：待处理财产损溢 　贷：其他收入	——
2	科技成果转化收入	按照规定留归本单位的	借：银行存款 　贷：其他收入	借：资金结存——货币资金 　贷：其他预算收入
3	行政单位收回已核销的其他应收款	按期实际收回的金额	借：银行存款 　贷：其他收入	借：资金结存——货币资金 　贷：其他预算收入
4	无法偿付的应付及预收款项		借：应付账款/预收账款/其他应付款/长期应付款 　贷：其他收入	——
5	置换换出资产评估增值	按照换出资产评估价值高于资产账面价值的金额	借：有关科目 　贷：其他收入	——
6	以未入账的无形资产取得的长期股权投资	按照评估价值加相关税费	借：长期股权投资 　贷：银行存款/其他应交税费 　　（按照发生的相关税费） 　　其他收入（差额）	借：其他支出（按照发生的相关税费） 　贷：资金结存——货币资金
7	其他情况	按照应收或实际收到的金额	借：其他应收款/银行存款/库存现金 　贷：其他收入	借：资金结存——货币资金 　　（按照实际收到的金额） 　贷：其他预算收入
8	期末/年末结转	专项资金	借：其他收入 　贷：本期盈余	借：其他预算收入 　贷：非财政拨款结转——本年收支结转
		非专项资金		借：其他预算收入 　贷：其他结余

【例 9-18】　2019 年 11 月 2 日，某事业单位经批准与 C 公司签订投资合同，约定以该单位持有的一项未入账的专利技术进行投资，投资评估价格 500 万元。发生与投资合同相关的税费 10 万元。该单位编制有关会计分录如表 9-31 所示。

表 9-31　以未入账的无形资产取得的长期股权投资的会计分录

时　间	财务会计分录		预算会计分录	
2019 年 11 月 2 日	借：长期股权投资	5 100 000	借：其他支出	100 000
	贷：银行存款	100 000	贷：资金结存——货币资金——银行存款	
	其他收入	5 000 000		100 000

（五）其他预算收入

▶ 1. 核算内容及账户设置

其他预算收入是指行政事业单位除财政拨款预算收入、事业预算收入、上级补助预算收入、附属单位上缴预算收入、经营预算收入、债务预算收入、非同级财政拨款预算收入、投资预算收益之外的纳入部门预算管理的现金流入，包括捐赠预算收入、利息预算收入、租金预算收入、现金盘盈预算收入等。

为了核算其他预算收入业务，行政事业单位应设置"其他预算收入"总账科目。该科目应当按照其他收入类别，以及《政府收支分类科目》中"支出功能分类科目"的项级科目等进行明细核算。其他预算收入中如有专项资金收入，还应按照具体项目进行明细核算。单位发生的捐赠预算收入、利息预算收入、租金预算收入金额较大或业务较多的，可单独设置"捐赠预算收入""利息预算收入""租金预算收入"等科目。

▶ 2. 账务处理

接受捐赠现金资产，收到银行存款利息，收到资产承租人支付的租金时，按照实际收到的金额，借记"资金结存——货币资金"科目，贷记"其他预算收入"科目。

每日现金账款核对中如发现现金溢余，按照溢余的现金金额，借记"资金结存——货币资金"科目，贷记"其他预算收入"科目。经核实，属于应支付给有关个人和单位的部分，按照实际支付的金额，借记"其他预算收入"科目，贷记"资金结存——货币资金"科目。

收到其他预算收入时，按照收到的金额，借记"资金结存——货币资金"科目，贷记"其他预算收入"科目。

年末，将本科目本年发生额中的专项资金收入转入非财政拨款结转，借记"其他预算收入"科目下各专项资金收入明细科目，贷记"非财政拨款结转——本年收支结转"科目；将本科目本年发生额中的非专项资金收入转入其他结余，借记"其他预算收入"科目下各非专项资金收入明细科目，贷记"其他结余"科目。

┃ 在线测试 ┃

在线测试

实务技能训练

项目十　行政事业单位费用与预算支出

知识目标

1. 理解单位费用和预算收支出的概念、内容、确认和计量；
2. 掌握单位财务会计费用和预算支出的账户设置、对应关系及账务处理。

能力目标

通过完成本任务，你应该：

1. 能够熟悉和理解单位财务会计费用、预算支出的概念和内容并掌握其确认和计量的方法；
2. 能够熟练掌握单位财务会计费用和预算支出的账户设置及核算方法。

项目任务

◆任务一：费用与预算支出
◆任务二：业务活动费用与事业支出、行政支出
◆任务三：事业单位专有费用和支出
◆任务四：资产处置费用
◆任务五：其他费用与其他支出

▍任务导入▍

政府会计制度执行后，相关行业会计制度不再执行

为全面贯彻落实党的十八届三中全会提出的"建立权责发生制的政府综合财务报告制度"重大改革举措，2017年10月，财政部印发了《政府会计制度——行政事业单位会计科目和报表》（财会〔2017〕25号，以下简称《制度》），自2019年1月1日起施行。执行本制度的单位，不再执行《行政单位会计制度》《事业单位会计准则》《事业单位会计制度》《医院会计制度》《基层医疗卫生机构会计制度》《高等学校会计制度》《中小学校会计制度》《科学事业单位会计制度》《彩票机构会计制度》《地质勘查单位会计制度》《测绘事业单位会计制度》《国有林场与苗圃会计制度（暂行）》《国有建设单位会计制度》等制度。

《政府会计制度》吸取了多年来我国行政事业单位会计改革的有益经验，反映了当前政府会计改革发展的内在需要和发展方向，统一了现行各项单位会计制度。《政府会计制度》

有机整合了《行政单位会计制度》《事业单位会计制度》和医院、基层医疗卫生机构、高等学校、中小学校、科学事业单位、彩票机构、地勘单位、测绘单位、林业（苗圃）等行业事业单位会计制度的内容。会计制度的统一，大大提高了政府各部门、各单位会计信息的可比性，为合并单位、部门财务报表和逐级汇总编制部门决算奠定了坚实的制度基础。

资料来源：财政部会计司网站，[2017-11-09].

政府会计（行政事业单位会计）由财务会计和预算会计构成，相应的行政事业单位费用分为财务会计费用和预算支出。下面我们就分 5 项任务讲述行政事业单位费用的账务处理。你可以对照能力目标反复演练，有的放矢地依次完成各分项任务，直至全部任务，从而获取相应的职业能力。

任务一　费用与预算支出

一、费用与预算支出的概念及分类

（一）费用的概念与分类

费用是财务会计要素。根据《政府会计准则——基本准则》第四十五条的规定，"费用是指报告期内导致政府会计主体净资产减少的、含有服务潜力或者经济利益的经济资源的流出"。

行政事业单位的费用主要分为业务活动费用、单位管理费用、经营费用、资产处置费用、上缴上级费用、对附属单位补助费用、所得税费用和其他费用。

需要注意的是，在以上费用中业务活动费用、资产处置费用和其他费用是行政单位和事业单位共有的费用，而单位管理费用、经营费用、上缴上级费用、对附属单位补助费用和所得税费用是事业单位特有的费用。

（二）预算支出的概念与分类

预算支出是预算会计要素。按照《政府会计准则——基本准则》的规定，预算支出是指政府会计主体在预算年度内依法发生并纳入预算管理的现金流出。

行政事业单位的预算支出主要分为行政支出、事业支出、经营支出、上缴上级支出、对附属单位补助支出、投资支出、债务还本支出和其他支出。

需要注意的是，在以上预算支出中，行政支出是行政单位特有的支出，其他支出是行政单位和事业单位共有的支出，而经营支出、上缴上级支出、对附属单位补助支出、投资支出、债务还本支出是事业单位特有的支出。

二、费用与预算支出的确认

（一）费用的确认

根据《政府会计准则——基本准则》第四十六条的规定，费用的确认应当同时满足以下条件。

（1）与费用相关的含有服务潜力或者经济利益的经济资源很可能流出政府会计主体。

（2）含有服务潜力或者经济利益的经济资源流出会导致政府会计主体资产减少或者负债增加。

（3）流出金额能够可靠地计量。

（二）预算支出的确认

预算支出一般在实际支付时予以确认，以实际支付的金额计量。

三、费用与预算支出的区别和联系

对政府会计主体而言，费用与预算支出既有区别又有密切的联系。两者的区别主要体现在以下4个方面。

（一）核算基础不同

费用确认和计量的基础是权责发生制，而预算支出确认的基础是收付实现制。

（二）确认时点不同

费用在同时满足3个条件的情况下确认，而预算支出是在预算年度内政府会计主体依法取得并纳入预算管理的现金流出时确认。

（三）表现形式不同

费用的表现形式是产生经济资源的流出，既可以表现为现金的流出，也可以表现为一项未来会产生现金流出的债务，还可以表现为实物资产的价值耗损；预算支出的表现形式仅为现金流出。

（四）确认口径不同

对于政府会计主体偿还的银行借款、接受服务支付的增值税以及实际交纳的增值税等，财务会计确认为负债，不属于费用；而预算会计则确认预算支出。

从上述（一）（二）分析可以看出，由于费用和预算支出采用不同的核算基础，形成了两者的时间性差异，即在一个年度内两者确认和计量的金额大多是不同的。但从长期来看，政府会计主体发生费用和预算支出应当是一致的，比如购置固定资产时，预算会计一次性列入预算支出，财务会计以折旧的形式逐年确认直至净值为零。当然，在实际工作中大量存在满足费用确认条件，同时也满足预算支出确认条件的事项，这时两者确认的时点、金额是一致的。

从（三）（四）分析可以看出，由于费用与预算支出概念的界定，形成了两者的永久性差异，即无论时间长短，有部分可以确认为费用的事项永远无法确认为预算支出。比如政府会计主体形成所得税缴纳义务时，确认了所得税费用，但由于预算支出中没有所得税的分类，无法确认为预算支出，只能通过预算结余减少的方式进行。

任务二　业务活动费用与事业支出、行政支出

一、业务活动费用

（一）核算内容

业务活动费用是指行政事业单位为实现其职能目标，依法履职或开展专业业务活动及其辅助活动所发生的各项费用。"依法履职"是指行政单位按照国家法律法规的规定，履行赋予其承担的职责，"依法开展专业业务活动及其辅助活动"是指根据政府利用国有资产设立事业单位的

微课视频10-1
业务活动费用

目标及相应的职责,提供教育、科技、文化、卫生、医疗、环境保护等社会公共事业产品和服务的活动。

(二) 账户设置

为了核算业务活动费用业务,行政事业单位应设置"业务活动费用"总账科目。本科目应该按照项目、服务或者业务类别、支付对象等进行明细核算。为了满足成本核算需要,并便于与预算会计体系中的政府收支分类以及预算支出明细科目的协调,本科目下还可按照"工资福利费用""商品和服务费用""对个人和家庭的补助费用""对企业补助费用""固定资产折旧费""无形资产摊销费""公共基础设施折旧(摊销)费""保障性住房折旧费""计提专用基金"等成本项目设置明细科目,归集能够直接计入业务活动或采用一定方法计算后计入业务活动的费用。期末结转后,本科目应无余额。

按照现行政府会计制度的规定,事业单位本级行政及后勤管理部门开展管理活动发生的各项费用,在单独设置的"单位管理费用"总账科目中核算,不在"业务活动费用"总账科目中核算。行政单位不设置"单位管理费用"总账科目,依法履职所发生的各项费用全部在"业务活动费用"总账科目中核算。

需要注意的是,与预算支出类明细科目设置不同,财务会计下的费用类明细科目无须按照国家预算管理要求设置明细科目。也就是说,费用类明细科目不需要分为基本支出和项目支出,也不需要考虑支出功能分类。

(三) 主要账务处理

▶ 1. 计提职工薪酬

为履职或开展业务活动人员计提的薪酬,按照计算确定的金额,借记"业务活动费用"科目,贷记"应付职工薪酬"科目。

▶ 2. 发生外部人员劳务费

为了履职或开展业务活动发生的外部人员劳务费,按照计算确定的金额,借记"业务活动费用"科目,按照代扣代缴个人所得税的金额,贷记"其他应交税费——个人所得税"科目,按照扣税后应付或实际支付的金额,贷记"其他应付款""财政拨款收入""零余额账户用款额度""银行存款"等科目。

▶ 3. 领用库存物品和动用发出政府储备物资

为了履职或开展业务活动领用库存物品,以及动用发出相关政府储备物资,按照领用库存物品或发出相关政府储备物资的账面余额,借记"业务活动费用"科目,贷记"库存物品""政府储备物资"科目。

▶ 4. 计提固定资产、无形资产、公共基础设施和保障性住房折旧、摊销

为了履职或开展业务活动所使用的固定资产、无形资产以及为所控制的公共基础设施、保障性住房计提的折旧、摊销,按照计提金额,借记"业务活动费用"科目,贷记"固定资产累计折旧""无形资产累计摊销""公共基础设施累计折旧(摊销)""保障性住房累计折旧"科目。

▶ 5. 发生相关税费

为了履职或开展业务活动发生的城市维护建设税、教育费附加、地方教育费附加、车船税、房产税、城镇土地使用税等,按照计算确定应缴纳的金额,借记"业务活动费用"科

目，贷记"其他应交税费"等科目。

▶ 6. 发生其他各项费用

为了履职或开展业务活动发生其他各项费用时，按照费用确认金额，借记"业务活动费用"科目，贷记"财政拨款收入""零余额账户用款额度""银行存款""应付账款""其他应付款""其他应收款"等科目。

▶ 7. 提取专用基金

按照规定从收入中提取专用基金并计入费用的，一般按照预算会计下基于预算收入计算提取的金额，借记"业务活动费用"科目，贷记"专用基金"科目。国家另有规定的，从其规定。

▶ 8. 发生当年购货退回等业务

发生当年购货退回等业务，对于已计入本年业务活动费用的，按照收回或应收的金额借记"财政拨款收入""零余额账户用款额度""银行存款""其他应收款"等科目，贷记"业务活动费用"科目。

▶ 9. 业务活动费用的期末结账

期末，将"业务活动费用"科目本期发生额转入本期盈余，借记"本期盈余"科目，贷记"业务活动费用"科目。期末结转后，"业务活动费用"科目应无余额。

二、行政支出和事业支出

(一)行政支出和事业支出的概念

行政支出是指行政单位履行其职责实际发生的各项现金流出。行政支出是指行政单位为实现国家管理职能，完成行政任务所必须发生的各项资金支出，是行政单位组织和领导经济、政治、文化、社会和生态等各项建设，促进社会全面发展的资金保证。

事业支出是指事业单位开展专业业务活动及其辅助活动实际发生的各项现金流出。

(二)行政支出和事业支出的分类

▶ 1. 按照不同资金性质进行分类

(1)财政拨款支出，是指使用财政拨款收入发生的支出。例如，行政事业单位有一般公共预算财政拨款和政府性基金预算财政拨款等两种或两种以上财政拨款，财政拨款支出还可以区分为一般公共预算财政拨款支出和政府性基金预算财政拨款支出等种类。

(2)非财政专项资金支出，是指使用非财政专项资金收入发生的支出，例如，使用非同级财政拨款收入、捐赠收入中的专项资金收入发生的支出等。

(3)其他资金支出，是指使用除财政拨款收入、非财政专项资金收入之外的资金发生的支出，例如，使用经批准不上缴财政，没有指定专项用途，纳入单位预算管理的租金收入发生的支出等。

▶ 2. 按照部门预算管理要求进行分类

(1)基本支出，是指行政事业单位为保障机构正常运转和完成日常工作任务而发生的支出，包括人员经费支出和日常公用经费支出。其中，人员经费支出是指为保障机构正常运转和完成日常工作任务而发生的可归集到个人的各项支出，如职工工资福利支出、对个人和家庭的补助支出等。日常公用经费支出是指为保障机构正常运转和完成日常工作任务而发生的不能归集到个人的各项支出，如办公经费支出、办公设备购置支出等。

（2）项目支出，是指行政事业单位为完成特定的工作任务，在基本支出之外发生的各项支出。

从项目属性来看，行政事业单位项目支出中的项目可以包括房屋建筑物购建类项目、房租类项目、大中型修缮类项目、大型设备购置类项目、信息网络购建类项目、信息系统运行维护类项目、大型会议和培训类项目、专项课题和规划类项目、执法办案类项目、监督检查类项目、调查统计类项目、重大宣传活动类项目等。

从是否属于基建项目来看，行政事业单位项目支出中的项目可分成行政业务类项目、基本建设项目两大类。

▶ **3. 按照政府支出功能分类科目进行分类**

政府支出功能分类科目是对政府各项支出的职能作用所做的基本分类。行政事业单位的行政支出和事业支出都需要按照政府支出功能分类科目进行分类反映。行政支出和事业支出中的政府支出功能分类与财政总预算会计"一般公共预算本级支出""政府性基金预算本级支出"总账科目下设置的"支出功能分类科目"明细科目应当是一致的。具体分类参见"财政总预算会计"科目设置。

▶ **4. 按照部门预算支出经济分类科目进行的分类**

在《政府收支分类科目》中，"部门预算支出经济分类科目"是对预算单位预算支出具体经济用途的分类。行政单位的行政支出以及事业单位的事业支出在基本支出和项目支出下应当进一步按《政府收支分类科目》中的"部门预算支出经济分类科目"进行分类。按照现行《政府收支分类科目》，部门预算支出经济分类科目分设类、款二级科目，相关科目的主要设置情况如下。

（1）工资福利支出，反映行政事业单位开支的在职职工和编制外长期聘用人员的各类劳动报酬，以及为上述人员缴纳的各项社会保险费等。该类级科目分设基本工资、津贴补贴、奖金、伙食补助费、绩效工资、机关事业单位基本养老保险缴费、职业年金缴费、职工基本医疗保险缴费、公务员医疗补助缴费、其他社会保障缴费、住房公积金、医疗费和其他工资福利支出等款级科目。

（2）商品和服务支出，反映行政事业单位购买商品和服务的支出，其中不包括用于购置固定资产、战略性和应急性物资储备等资本性支出。该类级科目分设办公费、印刷费、咨询费、手续费、水费、电费、邮电费、取暖费、物业管理费、差旅费、因公出国（境）费用、维修(护)费、租赁费、会议费、培训费、公务接待费、专用材料费、被装购置费、专用燃料费、劳务费、委托业务费、工会经费、福利费、公务用车运行维护费、其他交通费用、税金及附加费用，以及其他商品和服务支出等款级科目。

（3）对个人和家庭的补助，反映政府用于对个人和家庭的补助支出。该类级科目分设离休费、退休费、退职(役)费、抚恤金、生活补助、救济费、医疗费补助、助学金、奖励金、个人农业生产补贴，以及其他对个人和家庭的补助支出等款级科目。

（4）债务利息和费用支出，反映单位的债务利息及费用支出。该类级科目分设国内债务付息、国外债务付息、国内债务发行费用、国外债务发行费用等款级科目。

（5）资本性支出，反映单位安排的资本性支出。该类级科目分设房屋建筑物购建、办公设备购置、专用设备购置、基础设施建设、大型修缮、信息网络及软件购置更新、物资储备、公务用车购置、其他交通工具购置、文物和陈列品购置、无形资产购置、土地补偿、安置补助、地上附着物和青苗补偿、拆迁补偿以及其他资本性支出等款级科目。

（6）对企业补助，反映政府对各类企业的补助支出。该类级科目分设资本金注入、政府投资基金股权投资、费用补贴、利息补贴以及其他对企业补助等款级科目。

（7）对社会保障基金补助，反映政府对社会保险基金的补助以及补充全国社会保障基金的支出。该类级科目分设对社会保险基金补助、补充全国社会保障基金两个款级科目。

（8）其他支出，反映不能划分到上述经济科目的其他支出。该类级科目分设赠与、国家赔偿费用支出等款级科目。

在以上部门预算支出经济分类科目中，绝大多数科目同时适用于行政单位和事业单位，但也有少量科目根据科目使用说明仅适用于行政单位或仅适用于事业单位，或者主要适用于行政单位或主要适用于事业单位。例如，在工资福利支出类级科目中，绩效工资款级科目反映事业单位工作人员的绩效工资，仅适用于事业单位；奖金款级科目反映按规定发放的奖金，包括机关工作人员年终一次性奖金等，主要适用于行政单位。在资本性支出类级科目中，基础设施建设款级科目反映用于农田设施、道路、铁路、桥梁、水坝和机场、车站、码头等公共基础设施建设方面的支出，主要适用于行政单位。

（三）行政支出、事业支出的账户设置

▶ 1. 行政支出总账科目的设置

行政单位应设置"行政支出"总账科目，核算行政单位履行其职责时实际发生的各项现金流出。平时，"行政支出"科目的借方余额，反映行政单位行政支出的本年累计数。年终结账时，将本科目本年发生额转入"财政拨款结转""非财政拨款结转""其他结余"科目。年终结转后，本科目应无余额。

▶ 2. 事业支出总账科目的设置

事业单位应设置"事业支出"总账科目，核算事业单位从事专业业务活动及其辅助活动时实际发生的各项现金流出。平时，"事业支出"科目的借方余额，反映事业单位事业支出的本年累计数。年终结账时，将本科目本年发生额转入"财政拨款结转""非财政拨款结转""其他结余"科目。年终结转后，本科目应无余额。

事业单位发生教育、科研、医疗、行政管理、后勤保障等活动的，可在本科目下设置相应的明细科目进行核算，或根据财政部的补充规定，分别设置"7201 教育支出""7202 科研支出""7203 医疗支出""7204 行政管理支出""7205 后勤保障支出"等总账会计科目进行核算。

▶ 3. "行政支出"和"事业支出"明细科目的设置

"行政支出"和"事业支出"科目应当分别按照"财政拨款支出""非财政专项资金支出"和"其他资金支出"，"基本支出"和"项目支出"等进行明细核算，并按照《政府收支分类科目》中"支出功能分类科目"的项级科目进行明细核算；"基本支出"和"项目支出"明细科目下应当按照《政府收支分类科目》中"部门预算支出经济分类科目"的款级科目进行明细核算，同时在"项目支出"明细科目下按照具体项目进行明细核算。

有一般公共预算财政拨款、政府性基金预算财政拨款等两种或两种以上财政拨款的行政单位，还应当在"财政拨款支出"明细科目下按照财政拨款的种类进行明细核算。详细情况如表 10-1 所示。

表 10-1　行政支出、事业支出明细科目表

总账科目	二级明细科目	三级明细科目	四级明细科目	五级明细科目	六级明细科目	七级明细科目	八级明细科目
行政支出、事业支出（教育支出、科研支出、医疗支出、行政管理支出、后勤保障支出）	财政拨款支出	一般公共预算拨款支出	支出功能分类项级科目	基本支出	部门预算支出经济分类款级科目		
				项目支出	××项目	部门预算支出经济分类款级科目	
					××项目	同上	
		政府性基金预算拨款支出	××××基金拨款	支出功能分类项级科目	基本支出	部门预算支出经济分类款级科目	
					项目支出	××项目	部门预算支出经济分类款级科目
						××项目	同上
			××××基金拨款	支出功能分类项级科目	同上	同上	同上
	非财政专项资金支出	支出功能分类项级科目	项目支出	××项目	部门预算支出经济分类款级科目		
				××项目	同上		
			项目支出	××项目	同上		
	其他资金支出	支出功能分类项级科目	基本支出	部门预算支出经济分类款级科目			
		支出功能分类项级科目	项目支出	××项目	部门预算支出经济分类款级科目		
				××项目	同上		
			项目支出	××项目	同上		

（四）行政支出和事业支出的主要账务处理

行政单位在进行履行职能的活动中，事业单位在进行专业业务活动及其辅助活动中，发生如下业务的账务处理。

（1）支付单位职工薪酬，支付单位外部人员劳务费，缴纳对职工和单位外部人员代扣代缴的个人所得税，支付购买存货、固定资产、无形资产等以及在建工程支付相关款项（包括预付账款、应付账款），支付或缴纳增值税和其他应缴税费，按照实际支付的金额，借记"行政支出"或"事业支出"总账科目及相关明细科目，根据使用资金的取得方式，贷记"财政拨款预算收入"或"资金结存"科目及其明细科目。

（2）行政事业单位支付单位职工预借差旅费、会议费等暂付款，在职工借款时不做预算会计的账务处理，在职工报销时根据原始凭证显示的实际支付金额，借记"行政支出"或

"事业支出"总账科目及其明细科目，贷记"财政拨款预算收入"或"资金结存"科目及其明细科目。

（3）单位或单位职工使用公务卡支付商品采购费用、出差差旅费等，行政事业单位向公务卡发卡银行支付单位报销的公务卡消费资金时，按照实际支付的金额，借记"行政支出"或"事业支出"总账科目及其明细科目，贷记"资金结存"科目。

（4）当行政事业单位因购货退回款项，或发生错误更正，属于当年支出收回的，按照收回金额，借记"财政拨款预算收入"或"资金结存"科目，贷记"行政支出"或"事业支出"科目。如果是退回往年款项，则不通过"行政支出"或"事业支出"科目核算。

（5）年末，将"行政支出"或"事业支出"科目本年发生额中的财政拨款支出部分转入财政拨款结转，借记"财政拨款结转——本年收支结转"科目，贷记"行政支出"或"事业支出"科目下财政拨款支出明细科目金额；将"行政支出"或"事业支出"科目发生额中非财政专项资金支出部分转入非财政拨款结转，借记"非财政拨款结转——本年收支结转"科目，贷记"行政支出"或"事业支出"科目下非财政专项资金支出明细科目；将"行政支出"或"事业支出"科目发生额中其他资金支出部分转入其他资金结转结余，借记"其他结余"科目，贷记"行政支出"或"事业支出"科目发生额中其他资金支出明细科目。

业务活动费用和行政支出、事业支出的主要账务处理如表10-2所示。

表10-2　业务活动费用和行政支出、事业支出的主要账务处理

序号	业务和事项内容		账务处理	
			财务会计	预算会计
1	为履职或开展业务活动人员计提并支付职工薪酬	计提时，按照计算的金额	借：业务活动费用 　　贷：应付职工薪酬	——
		实际支付给职工并代扣个人所得税时	借：应付职工薪酬 　　贷：财政拨款收入/零余额账户用款额度/银行存款 　　　　其他应交税费——应交个人所得税	借：事业支出/行政支出（支付给个人部分） 　　贷：财政拨款预算收入/资金结存
		实际缴纳税款时	借：其他应交税费——个人所得税 　　贷：银行存款/零余额账户用款额度	借：事业支出/行政支出（实际缴纳额） 　　贷：资金结存等
2	为履职或开展业务活动发生的外部人员劳务费	计提时，按照计算的金额	借：业务活动费用 　　贷：其他应付款	——
		实际支付给职工并代扣个人所得税时	借：其他应付款 　　贷：财政拨款收入/零余额账户用款额度/银行存款 　　　　其他应交税费——应交个人所得税	借：事业支出/行政支出（支付给个人部分） 　　贷：财政拨款预算收入/资金结存
		实际缴纳税款时	借：其他应交税费——应交个人所得税 　　贷：银行存款/零余额账户用款额度	借：事业支出/行政支出（实际缴纳额） 　　贷：资金结存等

序号	业务和事项内容			账务处理	
				财务会计	预算会计
3	为履职或开展业务活动发生的预付款项	预付账款	支付款项时	借：预付账款 　贷：财政拨款收入/零余额账户用款额度/银行存款	借：事业支出/行政支出 　贷：财政拨款预算收入/资金结存
			结算时	借：业务活动费用 　贷：预付账款 　　　财政拨款收入/零余额账户用款额度/银行存款（补付金额）	借：事业支出/行政支出 　贷：财政拨款预算收入/资金结存（补付金额）
		暂付款项	支付款项时	借：其他应收款 　贷：银行存款	——
			结算或报销时	借：业务活动费用 　贷：其他应收款	借：事业支出/行政支出 　贷：资金结存
4	为履职或开展业务活动购买资产或支付在建工程款	按照实际支付或应付的价款		借：库存物品/固定资产/无形资产/在建工程 　贷：财政拨款收入/零余额账户用款额度/银行存款/应付账款	借：事业支出/行政支出 　贷：财政拨款预算收入/资金结存
5	为履职或开展业务活动领用库存物品	按照领用库存物品的成本		借：业务活动费用 　贷：库存物品等	——
6	为履职或开展业务活动计提固定资产、无形资产、公共基础设施、保障性住房的折旧（摊销）	按照计提的折旧、摊销		借：业务活动费用 　贷：固定资产累计折旧/无形资产累计摊销/公共基础设施累计折旧（摊销）/保障性住房累计折旧	——
7	为履职或开展业务活动发生应负担的税金及附加时	确认其他应交税费时		借：业务活动费用 　贷：其他应交税费	——
		支付其他应交税费时		借：其他应交税费 　贷：银行存款	借：事业支出/行政支出 　贷：资金结存

续表

序号	业务和事项内容		账务处理	
			财务会计	预算会计
8	为履职或开展业务活动发生其他各项费用		借：业务活动费用 　贷：财政拨款收入/零余额账户用款额度/银行存款/应付账款/其他应付款	借：事业支出/行政支出（实际支付的金额） 　贷：财政拨款预算收入/资金结存
9	计提专用基金（事业单位特有）	从收入中按照一定比例提取基金并计入费用	借：业务活动费用 　贷：专用基金	——
10	购货退回等	当年发生的	借：财政拨款收入/零余额账户用款额度/银行存款/应收账款 　贷：库存物品/业务活动费用	借：财政拨款预算收入/资金结存 　贷：事业支出/行政支出
11	期末/年末结转		借：本期盈余 　贷：业务活动费用	借：财政拨款结转——本年收支结转（财政拨款支出） 非财政拨款结转——本年收支结转（非同级财政专项资金支出） 其他结余（非同级财政、非专项资金支出） 　贷：事业支出/行政支出

【例 10-1】 2019 年 11 月 3 日，某事业单位财务部门根据月工资发放表（表 10-3）计发工资。

表 10-3　某单位月工资发放表

部门	应发项目					代扣代缴项目				实发
	基本工资	津贴补贴	住房补贴	公务交通补贴	合计	养老保险	医疗保险	公积金	合计	
机关	120 000	50 000	12 000	3 000	185 000	7 200	3 600	14 400	25 200	159 800
业务	220 000	10 000	22 000	10 000	262 000	13 200	6 600	26 400	46 200	215 800
后勤	80 000	40 000	8 000	2 000	130 000	4 800	2 400	9 600	16 800	113 200
离退休	50 000	10 000			60 000					60 000
合计	470 000	110 000	42 000	15 000	637 000	25 200	12 600	50 400	88 200	548 800

该单位编制相关会计分录如表 10-4 所示。

表 10-4　开展业务活动计提职工薪酬的会计分录

时　间	财务会计分录		预算会计分录
2019 年 11 月 3 日	借：业务活动费用——工资福利费用	252 000	不做账务处理
	业务活动费用——商品和服务费用	10 000	
	单位管理费用——商品和服务费用	5 000	
	单位管理费用——对个人和家庭补助费用	60 000	
	单位管理费用——工资福利费用	310 000	
	贷：应付职工薪酬——基本工资（含离退休）	470 000	
	应付职工薪酬——国家统一规定的津贴补贴	110 000	
	应付职工薪酬——改革性补贴	42 000	
	应付职工薪酬——其他	15 000	
	同时，		
	借：应付职工薪酬——基本工资（含离退休）	88 200	
	贷：应付职工薪酬——社会保险费——养老保险	25 200	
	应付职工薪酬——社会保险费——医疗保险	12 600	
	应付职工薪酬——住房公积金	50 400	

【例 10-2】　承【例 10-1】，2019 年 11 月 4 日，该事业单位财务部门通过财政直接支付方式发放职工工资薪金，其会计分录如表 10-5 所示。

表 10-5　开展业务活动支付职工薪酬的会计分录

时　间	财务会计分录	预算会计分录
2019 年 11 月 4 日	借：应付职工薪酬——基本工资（含离 退休）　　　　　381 800 　　应付职工薪酬——国家统一规定的 津贴补贴　　　　110 000 　　应付职工薪酬——改革性补贴 　　　　　　　　　42 000 　　应付职工薪酬——其他　15 000 　贷：财政拨款收入　　　548 800	借：事业支出——基本支出——工资福利支 出——基本工资　　　　　381 800 　　事业支出——基本支出——工资福利支 出——津贴补贴　　　　　110 000 　　事业支出——基本支出——工资福利支 出——改革性补贴　　　　42 000 　　事业支出——基本支出——商品和服务支出 　　　　　　　　　　　　　5 000 　　事业支出——基本支出——对个人和家庭的 补助支出　　　　　　　　60 000 　贷：财政拨款预算收入——基本支出　548 800

【例 10-3】　2019 年 11 月 26 日，某行政单位通过政府采购方式购置一台复印机，用中央财政资金授权支付 15 000 元，复印机已运到、验收使用。该单位编制有关会计分录如表 10-6 所示。

表 10-6　开展业务活动购买资产的会计分录

时　间	财务会计分录	预算会计分录
2019 年 11 月 26 日	借：固定资产——通用设备　15 000 　贷：零余额账户用款额度　　15 000	借：行政支出——基本支出——资本性支出—— 办公设备购置　　　　　　15 000 　贷：资金结存——零余额账户用款额度　15 000

【例 10-4】　2019 年 11 月 15 日，某行政单位通过财政授权方式支付电费 26 000 元，

其中本单 20 000 元，代垫 6 000 元待向职工个人收回。该单位编制有关会计分录如表 10-7 所示。

表 10-7　开展业务活动发生其他各项费用的会计分录

时　　间	财务会计分录	预算会计分录
2019 年 11 月 23 日	借：业务活动费用——商品和服务费用—— 　　电费　　　　　　　　　　　　20 000 　　其他应收款　　　　　　　　　 6 000 　贷：零余额账户用款额度　　　　26 000	借：行政支出——基本支出——商品和服务 　　支出——电费　　　　　　　　26 000 　贷：资金结存——零余额账户用款额度 　　　　　　　　　　　　　　　　26 000

【例 10-5】　2019 年 11 月 9 日，某事业单位组织开展某项目的专家评审会，邀请有关专家 2 人参加，通过财政授权支付方式支付 2 位专家的评审费各 800 元。该单位编制有关会计分录如表 10-8 所示。

表 10-8　开展业务活动发生其他各项费用的会计分录

时　　间	财务会计分录	预算会计分录
2019 年 11 月 9 日	借：业务活动费用——商品和服务费用—— 　　劳务费　　　　　　　　　　　 1 600 　贷：零余额账户用款额度　　　　 1 600	借：事业支出——项目支出——商品和服务 　　支出——劳务费　　　　　　　 1 600 　贷：资金结存——零余额账户用款额度 　　　　　　　　　　　　　　　　 1 600

【例 10-6】　2019 年 11 月末，某事业单位按在职职工工资总额的 2% 计提工会经费 14 200 元(其中计入业务活动费用 8 200 元，单位管理费用 6 000 元)，并通过财政授权支付方式转入独立开设的工会账户。该单位编制有关会计分录如表 10-9 所示。

表 10-9　开展业务活动计提并支付工会经费的会计分录

时　　间	财务会计分录	预算会计分录
2019 年 11 月 30 日	借：业务活动费用——商品和服务费用—— 　　工会经费　　　　　　　　　　 8 200 　　单位管理费用——商品和服务费用—— 　　工会经费　　　　　　　　　　 6 000 　贷：零余额账户用款额度　　　　14 200	借：行政支出——基本支出——商品和服务 　　支出——工会经费　　　　　　14 200 　贷：资金结存——零余额账户用款额度 　　　　　　　　　　　　　　　　14 200

【例 10-7】　2019 年 11 月末，某事业单位根据固定资产折旧表(表 10-10)，计提固定资产折旧和无形资产摊销。该单位编制有关会计分录如表 10-11 所示。

表 10-10　固定资产折旧明细表　　　　　　　　　　　　　　　(单位：元)

资产类别	使用部门	资产原值	每月应计提折旧
房屋	管理部门	20 000 000	20 000
房屋	业务部门	50 000 000	50 000
设备	管理部门	8 700 000	8 700
设备	业务部门	12 000 000	12 000
合并		90 700 000	90 700

表 10-11　开展业务活动计提固定资产折旧的会计分录

时　　间	财务会计分录		预算会计分录
2019 年 11 月 30 日	借：业务活动费用——固定资产折旧	62 000	不做账务处理
	单位管理费用——固定资产折旧	28 700	
	贷：固定资产累计折旧——房屋及建筑物折旧	70 000	
	固定资产累计折旧——设备折旧	20 700	

【例 10-8】　2019 年 11 月 1 日，某事业单位按规定提取专用基金，计提基础事业预算收入 1 000 万元，计提比例 3％，计提金额 30 万元。该单位编制有关会计分录如表 10-12 所示。

表 10-12　开展业务活动计提专用基金的会计分录

时　　间	财务会计分录		预算会计分录
2019 年 11 月 1 日	借：业务活动费用——计提专用基金	300 000	不做账务处理
	贷：专用基金	300 000	

任务三　事业单位专有费用和支出

一、单位管理费用

（一）单位管理费用的核算内容及账户设置

单位管理费用是指事业单位本级行政及后勤管理部门开展管理活动发生的各项费用，包括单位行政及后勤管理部门发生的人员经费、公用经费、资产折旧(摊销)等费用，以及由单位统一负担的离退休人员经费、工会经费、诉讼费、中介费等。

为核算事业单位管理费用业务，事业单位应设置"单位管理费用"总账科目。单位管理费用应当按照项目、费用类别、支付对象等进行明细核算。

需要注意的是，与预算支出类明细科目设置不同，财务会计下费用类明细科目无须按照国家预算管理要求设置明细科目。也就是说，费用类明细科目不需要分为基本支出和项目支出，也不需要考虑支出功能分类。如果事业单位为了与预算支出做个比对，也可以在成本项目下，按照政府收支分类科目中的经济分类设置明细科目。

（二）单位管理费用的账务处理

单位管理费用的账务处理如表 10-13 所示。

表 10-13　单位管理费用的主要账务处理

序号	业务和事项内容		账务处理	
			财务会计	预算会计
1	管理活动人员职工薪酬	计提时，按照计算的金额	借：单位管理费用 　贷：应付职工薪酬	——
		实际支付给职工并代扣个人所得税时	借：应付职工薪酬 　贷：财政拨款收入/零余额账户用款额度/银行存款 　　其他应交税费——应交个人所得税	借：事业支出(支付给个人部分) 　贷：财政拨款预算收入/资金结存

序号	业务和事项内容		账务处理	
			财务会计	预算会计
		实际缴纳税款时	借：其他应交税费——应交个人所得税 贷：银行存款/零余额账户用款额度	借：事业支出（实际缴纳额） 贷：资金结存
2	为开展管理活动发生的外部人员劳务费	计提时，按照计算的金额	借：单位管理费用 贷：其他应付款	——
		实际支付给职工并代扣个人所得税时	借：其他应付款 贷：财政拨款收入/零余额账户用款额度/银行存款 其他应交税费——应交个人所得税	借：事业支出（支付给个人部分） 贷：财政拨款预算收入/资金结存
		实际缴纳税款时	借：其他应交税费——应交个人所得税 贷：银行存款/零余额账户用款额度	借：事业支出（实际缴纳额） 贷：资金结存
3	为开展管理活动发生的预付款项	预付账款 支付款项时	借：预付账款 贷：财政拨款收入/零余额账户用款额度/银行存款	借：事业支出 贷：财政拨款预算收入/资金结存
		预付账款 结算时	借：单位管理费用 贷：预付账款 财政拨款收入/零余额账户用款额度/银行存款（补付金额）	借：事业支出 贷：财政拨款预算收入/资金结存（补付金额）
		暂付款项 支付款项时	借：其他应收款 贷：银行存款	——
		暂付款项 结算或报销时	借：单位管理费用 贷：其他应收款	借：事业支出 贷：资金结存
4	为开展管理活动购买资产或支付在建工程款	按照实际支付或应付的价款	借：库存物品/固定资产/无形资产/在建工程 贷：财政拨款收入/零余额账户用款额度/银行存款/应付账款	借：事业支出 贷：财政拨款预算收入/资金结存
5	为开展管理活动领用库存物品	按照领用库存物品的成本	借：单位管理费用 贷：库存物品	
6	为开展管理活动计提固定资产、无形资产折旧（摊销）	按照计提的折旧、摊销	借：单位管理费用 贷：固定资产累计折旧/无形资产累计摊销	——

序号	业务和事项内容		账务处理	
			财务会计	预算会计
7	为开展管理活动发生应负担的税金及附加时	确认其他应交税费时	借：单位管理费用 　贷：其他应交税费	——
		支付其他应交税费时	借：其他应交税费 　贷：银行存款	借：事业支出 　贷：资金结存
8	为履职或开展业活动发生其他各项费用		借：单位管理费用 　贷：财政拨款收入/零余额账户用款额度/银行存款/应付账款/其他应付款	借：事业支出(实际支付的金额) 　贷：财政拨款预算收入/资金结存
9	购货退回等	当年发生的	借：财政拨款收入/零余额账户用款额度/银行存款/应收账款 　贷：库存物品/单位管理费用	借：财政拨款预算收入/资金结存 　贷：事业支出
10	期末/年末结转		借：本期盈余 　贷：单位管理费用	借：财政拨款结转——本年收支结转(财政拨款支出) 　非财政拨款结转——本年收支结转(非同级财政专项资金支出) 　其他结余(非同级财政、非专项资金支出) 　贷：事业支出

【例 10-9】　2019 年 11 月 23 日，某事业单位后勤部门为了维修暖气设备，从仓库里领用了 2 套备件，每套备件单价 120 元，共计 240 元，其会计分录如表 10-14 所示。

表 10-14　开展业务活动领用库存物品的会计分录

时　间	财务会计分录	预算会计分录
2019 年 11 月 23 日	借：单位管理费用——商品和服务费用——维修(护)费　　　　　　　　　　240 　贷：库存物品——材料　　　　240	不做账务处理

【例 10-10】　2019 年 11 月 5 日，某事业单位用银行存款支付水费 6 000 元，污水处理费 500 元，共计 6 500 元。该单位编制有关会计分录如表 10-15 所示。

表 10-15　开展业务活动发生其他各项费用的会计分录

时　间	财务会计分录	预算会计分录
2019 年 11 月 23 日	借：单位管理费用——商品和服务费用——水费　　　　　　　　　6 500 　贷：银行存款　　　　6 500	借：事业支出——基本支出——商品和服务支出——水费　　　6 500 　贷：资金结存——货币资金——银行存款　　　　6 500

【例 10-11】　2019 年 11 月 16 日，某事业单位机关职工李某使用公务卡购买办公用品 800 元，经审批从财政资金列支，李某办理了报销手续，尚未还公务卡款。该单位编制有

关会计分录如表 10-16 所示。

表 10-16　开展业务活动使用公务卡支付的会计分录

时　间	财务会计分录	预算会计分录
2019 年 11 月 16 日	借：单位管理费用——商品和服务费用——办公费　　800 　贷：其他应付款——待清算公务卡报销额度　　　　800	不做账务处理

【例 10-12】　2019 年 10 月 10 日，某事业单位根据经批准对外出租房屋收入情况，计算应缴纳的房产税、城镇土地使用税。其中，房产税 50 000 元，城镇土地使用税 10 000 元。11 月 9 日，该单位将税款 60 000 元交至税务机关。该单位编制有关会计分录如表 10-17 所示。

表 10-17　开展业务活动确认并支付各种税费的会计分录

时　间	财务会计分录	预算会计分录
2019 年 10 月 10 日	借：单位管理费用——商品和服务费用 　　　　　　　　　　　　　　　　60 000 　贷：其他应交税费——房产税　　50 000 　　　其他应交税费——城镇土地使用税 　　　　　　　　　　　　　　　　10 000	
11 月 9 日	借：其他应交税费——房产税　　50 000 　　　其他应交税费——城镇土地使用税 　　　　　　　　　　　　　　　　10 000 　贷：银行存款　　　　　　　　　60 000	借：事业支出——基本支出——商品和服务 　　　支出——税金及附加费用　60 000 　贷：资金结存——货币资金——银行存款 　　　　　　　　　　　　　　　　60 000

二、事业支出

"事业支出"是事业单位所特有的支出项目，已在"任务二"讲述，本部分略。

三、经营费用与经营支出

（一）核算内容及账户设置

▶ 1. 经营费用的核算内容及账户设置

经营费用是指事业单位在专业业务活动及其辅助活动之外开展非独立核算经营活动发生的各项费用。经营费用是为了扩大服务，发展事业，利用自身技术、资源等优势，在专业业务活动及其辅助活动之外开展的经营活动所发生的资金、资产的耗费。

微课视频 10-2
经营费用与
经营支出

为核算经营费用业务，事业单位应设置"经营费用"总账科目。该科目应当按照经营活动的类别、项目、支付对象等进行明细核算，为了满足成本核算需要，还可按照"工资福利费用""商品和服务费用""对个人和家庭的补助费用""固定资产折旧费""无形资产摊销费"等成本项目设置明细科目，归集能够直接计入单位经营活动或采用一定方法计算后计入单位经营活动的费用。

如果事业单位开展经营活动实行独立财务核算的，则不属于"经营费用"核算范围。

▶ 2. 经营支出的核算内容及账户设置

经营支出是指事业单位在专业业务活动及其辅助活动之外开展非独立核算经营活动发

生的现金流出。

为核算经营支出业务,事业单位应设置"经营支出"总账科目。该科目应当按照经营活动的类别、项目,以及《政府收支分类科目》中"支出功能分类科目"的项级科目和"部门预算支出经济分类科目"的款级科目等进行明细核算。

(二)账务处理

▶ 1. 经营费用的主要账务处理

(1)为经营活动人员计提的薪酬,按照计算确定的金额,借记"经营费用"科目,贷记"应付职工薪酬"科目。

(2)因开展经营活动而领用或发出库存物品,按照物品实际成本,借记"经营费用"科目,贷记"库存物品"科目。

(3)为经营活动所使用固定资产、无形资产计提的折旧、摊销,按照应提折旧、摊销额,借记"经营费用"科目,贷记"固定资产累计折旧""无形资产累计摊销"科目。

(4)因开展经营活动发生城市维护建设税、教育费附加、地方教育费附加、车船税、房产税、城镇土地使用税等,按照计算确定应缴纳的金额,借记"经营费用"科目,贷记"其他应交税费"等科目。

(5)发生与经营活动相关的其他各项费用时,按照费用确认金额,借记"经营费用"科目,贷记"银行存款""其他应付款""其他应收款"等科目。涉及增值税业务的,相关账务处理参见"应交增值税"科目。

(6)发生当年购货退回等业务,对于已计入本年经营费用的,按照收回或应收的金额,借记"银行存款""其他应收款"等科目,贷记"经营费用"科目。

(7)期末,将经营费用期发生额转入本期盈余,借记"本期盈余"科目,贷记"经营费用"科目。

▶ 2. 经营支出的主要账务处理

(1)支付经营部门职工薪酬。向职工个人支付薪酬时,按照实际的金额,借记"经营支出"科目,贷记"资金结存"科目。按照规定代扣代缴个人所得税以及代扣代缴或为职工缴纳职工社会保险费、住房公积金时,按照实际缴纳的金额,借记"经营支出"科目,贷记"资金结存"科目。

(2)为经营活动支付外部人员劳务费。按照实际支付给外部人员个人的金额,借记"经营支出"科目,贷记"资金结存"科目。按照规定代扣代缴个人所得税时,按照实际缴纳的金额,借记"经营支出"科目,贷记"资金结存"科目。

(3)在开展经营活动过程中为购买存货、固定资产、无形资产等,以及在建工程支付相关款项时,按照实际支付的金额,借记"经营支出"科目,贷记"资金结存"科目。

(4)在开展经营活动过程中发生预付账款时,按照实际支付的金额,借记"经营支出"科目,贷记"资金结存"科目。对于暂付款项,在支付款项时可不做预算会计处理,待结算或报销时,按照结算或报销的金额,借记"经营支出"科目,贷记"资金结存"科目。

(5)因开展经营活动缴纳的相关税费以及发生的其他各项支出,按照实际支付的金额,借记"经营支出"科目,贷记"资金结存"科目。

(6)在开展经营活动中因购货退回等发生款项退回,或者发生差错更正的,属于当年支出收回的,按照收回或更正金额,借记"资金结存"科目,贷记"经营支出"科目。

（7）年末，将本科目本年发生额转入经营结余，借记"经营结余"科目，贷记"经营支出"科目。

经营费用和经营支出的主要账务处理如表 10-18 所示。

表 10-18　经营费用和经营支出的主要账务处理

序号	业务和事项内容		账务处理	
			财务会计	预算会计
1	为经营活动人员支付职工薪酬	计提时，按照计算的金额	借：经营费用 　贷：应付职工薪酬	——
		实际支付给职工并代扣个人所得税时	借：应付职工薪酬 　贷：银行存款 　　其他应交税费——应交个人所得税	借：经营支出（支付给个人部分） 　贷：资金结存——货币资金
		实际缴纳税款时	借：其他应交税费——应交个人所得税 　贷：银行存款	借：经营支出（实际缴纳额） 　贷：资金结存——货币资金
2	为开展经营活动发生的预付款项	预付时，按照预付的金额	借：预付账款 　贷：银行存款	借：经营支出 　贷：资金结存——货币资金
		结算时	借：经营费用 　贷：预付账款 　　银行存款等（补付金额）	借：经营支出 　贷：资金结存——货币资金（补付金额）
3	为开展经营活动购买资产或支付在建工程款	按照实际支付或应付的价款	借：库存物品/固定资产/无形资产/在建工程 　贷：银行存款/应付账款	借：经营支出 　贷：资金结存——货币资金（按照实际支付的金额）
4	开展经营活动内部领用材料或出售发出物品等	按照实际成本	借：经营费用 　贷：库存物品	——
5	经营活动用固定资产、无形资产计提折旧（摊销）	按照计提的折旧、摊销	借：经营费用 　贷：固定资产累计折旧/无形资产累计摊销	——
6	为开展经营活动发生应负担的税金及附加	按照计算确认的应缴纳金额	借：经营费用 　贷：其他应交税费	
		实际缴纳时	借：其他应交税费 　贷：银行存款	借：经营支出 　贷：资金结存——货币资金
7	为履职或开展业活动发生其他各项费用		借：经营费用 　贷：银行存款/应付账款	借：经营支出（实际支付的金额） 　贷：资金结存——货币资金

续表

序号	业务和事项内容		账 务 处 理	
			财 务 会 计	预 算 会 计
8	购货退回等	当年发生的	借：银行存款/应收账款 　贷：库存物品/经营费用	借：资金结存——货币资金 （按照实际收到的金额） 　贷：经营支出
9	期末/年末结转		借：本期盈余 　贷：经营费用	借：经营结余 　贷：经营支出

【例 10-13】　2019 年 11 月 5 日，某事业单位为经营部门的长期外聘人员计发当月工资薪酬 74 000 元，在工资中代扣个人应缴的社会保险费 3 000 元（养老险 1 800 元，医疗保险 1 200 元）、住房公积金 2 000 元、个人所得税 1 000 元。该单位编制有关会计分录如表 10-19 所示。

表 10-19　开展经营活动计提职工薪酬的会计分录

时　间	财务会计分录	预算会计分录
2019 年 11 月 5 日	借：经营费用——工资福利费用　　　　74 000 　贷：应付职工薪酬——基本工资（含离退休费）　68 000 　　　　　　　　——养老保险费　1 800 　　　　　　　　——医疗保险费费　1 200 　　　　　　　　——住房公积金　2 000 　　　其他应交税费——应交个人所得税　1 000	不做账务处理

【例 10-14】　承【例 10-13】，当月 10 日，该单位通过银行发放经营部门外聘人员本月基本工资 68 000 元，缴纳经营部门职工本月的社保缴费 3 000 元，缴纳住房公积金 2 000 元，缴纳个人所得税 1 000 元。该单位编制有关会计分录如表 10-20 所示。

表 10-20　开展经营活动支付职工薪酬的会计分录

时　间	财务会计分录	预算会计分录
2019 年 11 月 10 日	借：应付职工薪酬——基本工资（含离退休费） 　　　　　　　　　　　　　　68 000 　　　　　　　　——养老保险费　1 800 　　　　　　　　——医疗保险费　1 200 　　　　　　　　——住房公积金　2 000 　　　其他应交税费——应交个人所得税 　　　　　　　　　　　　　　1 000 　贷：银行存款　　　　　　　74 000	借：经营支出——工资福利支出——基本工资　　68 000 　　　　　　——养老保险费 1 800 　　　　　　——医疗保险费 1 200 　　　　　　——住房公积金 2 000 　　　　　　——应交个人所得税 　　　　　　　　　　　　1 000 　贷：资金结存——货币资金——银行存款　　　　　　　74 000

【例 10-15】　2019 年 11 月 23 日，某事业单位开展经营活动取得收入 5 000 元，开出增值税普通发票，发票注明增值税税额为 150 元。同日，该单位据此计算应缴纳的城市维护建设税为 10.5 元，教育费附加为 4.5 元，地方教育费附加为 1.5 元。该单位编制有关会计分录如表 10-21 所示。

表 10-21　开展经营活动确认各种税费金额的会计分录

时　间	财务会计分录	预算会计分录
2019 年 11 月 23 日	借：银行存款　　　　　　　　　5 000 　　贷：经营收入　　　　　　　4 850 　　　　应交增值税——应交税金——销项税额　150	借：资金结存——货币资金——银行 　　存款　　　　　　　5 000 　　贷：经营预算收入　　　　　5 000
11 月 23 日	借：经营费用——商品和服务费用——税金及附加 　　费用　　　　　　　　　　16.5 　　贷：其他应交税费——应交城市维护建设税10.5 　　　　其他应交税费——应交教育费附加　　4.5 　　　　其他应交税费——应交地方教育费附加 1.5	不做账务处理

【例 10-16】　承【例 10-15】，2019 年 12 月 3 日，该单位缴纳 11 月各项税款 166.5 元。有关会计分录如表 10-22 所示。

表 10-22　开展经营活动缴纳各种税费金额的会计分录

时　间	财务会计分录	预算会计分录
2019 年 12 月 3 日	借：应交增值税——应交税金——销项税额 　　　　　　　　　　　　　150 　　其他应交税费——应交城市维护建设税 　　　　　　　　　　　　　10.5 　　其他应交税费——应交教育费附加　4.5 　　其他应交税费——应交地方教育费附加 　　　　　　　　　　　　　1.5 　　贷：银行存款　　　　　　166.5	借：经营支出——基本支出——商品和 　　服务支出——税金及附加费用 　　　　　　　　　　　166.5 　　贷：资金结存——货币资金——银行 　　　　存款　　　　　　166.5

四、上缴上级费用与上缴上级支出

(一) 核算内容及账户设置

▶ 1. 上缴上级费用的核算内容及账户设置

上缴上级费用是指事业单位按照财政部门和主管部门的规定上缴上级单位款项发生的费用。

事业单位向上级单位上缴的款项属于非财政资金，相应资金通常是事业单位自身取得的事业收入、经营收入和其他收入等。事业单位应当按照财政部门和主管部门的规定，对于取得的有关业务活动收入或其他收入，按照规定的标准或比例上缴上级单位。事业单位不可以使用其自身取得的财政拨款收入用作上缴上级单位。

上缴上级费用与附属单位上缴收入在上下级单位间的业务内容上形成对应关系，即一方为缴款方，另一方为收款方。但上缴上级费用与上级补助收入在上下级单位间的业务内容上不形成对应关系，即上缴上级费用业务的发生与上级补助收入业务的发生是相互独立的。

为了核算上缴上级费用业务，事业单位应设置"上缴上级费用"总账科目。该科目应当按照收缴款项单位、缴款项目等进行明细核算。

▶ 2. 上缴上级支出的核算内容及账户设置

上缴上级支出是指事业单位按照财政部门和主管部门的规定上缴上级单位款项发生的

现金流出。

上缴上级支出与附属单位上缴预算收入在上下级单位间的业务内容上形成对应关系，但上缴上级支出与上级补助预算收入在上下级单位间的业务内容上不形成对应关系。上缴上级支出的业务内容可参阅"上缴上级费用"的相关内容。

为了核算上缴上级支出业务，事业单位应设置"上缴上级支出"总账科目。该科目应当按照收缴款项单位、缴款项目，以及《政府收支分类科目》中"支出功能分类科目"的项级科目和"部门预算支出经济分类科目"的款级科目等进行明细核算。

（二）账务处理

▶ 1. 上缴上级费用的主要账务处理

（1）单位发生上缴上级费用的，按照实际上缴的金额或者按照规定算出应当上缴上级单位的金额，借记"上缴上级费用"科目，贷记"银行存款""其他应付款"等科目。

（2）期末，将上缴上级费用本期发生额转入本期盈余，借记"本期盈余"科目，贷记"上缴上级费用"科目。年末结账后，本科目应无余额。

▶ 2. 上缴上级支出的主要账务处理

（1）按照规定将款项上缴上级单位的，按照实际上缴的金额，借记"上缴上级支出"科目，贷记"资金结存"科目。

（2）年末，将上缴上级支出本年发生额转入其他结余，借记"其他结余"科目，贷记"上缴上级支出"科目。年末结账后，本科目应无余额。

上缴上级费用和上缴上级支出的主要账务处理如表 10-23 所示。

表 10-23　上缴上级费用和上缴上级支出的主要账务处理

序号	业务和事项内容	账务处理	
		财务会计	预算会计
1	按照实际上缴的金额或者按照规定算出应当上缴的金额	借：上缴上级费用 　贷：银行存款/其他应付款	借：上缴上级支出（实际上交的金额） 　贷：资金结存——货币资金
2	实际上交应缴的金额	借：其他应付款 　贷：银行存款	
3	期末/年末结转	借：本期盈余 　贷：上缴上级费用	借：其他结余 　贷：上缴上级支出

【例 10-17】　2019 年 11 月 8 日，某县属事业单位根据上级主管单位的有关文件规定，按事业收入的 20% 上缴主管单位统筹集中款 100 000 元，该单位由于资金周转困难，暂未上交。12 月 10 日，该单位根据资金状况，决定将该笔上缴款划出，会计人员办理了有关银行转账手续。该单位编制有关会计分录如表 10-24 所示。

表 10-24　上缴上级费用和上缴上级支出的会计分录

时　间	财务会计分录	预算会计分录
2019 年 11 月 8 日	借：上缴上级费用　　　　100 000 　贷：其他应付款　　　　　100 000	不做账务处理

续表

时 间	财务会计分录	预算会计分录
12月10日	借：其他应付款　　　　　100 000 　　贷：银行存款　　　　　　　100 000	借：上缴上级支出　　　　　100 000 　　贷：资金结存——货币资金——银行存款 　　　　　　　　　　　　　　100 000

五、对附属单位补助费用和对附属单位补助支出

（一）核算内容及账户设置

▶ 1. 对附属单位补助费用的核算内容及账户设置

对附属单位补助费用是指事业单位用财政拨款收入之外的收入对附属单位补助发生的费用。

事业单位对附属单位的补助款项属于非财政资金，通常是事业单位自身取得的事业收入、经营收入和其他收入，或者是事业单位从其他附属单位取得的附属单位上缴收入等。事业单位使用非财政资金对附属单位进行补助的目的，是支持附属单位事业更好地发展。事业单位不可以将其自身取得的财政拨款收入拨付给附属单位，作为对附属单位的补助。对附属单位补助费用与上级补助收入在上下级单位之间的业务内容上形成对应关系，但对附属单位补助费用与附属单位上缴收入在上下级单位之间的业务内容上不形成对应关系。

为了核算对附属单位补助费用业务，事业单位应设置"对附属单位补助费用"总账科目。该科目应当按照接受补助单位、补助项目等进行明细核算。

▶ 2. 对附属单位补助支出的核算内容及账户设置

对附属单位补助支出是指事业单位用财政拨款预算收入之外的收入对附属单位补助发生的现金流出。

对附属单位补助支出与上级补助预算收入在上下级单位之间的业务内容上形成对应关系，但对附属单位补助支出与附属单位上缴预算收入在上下级单位之间的业务内容上不形成对应关系。对附属单位补助支出的业务内容可参阅"对附属单位补助费用"的相关内容。

为了核算对附属单位补助支出业务，事业单位应设置"对附属单位补助支出"总账科目。该科目应当按照接受补助单位、补助项目，以及《政府收支分类科目》中"支出功能分类科目"的项级科目和"部门预算支出经济分类科目"的款级科目等进行明细核算。

（二）账务处理

▶ 1. 对附属单位补助费用的主要账务处理

（1）单位发生对附属单位补助费用的，按照实际补助的金额或者按照规定算出应当对附属单位补助的金额，借记"对附属单位补助费用"科目，贷记"银行存款""其他应付款"等科目。

（2）期末，将对附属单位补助费用本期发生额转入本期盈余，借记"本期盈余"科目，贷记"对附属单位补助费用"科目。期末结转后，本科目应无余额。

▶ 2. 对附属单位补助支出的主要账务处理

（1）发生对附属单位补助支出的，按照实际补助的金额，借记"对附属单位补助支出"科目，贷记"资金结存"科目。

（2）年末，将对附属单位补助支出本年发生额转入其他结余，借记"其他结余"科目，贷记"对附属单位补助支出"科目。年末结转后，本科目应无余额。

对附属单位补助费用和对附属单位补助支出的主要账务处理如表 10-25 所示。

表 10-25　对附属单位补助费用和对附属单位补助支出的主要账务处理

序号	业务和事项内容	账务处理	
		财务会计	预算会计
1	按照实际补助的金额或者按照规定算出应当补助的金额	借：对附属单位补助费用 　贷：银行存款/其他应付款	借：对附属单位补助支出（实际补助的金额） 　贷：资金结存——货币资金
2	实际支出应补助的金额	借：其他应付款 　贷：银行存款	
3	期末/年末结转	借：本期盈余 　贷：对附属单位补助费用	借：其他结余 　贷：对附属单位补助支出

【例 10-18】　2019 年 11 月 5 日，某事业单位集体决策，使用自有资金对附属服务中心（法人单位）进行一次性服务补贴 30 万元。11 月 25 日，该单位财务部门将 50 万元拨付至附属服务中心基本存款账户。该单位编制有关会计分录如表 10-26 所示。

表 10-26　对附属单位补助费用和对附属单位补助支出的会计分录

时间	财务会计分录	预算会计分录
2019 年 11 月 5 日	借：对附属单位补助费用　300 000 　贷：其他应付款　　　　　　300 000	不做账务处理
11 月 25 日	借：其他应付款　　500 000 　贷：银行存款　　　　500 000	借：对附属单位补助支出　　500 000 　贷：资金结存——货币资金——银行存款 　　　　　　　　　　　　　500 000

六、所得税费用

（一）核算内容及账户设置

所得税费用是反映有企业所得税缴纳义务的事业单位按规定缴纳企业所得税所形成的费用，不包括代扣代缴的个人所得税。

根据税法规定，事业单位经营活动收入扣除按税法规定的可扣除项目外，应该缴纳企业所得税。

微课视频 10-3
所得税费用

缴纳企业所得税的方式一般有核定征收和查账征收两种，一般是当年采取预缴、次年汇算清缴方式，因此，财务会计核算时应准确区分缴纳企业所得税的会计期间，对当年预缴和次年清缴的企业所得税分别处理，如需要调整上年缴纳的所得税费用，应通过"以前年度盈余调整"科目进行；而对预算会计来说，则不存在这种情况，按实际缴纳企业所得税时的现金流出作为核算依据。

为了核算所得税费用业务，事业单位应设置"所得税费用"总账科目。本科目可不设置明细科目。

（二）账务处理

（1）发生企业所得税纳税义务的，按照税法规定计算的应交税金数额，借记"所得税费用"科目,贷记"其他应交税费——应交企业所得税"科目。

(2)实际缴纳时,按照缴纳金额,借记"其他应交税费——应交企业所得税"科目,贷记"银行存款"科目。预算会计处理时,借记"非财政拨款结余——累计结余"等科目,贷记"资金结存"科目。

(3)年末,将所得税费用本年发生额转入本期盈余,借记"本期盈余"科目,贷记"所得税费用"科目。年末结转后,本科目应无余额。

【例10-19】 2019年11月30日,某事业单位按税法规定计算应交企业所得税10万元。12月5日,该单位将10万元交至税务部门。该单位编制有关会计分录如表10-27所示。

表10-27 所得税费用的会计分录

时 间	财务会计分录	预算会计分录
2019年 11月30日	借:所得税费用 100 000 贷:其他应交税费——应交企业所得税 100 000	不做账务处理
12月5日	借:其他应交税费——应交企业所得税 100 000 贷:银行存款 100 000	借:非政拨款结余——累计结余 100 000 贷:资金结存——货币资金——银行存款 100 000

七、投资支出

(一)核算内容及账户设置

投资支出是指事业单位以货币资金对外投资发生的现金流出,并不包括以非货币资金发生的对外投资,前面有关资产的章节中已阐述相关对外投资事宜。

为了核算投资支出业务,事业单位应设置"投资支出"总账科目。该科目应当按照投资类型、投资对象,以及《政府收支分类科目》中"支出功能分类科目"的项级科目和"部门预算支出经济分类科目"的款级科目等进行明细核算。

(二)账务处理

(1)以货币资金对外投资时,按照投资金额和所支付的相关税费金额的合计数,借记"投资支出"科目,贷记"资金结存"科目。

(2)出售、对外转让或到期收回本年度以货币资金取得的对外投资的,如果按规定将投资收益纳入单位预算,按照实际收到的金额,借记"资金结存"科目,按照取得投资时本科目的发生额,贷记"投资支出"科目(收回本年度投资)或"其他结余"(收回以前年度投资),按照其差额,贷记或借记"投资预算收益"科目;如果按规定将投资收益上缴财政的,按照取得投资时本科目的发生额,借记"资金结存"科目,贷记"投资支出"科目(收回本年度投资)或"其他结余"(收回以前年度投资)。

(3)年末,将投资支出本年发生额转入其他结余,借记"其他结余"科目,贷记"投资支出"科目。年末结转后,本科目应无余额。

投资支出的主要账务处理如表10-28所示。

表 10-28　投资支出的主要账务处理

序号	业务和事项内容		账务处理	
			财务会计	预算会计
1	以货币资金对外投资时		借：短期投资/长期股权投资/ 　　长期债券投资 　贷：银行存款	借：投资支出 　贷：资金结存——货币 　　　　资金
2	出售、对外转让或到期收回本年度以货币资金取得的对外投资	实际取得价款大于投资成本的	借：银行存款（实际取得或收回 　　的金额） 　贷：短期投资/长期债券投资 　　　（账面余额） 　　　应收利息（账面余额） 　　　投资收益	借：资金结存——货币资金 　贷：投资支出（投资成本） 　　　投资预算收益
		实际取得价款小于投资成本的	借：银行存款（实际取得或收回 　　的金额） 　　投资收益 　贷：短期投资/长期债券投资 　　　（账面余额） 　　　应收利息（账面余额）	借：资金结存——货币资金 　　投资预算收益 　贷：投资支出（投资成本）
3	年末结转		——	借：其他结余 　贷：投资支出

八、债务还本支出

（一）核算内容及账户设置

微课视频 10-4
债务还本支出

债务还本支出是指事业单位偿还自身承担的纳入预算管理的从金融机构举借的债务本金的现金流出。前面有关负债的章节中已阐述相关借入款项事宜。

为了核算债务还本支出业务，事业单位应设置"债务还本支出"总账科目。该科目应当按照贷款单位、贷款种类，以及《政府收支分类科目》中"支出功能分类科目"的项级科目和"部门预算支出经济分类科目"的款级科目等进行明细核算。

（二）账务处理

（1）偿还各项短期或长期借款时，按照偿还的借款本金，借记"债务还本支出"科目，贷记"资金结存"科目。

（2）年末，将债务还本支出本年发生额转入其他结余，借记"其他结余"科目，贷记"债务还本支出"科目。年末结转后，本科目应无余额。

【例 10-20】　某普通高等学校经批准从交通银行借入为期 3 年的基建专项贷款用于工程建设，还款资金由该学校自筹。2019 年 7 月 1 日，借入 1 000 万元贷款，已经存入单位银行账户；该贷款年利息率为 5.8%，每年 7 月 1 日用银行存款支付已完贷款年度利息（58万元）；3 年后该单位用非专项资金通过银行转账支付偿还的贷款本金（1 000 万元）和第 3 贷款年度的利息（58 万元）。

要求：根据上述业务，编制该单位归还贷款时进行预算会计记账的会计分录。

借：债务还本支出——高等教育   10 000 000

    其他支出——利息支出——高等教育   58 000

贷：资金结存——货币资金   10 058 000

任务四　资产处置费用

一、资产处置费用的概念

资产处置费用是指行政事业单位经批准处置资产时发生的费用，包括转销的被处置资产价值，以及在处置过程中发生的相关费用或者处置收入小于相关费用形成的净支出。资产处置的形式按照规定包括无偿调拨、出售、出让、转让、置换、对外捐赠、报废、毁损以及货币性资产损失核销等。

二、核算内容及账户设置

为了核算资产处置费用业务，行政事业单位应设置"资产处置费用"总账科目。单位在资产清查中查明的资产盘亏、毁损以及资产报废等，应当先通过"待处理财产损溢"科目进行核算，再将处理资产价值和处理净支出记入该科目。该科目应当按照处置资产的类别、资产处置的形式等进行明细核算。

短期投资、长期股权投资、长期债券投资的处置，按照相关资产科目的规定进行账务处理。

三、账务处理

(一) 不通过"待处理财产损溢"科目核算的资产处置费用

按照规定，单位在资产清查中查明的资产盘亏、毁损以及报废等以外的资产处置业务，不需要通过"待处理财产损溢"科目核算。

(1) 注销处置资产的账面价值。在报经批准处置资产时，按照处置资产的账面价值，借记"资产处置费用"科目，处置固定资产、无形资产、公共基础设施、保障性住房的，还应借记"固定资产累计折旧""无形资产累计摊销""公共基础设施累计折旧(摊销)""保障性住房累计折旧"科目，按照处置资产的账面余额，贷记"库存物品""固定资产""无形资产""公共基础设施""政府储备物资""文物文化资产""保障性住房""其他应收款""在建工程"等科目。

(2) 发生处置费用。在处置资产过程中仅发生相关费用的，按照实际发生金额，借记"资产处置费用"科目，贷记"银行存款""库存现金"等科目。

(3) 取得处置收入。在资产处置过程中，处置收入与处置费用不会同时发生。一般来说，先发生处置费用，后取得处置收入。在会计实务操作时，发生的处置费用应及时记账，计入资产处置费用。取得处置收入时，应将处置收入与处置费用进行比较，如果处置收入小于处置费用，应将处置收入全额冲减处置费用，借记"库存现金""银行存款"等科目，贷记"资产处置费用"科目，预算会计处理时，按处置净支出，借记"其他支出"等科目，贷记"资金结存"科目；如果处置收入大于处置费用，应按照处置费用的金额冲减处置费用，按照取得的处置收入，借记"库存现金""银行存款"等科目，按照处置资产过程中发生的处置费用金额，贷记"资产处置费用"科目，按照其差额，贷记"应缴财政款"等科目。

涉及增值税业务的，相关账务处理参见"应交增值税"科目。

【例10-21】　2019 年 11 月 10 日，某事业单位经上级主管部门批准，将账面原值为 40 000 元的 5 台台式计算机无偿调拨给另一事业单位，已知已提折旧 10 000 元，银行转账支付运输费用 800 元，经双方协商由调出方负责。该单位编制有关会计分录如表 10-29 所示。

表 10-29　无偿调拨资产的会计分录

时　　间	财务会计分录	预算会计分录
2019 年 11 月 10 日	借：固定资产累计折旧　　　　10 000 　　无偿调拨净资产　　　　　30 000 　　贷：固定资产——通用设备　　40 000 借：资产处置费用　　　　　　800 　　贷：银行存款　　　　　　　800	借：其他支出　　　　　　　　800 　　贷：资金结存——货币资金——银行存款 　　　　　　　　　　　　　　800

【例10-22】　2019 年 11 月 6 日，某事业单位报经批准处置一批专用设备，该批设备使用年限已超过规定年限，账面价值 2 000 000 元，已全额计提折旧。11 月 10 日，设备变卖收入 15 000 元。11 月 12 日，发生运输费 10 000 元。按规定，处置收益应上缴财政。该单位编制有关会计分录如表 10-30 所示。

表 10-30　报废资产的主要账务处理

时　　间	财务会计分录	预算会计分录
2019 年 11 月 6 日	借：固定资产累计折旧　　　2 000 000 　　贷：固定资产——专用设备　2 000 000	
11 月 10 日	借：银行存款　　　　　　　15 000 　　贷：资产处置费用　　　　15 000	不做账务处理
11 月 12 日	借：资产处置费用．　　　　10 000 　　贷：银行存款　　　　　　10 000 借：资产处置费用　　　　　5 000 　　贷：应缴财政款　　　　　5 000	

（二）通过"待处理财产损溢"科目核算的资产处置费用

按照规定，单位在资产清查中查明的资产盘亏、毁损以及报废等，需要通过"待处理财产损溢"科目核算。

（1）单位账款核对中发现的现金短缺，属于无法查明原因的，报经批准核销时，借记"资产处置费用"科目，贷记"待处理财产损溢"科目。

（2）单位资产清查过程中盘亏或者毁损及报废的存货、固定资产、无形资产、公共基础设施、政府储备物资、文物文化资产、保障性住房等，报经批准处理时，按照处理资产价值，借记"资产处置费用"科目，贷记"待处理财产损溢——待处理财产价值"科目。处理收支结清时，处理过程中所取得的收入小于所发生的相关费用的，按照相关费用减去处理收入后的净支出，借记"资产处置费用"科目，贷记"待处理财产损溢——处理净收入"科目。预算会计处理时，借记"其他支出"等科目，贷记"资金结存"。

【例10-23】　2019 年 2 月 21 日，某行政单位进行年度固定资产清查，发现一台专用设备已经遗失，无法找到。设备总价 20 万元，已计提折旧 12 万元。3 月 5 日，该单位根据清查结果上报主管部门。5 月 10 日，根据主管部门的批复进行处理。该单位编制有关会计分录如表 10-31 所示。

表 10-31　资产盘亏的会计分录

时　间	财务会计分录	预算会计分录
2019 年 2 月 21 日	借：待处理财产损溢——待处理财产价值　80 000 　　固定资产累计折旧　　　　　　　　　120 000 　贷：固定资产——专用设备　　　　　　　　200 000	不做账务处理
5 月 10 日	借：资产处置费用　　　　　　　　　　　80 000 　贷：待处理财产损溢——待处理财产价值　80 000	

任务五　其他费用与其他支出

一、核算内容及账户设置

（一）其他费用核算内容及账户设置

其他费用是指行政事业单位发生的除业务活动费用、单位管理费用、资产处置费用、上缴上级费用、附属单位补助费用、所得税费用以外的各项费用，包括利息费用、坏账损失、罚没支出、现金资产捐赠支出以及相关税费、运输费等。

为了核算其他费用业务，行政事业单位应设置"其他费用"总账科目。该科目应当按照其他费用的类别等进行明细核算。单位发生的利息费用较多的，可以单独设置"利息费用"科目。

（二）其他支出的核算内容及账户设置

其他支出是指行政事业单位除了行政支出、事业支出、经营支出、上缴上级支出、对附属单位补助支出、投资支出、债务还本支出以外的各项现金流出，包括利息支出、对外捐赠现金支出、现金盘亏损失、接受捐赠（调入）和对外捐赠（调出）非现金资产发生的税费支出、资产置换过程中发生的相关税费支出、罚没支出等。

为了核算其他支出业务，行政事业单位应设置"其他支出"总账科目。该科目应当按照其他支出的类别，"财政拨款支出""非财政专项资金支出"和"其他资金支出"，《政府收支分类科目》中"支出功能分类科目"的项级科目和"部门预算支出经济分类科目"的款级科目等进行明细核算。其他支出中如有专项资金支出，还应按照具体项目进行明细核算。

有一般公共预算财政拨款、政府性基金预算财政拨款等两种或两种以上财政拨款的事业单位，还应当在"财政拨款支出"明细科目下按照财政拨款的种类进行明细核算。

单位发生利息支出、捐赠支出等其他支出金额较大或业务较多的，可单独设置"利息支出""捐赠支出"等科目。

二、账务处理

（一）其他费用的主要账务处理

（1）利息费用是指单位向银行和非银行金融机构借贷款项而支付的利息费用。

按期计算确认借款利息费用时，按照计算确定的金额，借记"在建工程"科目或本科目，贷记"应付利息""长期借款——应计利息"科目。

（2）坏账损失是指事业单位年末对收回后不须上缴财政的应收账款和其他应收款计提坏账准备而发生的费用。

年末，事业单位按照规定对收回后不须上缴财政的应收账款和其他应收款计提坏账准备时，按照计提金额，借记"其他费用"科目，贷记"坏账准备"科目；冲减多提的坏账准备时，按照冲减金额，借记"坏账准备"科目，贷记"其他费用"科目。

（3）罚没支出是指单位违反国家法律法规或规章制度而被有关部门罚款或没收现金资产而发生的费用。

单位发生罚没支出的，按照实际缴纳或应当缴纳的金额，借记"其他费用"科目，贷记"银行存款""库存现金""其他应付款"等科目。

（4）现金资产捐赠是指单位经批准对外捐赠现金资产发生的费用。

单位对外捐赠现金资产的，按照实际捐赠的金额，借记"其他费用"科目，贷记"银行存款""库存现金"等科目。

（5）其他相关费用。单位接受捐赠（或无偿调入）以名义金额计量的存货、固定资产、无形资产，以及成本无法可靠取得的公共基础设施、文物文化资产等发生的相关税费、运输费等，按照实际支付的金额，借记"其他费用"科目，贷记"财政拨款收入""零余额账户用款额度""银行存款""库存现金"等科目。

单位发生的与受托代理资产相关的税费、运输费、保管费等，按照实际支付或应付的金额，借记"其他费用"科目，贷记"零余额账户用款额度""银行存款""库存现金""其他应付款"等科目。

（6）期末：将其他费用本期发生额转入本期盈余，借记"本期盈余"科目，贷记"其他费用"科目。期末结转后，本科目应无余额。

（二）其他支出的主要账务处理

（1）利息支出。支付银行借款利息时，按照实际支付金额，借记"其他支出"科目，贷记"资金结存"科目。

（2）对外捐赠现金资产。对外捐赠现金资产时，按照捐赠金额，借记"其他支出"科目，贷记"资金结存——货币资金"科目。

（3）现金盘亏损失。每日现金账款核对中如发现现金短缺，按照短缺的现金金额，借记"其他支出"科目，贷记"资金结存——货币资金"科目。经核实，属于应当由有关人员赔偿的，按照收到的赔偿金额，借记"资金结存——货币资金"科目，贷记"其他支出"科目。

（4）接受捐赠（无偿调入）和对外捐赠（无偿调出）非现金资产发生的税费支出。接受捐赠（无偿调入）非现金资产发生的属于捐入方（调入方）的相关税费、运输费等，以及对外捐赠（无偿调出）非现金资产发生的属于捐出方（调出方）的相关税费、运输费等，按照实际支付金额，借记"其他支出"科目，贷记"资金结存"科目。

（5）资产置换过程中发生的相关税费支出。资产置换过程中发生的相关税费，按照实际支付金额，借记"其他支出"科目，贷记"资金结存"科目。

（6）其他支出。发生罚没等其他支出时，按照实际支出金额，借记"其他支出"科目，贷记"资金结存"科目。

（7）年末，将其他支出本年发生额中的财政拨款支出转入财政拨款结转，借记"财政拨款结转——本年收支结转"科目，贷记本科目下各财政拨款支出明细科目；将其他支出本年发生额中的非财政专项资金支出转入非财政拨款结转，借记"非财政拨款结转——本年收支结转"科目，贷记本科目下各非财政专项资金支出明细科目；将其他支出本年发生额中的其他资金支出(非财政非专项资金支出)转入其他结余，借记"其他结余"科目，贷记本科目下各其他资金支出明细科目。

其他费用和其他支出的主要账务处理如表 10-32 所示。

表 10-32　其他费用和其他支出的主要账务处理

序号	业务和事项内容		账务处理	
			财务会计	预算会计
1	利息费用	计算确定借款利息费用时	借：其他费用/在建工程 　贷：应付利息/长期借款—— 　　　应计利息	——
		实际支付利息时	借：应付利息 　贷：银行存款	借：其他支出 　贷：资金结存——货币 　　　资金
2	现金资产对外捐赠		借：其他费用(按照实际捐赠的 　　金额) 　贷：银行存款/库存现金	借：其他支出 　贷：资金结存——货币 　　　资金
3	坏账损失	按照规定对应收账款和其他应收款计提坏账准备	借：其他费用 　贷：坏账准备	借：其他支出
		冲减多提的坏账准备时	借：坏账准备 　贷：其他费用	——
4	罚没支出	按照实际发生金额	借：其他费用 　贷：银行存款/库存现金/其他 　　　应付款	借：其他支出 　贷：资金结存——货币资 　　　金(实际支付金额)
5	其他相关税费、运输费等		借：其他费用 　贷：零余额账户用款额度/银 　　　行存款	借：其他支出 　贷：资金结存
6	期末/年末结转		借：本期盈余 　贷：其他费用	借：其他结余(非财政、非专 　　项资金支出) 　非财政拨款结转——本 　年收支结转(非财政专项 　资金支出) 　财政拨款结转——本年 　收支结转(财政拨款资金 　支出) 　贷：其他支出

【例 10-24】　2019 年 11 月 1 日，某县事业单位归还了半年前向银行借入的款项 100 000 元，另按协议约定支付借款利息 4 000 元。该单位编制有关会计分录如表 10-33 所示。

表 10-33　归还借款、支付利息的会计分录

时　间	财务会计分录	预算会计分录
2019 年 11 月 1 日	借：其他费用——利息费用　　　4 000 　　　短期借款　　　　　　　　100 000 　　贷：银行存款　　　　　　　　　104 000	借：债务还本支出　　　　　　　　　100 000 　　　其他支出　　　　　　　　　　　4 000 　　贷：资金结存——货币资金——银行存款 　　　　　　　　　　　　　　　　　104 000

【例 10-25】　2019 年 11 月 6 日，某事业单位对其他应收款的年末余额和对方单位的情况进行了检查，分析其可收回性，发现其中的一笔 20 000 元因有证据表明对方单位可能破产，报经批准后计提坏账准备金 20 000 元(这笔应收款项若收回后不须上缴财政，单位规定按个别认定法计提)。该单位编制有关会计分录如表 10-34 所示。

表 10-34　计提坏账准备的会计分录

时　间	财务会计分录	预算会计分录
2019 年 11 月 6 日	借：其他费用——坏账损失　　　20 000 　　贷：坏账准备　　　　　　　　　20 000	不做账务处理

【例 10-26】　2019 年 11 月 15 日，某事业单位向扶贫基金会捐赠 100 000 元，银行已划出。该单位编制有关会计分录如表 10-35 所示。

表 10-35　对外捐赠现金资产的会计分录

时　间	财务会计分录	预算会计分录
2019 年 11 月 15 日	借：其他费用——捐赠支出　　　100 000 　　贷：银行存款　　　　　　　　　100 000	借：其他支出　　　　　　　　　　　100 000 　　贷：资金结存——货币资金——银行存款 　　　　　　　　　　　　　　　　　100 000

【例 10-27】　2019 年 11 月 30 日，某事业单位接到税务机关正式通知，对该单位少缴个人所得税行为进行处罚，罚金 10 万元、滞纳金 1 万元。该单位编制有关会计分录如表 10-36 所示。

表 10-36　罚没支出的会计分录

时　间	财务会计分录	预算会计分录
2019 年 11 月 30 日	借：其他费用——罚没支出　　　110 000 　　贷：银行存款　　　　　　　　　110 000	借：其他支出　　　　　　　　　　　110 000 　　贷：资金结存——货币资金——银行存款 　　　　　　　　　　　　　　　　　110 000

┃ 在线测试 ┃

扫描封底刮刮卡　获取答题权限

在线测试

实务技能训练

项目十一　行政事业单位净资产和预算结余

知识目标

1. 理解单位净资产与预算结余的概念、内容；
2. 掌握单位净资产和预算结余的账户设置及账务处理原则。

能力目标

通过完成本任务，你应该：

1. 能够熟悉和理解单位净资产与预算结余的概念和内容；
2. 能够熟练掌握单位净资产和预算结余的账户设置及账务处理方法。

项目任务

◆ 任务一：净资产
◆ 任务二：预算结余

任务导入

高等院校应执行的政府会计准则及政府会计制度

某高等职业技术学院为市财政全额拨款的事业单位。2019 年，学院财务处依据《政府会计准则——基本准则》和存货、投资、固定资产、无形资产、公共基础设施、政府储备物资、会计调整、负债、财务报表编制和列报、社会资本合作项目等 10 项政府会计具体准则，以及《政府会计制度——行政事业单位会计科目和报表》的规定，依据《关于高等学校执行〈政府会计制度——行政事业单位 会计科目和报表〉的补充规定》《关于高等学校执行〈政府会计制度——行政事业单位会计科目和报表〉的衔接规定》，依据财政部门批复的预算办理支出，年终对净资产和预算结余进行结转处理。

任务一　净　资　产

净资产是指行政事业单位资产扣除负债后的余额。它是行政事业单位采用权责发生制基础核算资产和负债后，按照净资产的种类进行分类的结果。行政事业单位的净资产包括本期盈余、本年盈余分配、累计盈余、专用基金、权益法调整、无偿调拨净资产和以前年度盈余调整。

在行政事业单位中，净资产属于财务会计要素，预算结余属于预算会计要素。净资产和预算结余在基本概念、具体种类、确认和计量方法方面虽有一定的联系，但存在明显的区别。

一、本期盈余

本期盈余是指单位本期各项收入、费用相抵后的余额。

微课视频 11-1
本期盈余

为了核算本期盈余业务，行政事业单位应设置"本期盈余"总账科目。期末，将各类收入科目的本期发生额转入本期盈余，借记"财政拨款收入""事业收入""上级补助收入""附属单位上缴收入""经营收入""非同级财政拨款收入""投资收益""捐赠收入""利息收入""租金收入""其他收入"科目，贷记"本期盈余"科目；将各类费用科目本期发生额转入本期盈余，借记"本期盈余"科目，贷记"业务活动费用""单位管理费用""经营费用""所得税费用""资产处置费用""上缴上级费用""对附属单位补助费用"等科目。

年末，完成上述结转后，将本科目余额转入"本年盈余分配"科目，借记或贷记"本期盈余"科目，贷记或借记"本年盈余分配"科目。

本科目期末如为贷方余额，反映单位自年初至当期期末累计实现的盈余；如为借方余额，反映单位自年初至当期期末累计发生的亏损。年末结账后，本科目应无余额。

【例 11-1】　2019 年 11 月，某事业单位各类收入和费用科目的本月发生额如表 11-1 所示。

表 11-1　收入和费用科目本年发生额表　　　　　　　单位：元

收入和费用科目	本月借方发生额	本月贷方发生额
财政拨款收入		500 000
事业收入		600 000
附属单位上缴收入		20 000
经营收入		65 000
非同级财政拨款收入		15 000
投资收益		18 000
捐赠收入		12 000
利息收入		5 000
租金收入		24 000
其他收入		2 300
业务活动费用	550 000	
单位管理费用	480 000	
经营费用	55 000	
所得税费用	2 500	
资产处理费用	4 000	
对附属单位补助费用	10 000	
其他费用	4 000	
合计	1 105 500	1 261 300

11 月 30 日，该单位编制结转各类收入和费用的会计分录如下。

（1）结转本月各类收入，财务会计记账的会计分录

借：财政拨款收入		500 000
事业收入		600 000
附属单位上缴收入		20 000
经营收入		65 000
非同级财政拨款收入		15 000
投资收益		18 000
捐赠收入		12 000
利息收入		5 000
租金收入		24 000
其他收入		2 300
贷：本期盈余		1 261 300

（2）结转本月各类费用，财务会计记账的会计分录

借：本期盈余		1 105 500
贷：业务活动费用		550 000
单位管理费用		480 000
经营费用		55 000
所得税费用		2 500
资产处置费用		4 000
对附属单位补助费用		10 000
其他费用		4 000

二、本年盈余分配

本年盈余分配是指行政事业单位对本年度实现的盈余按照有关规定进行的分配。

为核算本年盈余分配业务，行政事业单位应设置"本年盈余分配"总账科目。

微课视频 11-2
本年盈余分配

年末，将"本期盈余"科目余额转入本科目，借记或贷记"本期盈余"科目，贷记或借记"本年盈余分配"科目。

年末，根据有关规定从本年度非财政拨款结余或经营结余中提取专用基金的，按照预算会计下计算的提取金额，借记"本年盈余分配"科目，贷记"专用基金"科目。预算会计处理时，借记"非财政拨款结余分配"科目，贷记"专用结余"科目。

年末，按照规定完成上述两项处理后，将本科目余额转入累计盈余，借记或贷记本科目，贷记或借记"累计盈余"科目。年末结账后，本科目应无余额。

【例 11-2】 2019 年 12 月 31 日，某事业单位完成各类收入和费用的结转后，"本期盈余"科目的贷方余额为 600 000 元。按规定从本年度非财政拨款结余中提取职工福利基金 120 000 元，从经营结余中提取职工福利基金 30 000 元。

（1）年末将"本期盈余"科目余额转入"本年盈余分配"科目

借：本期盈余　　　　　　　　　　　　　　　　　　　600 000

　　贷：本年盈余分配　　　　　　　　　　　　　　　　　600 000

（2）按规定提取职工福利基金

借：本年盈余分配　　　　　　　　　　　　　　　　　150 000

　　贷：专用基金——职工福利基金　　　　　　　　　　150 000

同时，编制预算会计记账分录：

借：非财政拨款结余分配　　　　　　　　　　　　　　150 000

　　贷：专用结余　　　　　　　　　　　　　　　　　　150 000

（3）年末将"本年盈余分配"科目余额转入"累计盈余"科目

借：本年盈余分配　　　　　　　　　　　　　　　　　450 000

　　贷：累计盈余　　　　　　　　　　　　　　　　　　450 000

三、累计盈余

（一）累计盈余的概念及账户设置

累计盈余是指行政事业单位历年实现的盈余扣除盈余分配后滚存的
金额，以及因无偿调入调出资产产生的净资产变动额。

微课视频 11-3
累计盈余

为了核算累计盈余业务，行政事业单位应设置"累计盈余"总账科
目。按照规定上缴、缴回、单位间调剂结转结余资金产生的净资产变动
额，以及对以前年度盈余的调整金额，也通过该科目核算。本科目年末余额，反映单位未
分配盈余（或未弥补亏损）以及无偿调拨净资产变动的累计数。

（二）账务处理

▶ 1. 结转本年盈余分配

年末，将"本年盈余分配"科目的余额转入"累计盈余"，借记或贷记"本年盈余分配"科
目，贷记或借记"累计盈余"科目。

▶ 2. 结转无偿调拨净资产

年末，将"无偿调拨净资产"科目的余额转入"累计盈余"，借记或贷记"无偿调拨净资
产"科目，贷记或借记"累计盈余"科目。

▶ 3. 结转财政拨款及其他资金的结转结余

按照规定上缴财政拨款结转结余、缴回非财政拨款结转资金、向其他单位调出财政拨
款结转资金时，按照实际上缴、缴回、调出金额，借记"累计盈余"科目，贷记"财政应返
还额度""零余额账户用款额度""银行存款"等科目。预算会计处理时，借记"财政拨款结
转""财政拨款结余""非财政拨款结转"科目，贷记"资金结存——零余额账户用款额度、货
币资金、财政应返还额度"科目等。

按照规定从其他单位调入财政拨款结转资金时，按照实际调入金额，借记"零余额账
户用款额度""银行存款"等科目，贷记"累计盈余"科目。预算会计处理时，借记"资金结
存"科目，贷记"财政拨款结转——归集调入"科目。

▶ 4. 结转以前年度盈余调整

按照对以前年度盈余的调整金额，借记或贷记"以前年度盈余调整"科目，贷记或借记

"累计盈余"科目。

▶ 5. 结转专用基金

按照规定使用专用基金购置固定资产、无形资产的，按照固定资产、无形资产成本金额，借记"固定资产""无形资产"科目，贷记"银行存款"等科目。预算会计处理时，借记"专用结余"，贷记"资金结存——货币资金"科目；同时，按照专用基金使用金额，借记"专用基金"科目，贷记"累计盈余"科目。

【例 11-3】 2019 年 12 月 31 日，某行政单位有关科目余额如下："本年盈余分配"科目贷方余额为 320 000 元，"无偿调拨净资产"科目贷方余额为 53 000 元，"以前年度盈余调整"科目借方余额为 3 000 元。该行政单位进行相关结转。该单位编制有关会计分录如表11-2 所示。

表 11-2　结转累计盈余的会计分录

时　间	财务会计分录		预算会计分录
2019 年 12 月 31 日	借：本年盈余分配 　　无偿调拨净资产 　贷：累计盈余 借：累计盈余 　贷：以前年度盈余调整	320 000 53 000 373 000 3 000 3 000	不做账务处理

【例 11-4】 某行政单位按规定上缴财政拨款结余资金 6 000 元，具体通过上缴财政授权支付额度的方式完成。该单位编制有关会计分录如表 11-3 所示。

表 11-3　上缴财政拨款结余资金的会计分录

时　间	财务会计分录		预算会计分录	
2019 年 12 月 31 日	借：累计盈余 　贷：零余额账户用款额度	6 000 6 000	借：财政拨款结余 　贷：资金结存——零余额账户用款额度	6 000 6 000

【例 11-5】 2019 年 12 月 17 日，某事业单位对非财政拨款专项结转资金各项目情况进行分析，乙项目已经完成，结余的 50 000 元按照规定缴回，当日以银行存款实际缴回这笔资金。该单位编制有关会计分录如表 11-4 所示。

表 11-4　上缴结转资金的会计分录

时　间	财务会计分录		预算会计分录	
2019 年 12 月 17 日	借：累计盈余 　贷：银行存款	50 000 50 000	借：非财政拨款结转 　贷：资金结存——货币资金——银行存款	6 000 6 000

四、专用基金

(一) 专用基金概述

专用基金是指事业单位按照规定提取或设置的具有专门用途的净资产，主要包括职工福利基金、科技成果转化基金等。

▶ 1. 职工福利基金

职工福利基金是指按照非财政拨款结余或经营结余的一定比例提取，以及按照其他规定提取转入，用于单位职工的集体福利设施、集体福利待遇等的资金。

根据财政部 2012 年《关于事业单位提取专用基金比例问题的通知》的规定，"事业单位职工福利基金的提取比例，在单位年度非财政拨款结余的 40％ 以内确定。国家另有规定的，从其规定"。

▶ 2. 住房基金

住房基金是指按国家政策法规和财务制度的规定，由国家财政和行政事业单位共同筹集，用于行政事业单位住房制度改革和住房建设的专项基金。

▶ 3. 修购基金

修购基金是指按照事业收入和经营收入的一定比例提取，并按照规在相应的购置和修缮科目中列支(各列 50％)，以及按照其他规定转入，用于事业单位固定资产维修和购置的资金。事业收入和经营收入较少的事业单位可以不提取修购基金，实行固定资产折旧的事业单位不提取修购基金。

▶ 4. 科技成果转化基金

科技成果转化基金是指科学事业单位从事业收入中提取，在事业支出的相关科目中列支，以及在经营收支结余中提取转入，用于科技成果转化的资金。事业收入和经营收支结余较少的单位可以不提取科技成果转化基金。

▶ 5. 医疗风险基金

医疗风险基金是指医院和基层医疗卫生机构等按国家相关制度的规定提取并列入费用的专门用于支付医疗风险保险或医疗事故赔偿的资金。

▶ 6. 奖励基金

奖励基金是指基层医疗卫生机构在年度终了对核定任务完成情况进行绩效考核合格后，按照业务收支结余的一定比例提取，由基层医疗卫生机构结合绩效工资的实施，用于职工绩效考核奖励的资金。

▶ 7. 其他专用基金

其他专用基金是指按照其他有关规定提取或者设置的专用资金。

《事业单位财务规则》第三十四条规定："各项基金的提取比例和管理办法，国家有统一规定的，按照统一规定执行；没有统一规定的，由主管部门会同同级财政部门确定。"

(二) 专用基金的账户设置

为核算专用基金业务，事业单位应设置"专用基金"总账科目。该科目应当按照专用基金的类别进行明细核算。该科目贷方登记提取或设置的专用基金，借方登记实际使用的专用基金。该科目期末贷方余额，反映事业单位累计提取或设置的尚未使用的专用基金。

(三) 专用基金的账务处理

▶ 1. 形成专用基金

(1) 从本年度非财政拨款结余或经营结余中提取。年末，根据有关规定从本年度非财政拨款结余或经营结余中提取专用基金的，按照预算会计下计算的提取金额，借记"本年盈余分配"科目，贷记"专用基金"科目。预算会计处理时，借记"非财政拨款结余分配"科目，贷记"专用结余"科目。

（2）从收入中提取。根据有关规定从收入中提取专用基金并计入费用的，一般按照预算会计下基于预算收入计算提取的金额，借记"业务活动费用"等科目，贷记"专用基金"科目。

（3）按规定设置。根据有关规定设置的其他专用基金，按照实际收到的基金金额，借记"银行存款"等科目，贷记"专用基金"科目。

▶ 2. 使用专用基金

按照规定使用提取的专用基金时，借记"专用基金"科目，贷记"银行存款"等科目。使用提取的专用基金购置固定资产、无形资产的，按照固定资产、无形资产的成本金额，借记"固定资产""无形资产"科目，贷记"银行存款"等科目；同时，按照专用基金使用金额，借记"专用基金"科目，贷记"累计盈余"科目。

预算会计处理时，使用从收入中提取并列入费用的专用基金时，借记"事业支出"等科目，贷记"资金结存"科目；使用从非财政拨款结余中提取的专用基金时，借记"专用结余"，贷记"资金结存"科目。

【例 11-6】 某事业单位于 2019 年事业收入达 600 万元，经营收入达 80 万元，按照规定提取修购基金，提取比例为 5%。该单位编制有关会计分录如表 11-5 所示。

表 11-5　从收入中提取专用基金的会计分录

时　　间	财务会计分录		预算会计分录
2019 年 12 月 31 日	借：业务活动费用 　　经营费用 　贷：专用基金——修购基金	300 000 40 000 340 000	不做账务处理

【例 11-7】 某事业单位于 2019 年年终分配，非财政拨款结余总额为 300 000 元，按照结余的 40% 提取职工福利基金。该单位编制有关会计分录如表 11-6 所示。

表 11-6　从本年度非财政拨款结余中提取专用基金的会计分录

时　　间	财务会计分录		预算会计分录	
2019 年 12 月 31 日	借：本年盈余分配——提取职工福利基金 　　　　　　　　　　　　　　120 000 　贷：专用基金——职工福利基金　120 000		借：非财政拨款结余分配　　　　120 000 　贷：专用结余——职工福利基金　120 000	

【例 11-8】 2019 年 12 月 15 日，某事业单位使用修购基金购入一台专用设备，取得增值税普通发票，价税款合计 113 000 元；当日收到设备投入使用，并以财政授权支付方式支付款项。该单位编制有关会计分录如表 11-7 所示。

表 11-7　使用专用基金的会计分录

时　　间	财务会计分录		预算会计分录	
2019 年 12 月 31 日	借：固定资产 　贷：零余额账户用款额度 借：专用基金——修购基金 　贷：累计盈余	113 000 113 000 113 000 113 000	借：事业支出 　贷：资金结存——零余额账户用款额度 　　　　　　　　　　　113 000	113 000

需要注意的是，行政单位没有专用基金业务。

五、权益法调整

(一)权益法调整的概念及账户设置

权益法调整是指事业单位持有的长期股权投资采用权益法核算时,按照被投资单位除了净损益和利润分配以外的所有者权益变动份额调整长期股权投资账面余额而计入净资产的金额。

为了核算权益法调整业务,事业单位应设置"权益法调整"总账科目。该科目应当按照被投资单位进行明细核算。本科目年末余额,反映事业单位在被投资单位除了净损益和利润分配以外的所有者权益变动中累积享有(或分担)的份额。

(二)权益法调整的账务处理

年末,按照被投资单位除了净损益和利润分配以外的所有者权益变动应享有(或应分担)的份额,借记或贷记"长期股权投资——其他权益变动"科目,贷记或借记"权益法调整"科目。

采用权益法核算的长期股权投资,因被投资单位除了净损益和利润分配以外的所有者权益变动而将应享有(或应分担)的份额计入单位净资产的,处置该项投资时,按照原计入净资产的相应部分金额,借记或贷记"权益法调整"科目,贷记或借记"投资收益"科目。

"权益法调整"科目的账务处理举例可参阅"长期股权投资"的相应内容,此处不再重复举例说明。

六、以前年度盈余调整

(一)以前年度盈余调整的概念及账户设置

以前年度盈余调整是指行政事业单位本年度由于发生了需要调整以前年度盈余的事项,从而对以前年度的盈余数额及其他相关项目的数额进行的调整。其中,本年度发生的需要调整以前年度盈余的事项包括本年度发生的重要前期差错更正涉及调整以前年度盈余的事项等。

为了核算以前年度盈余调整业务,行政事业单位应设置"以前年度盈余调整"总账科目。该科目贷方登记调整增加的以前年度盈余和结转已调整减少的金额,借方登记调整减少的以前年度盈余和结转已调整增加的金额,年末结转后无余额。

(二)以前年度盈余调整的账务处理

调整增加以前年度收入时,按照调整增加的金额,借记有关科目,贷记"以前年度盈余调整"科目。调整减少的,做相反会计分录。

调整增加以前年度费用时,按照调整增加的金额,借记"以前年度盈余调整"科目,贷记有关科目。调整减少的,做相反会计分录。

盘盈的各种以前年度非流动资产,报经批准后处理时,借记"待处理财产损溢"科目,贷记"以前年度盈余调整"科目。

经上述调整后,应将本科目的余额转入累计盈余,借记或贷记"累计盈余"科目,贷记或借记"以前年度盈余调整"科目。

【例11-9】 2020年3月6日,税务部门税务稽查时发现,某事业单位2019年度经营支出中存在假发票20 000元,责令其调账并做纳税调整,该单位通知责任部门和责任人追索正规票据,并暂时由责任人赔偿。3月10日补交增值税2 600元(增值税税率13%,为计算简便不考虑附加)、补交所得税5 000元(所得税税率25%)。该单位编制有关会计分录如表 11-8 所示。

表 11-8　以前年度盈余调整的会计分录

时间	财务会计分录	预算会计分录
2020 年 3 月 6 日	借：其他应收款——××人　　20 000 　贷：以前年度盈余调整　　　　20 000 借：以前年度盈余调整　　　7 600 　贷：应交增值税　　　　　　　2 600 　　　其他应交税费——应交企业所得税 5 000	不做账务处理
3 月 10 日	借：应交增值税　　　　　　2 600 　　其他应交税费——应交企业所得税 5 000 　贷：银行存款　　　　　　　　7 600	借：非财政拨款结余——年初余额调整 　　　　　　　　　　　　　7 600 　贷：资金结存——货币资金——银行 　　　存款　　　　　　　　7 600

【例 11-10】　2020 年 3 月 25 日，某事业单位的内部审计处对本单位的会计核算工作进行审计，发现上年度 12 月购入一台办公设备，取得的增值税普通发票上注明价税款合计为 72 000 元，款项已通过银行存款支付，设备于当月投入使用，预计使用年限 6 年，按年限平均法计提折旧。财务处从当年 1 月起对该设备按月计提折旧 1 000 元。

按财务制度的规定，事业单位当月增加的固定资产当月就应提取折旧，而该单位上年度 12 月并未对该设备计提折旧，账务处理不正确，本月应编制如表 11-9 所示的会计分录进行调整。

表 11-9　以前年度盈余调整的会计分录

时间	财务会计分录	预算会计分录
2020 年 3 月 25 日	借：以前年度盈余调整　　　1 000 　贷：固定资产累计折旧　　　　1 000	不做账务处理

【例 11-11】　2019 年 12 月 3 日，某事业单位年终结算前进行资产盘点，盘盈专用设备一台，按照重置成本确认资产价值 52 000 元，2020 年 3 月 1 日，盘盈资产经批准入账。该单位编制有关会计分录如表 11-10 所示。

表 11-10　以前年度盈余调整的会计分录

时间	财务会计分录	预算会计分录
2019 年 12 月 3 日	借：固定资产　　　　　　　52 000 　贷：待处理财产损溢——固定资产　52 000	不做账务处理
2020 年 3 月 1 日	借：待处理财产损溢——固定资产 52 000 　贷：以前年度盈余调整　　　　52 000	不做账务处理

【例 11-12】　2020 年 3 月末，结转本月以前年度盈余调整 38 600（52 000－12 400－1 000），其会计分录如表 11-11 所示。

表 11-11　以前年度盈余调整的会计分录

时间	财务会计分录	预算会计分录
2020 年 3 月 31 日	借：以前年度盈余调整　　　38 600 　贷：累计盈余　　　　　　　　38 600	不做账务处理

七、无偿调拨净资产

（一）无偿调拨净资产的概念及账户设置

无偿调拨净资产是指行政事业单位无偿调入或调出非现金资产所引起的净资产增减变动。

微课视频 11-4
无偿调拨净资产

为了核算无偿调拨净资产业务，行政事业单位应设置"无偿调拨净资产"总账科目。本科目贷方登记无偿调入的非现金资产和结转调出的非现金资产，借方登记无偿调出的非现金资产和结转调入的非现金资产，年末结转后无余额。

（二）无偿调拨净资产的账务处理

按照规定取得无偿调入的存货、长期股权投资、固定资产、无形资产、公共基础设施、政府储备物资、文物文化资产、保障性住房等，按照确定的成本，借记"库存物品""长期股权投资""固定资产""无形资产""公共基础设施""政府储备物资""文物文化资产""保障性住房"等科目，按照调入过程中发生的归属调入方的相关费用，贷记"零余额账户用款额度""银行存款"等科目，按照其差额，贷记"无偿调拨净资产"科目。预算会计处理时，按照发生的归属调入方的相关费用，借记"其他支出"科目，贷记"资金结存"等科目。

按照规定经批准无偿调出存货、长期股权投资、固定资产、无形资产、公共基础设施、政府储备物资、文物文化资产、保障性住房等，按照调出资产的账面余额或账面价值，借记"无偿调拨净资产"科目，按照固定资产累计折旧、无形资产累计摊销、公共基础设施累计折旧或摊销、保障性住房累计折旧的金额，借记"固定资产累计折旧""无形资产累计摊销""公共基础设施累计折旧（摊销）""保障性住房累计折旧"科目，按照调出资产的账面余额，贷记"库存物品""长期股权投资""固定资产""无形资产""公共基础设施""政储备物资""文物文化资产""保障性住房"等科目；同时，按照调出过程中发生的归属调出方的相关费用，借记"资产处置费用"科目，贷记"零余额账户用款额度""银行存款"等科目。预算会计处理时，借记"其他支出"科目，贷记"资金结存"等科目。

年末，将本科目余额转入累计盈余，借记或贷记"无偿调拨净资产"科目，贷记或借记"累计盈余"科目。

【例 11-13】 2019 年 12 月 20 日，经相关部门批准甲行政单位从乙行政单位无偿调入一台专用设备，收到的票据上注明该设备的价值为 376 000 元（原价 400 000 元，已提折旧 24 000 元）；当日收到该设备且不须安装直接投入使用；甲单位以银行存款向运输公司支付运费 10 900 元，取得增值税普通发票。不考虑其他因素。分别编制甲单位、乙单位相关的会计分录，如表 11-12、表 11-13 所示。

表 11-12　甲单位无偿调拨净资产的会计分录

时　间	财务会计分录		预算会计分录	
2019 年 12 月 20 日	借：固定资产	386 900	借：其他支出	10 900
	贷：无偿调拨净资产	376 000	贷：资金结存——货币资金——银行存款	
	银行存款	10 900		10 900
2020 年 12 月 31 日	借：无偿调拨净资产	376 000	不做账务处理	
	贷：累计盈余	376 000		

表 11-13　乙单位无偿调拨净资产的会计分录

时　间	财务会计分录		预算会计分录
2019 年 12 月 20 日	借：无偿调拨净资产 　　固定资产累计折旧 　贷：固定资产	376 000 24 000 400 000	不做账务处理
2020 年 12 月 31 日	借：累计盈余 　贷：无偿调拨净资产	376 000 376 000	不做账务处理

任务二　预 算 结 余

预算结余是指行政事业单位预算收入减去预算支出后的余额。它是行政事业单位采用收付实现制基础核算预算收入和预算支出后，按照预算结余的种类进行分类的结果。行政事业单位的预算结余包括资金结存、财政拨款结转、财政拨款结余、非财政拨款结转、非财政拨款结余、专用结余、经营结余、其他结余等种类。

一、资金结存

（一）资金结存的概念及账户设置

资金结存是指行政事业单位纳入部门预算管理的资金结存数额，包括结存的零余额账户用款额度、货币资金和财政应返还额度等。

为了核算资金结存业务，行政事业单位应设置"资金结存"总账科目。该科目核算单位纳入部门预算管理的资金的流入、流出、调整和滚存等情况。该科目应当设置下列明细科目。

▶ 1."零余额账户用款额度"

本明细科目核算实行国库集中支付的单位根据财政部门批复的用款计划收到和支用的零余额账户用款额度。年末结账后，本明细科目应无余额。

▶ 2."货币资金"

本明细科目核算单位以库存现金、银行存款、其他货币资金形态存在的资金。本明细科目年末借方余额，反映单位尚未使用的货币资金。

▶ 3."财政应返还额度"

本明细科目核算实行国库集中支付的单位可以使用的以前年度财政直接支付资金额度和财政应返还的财政授权支付资金额度。本明细科目下可设置"财政直接支付""财政授权支付"两个明细科目进行明细核算。本明细科目年末借方余额，反映单位应收财政返还的资金额度。

（二）资金结存的账务处理

▶ 1.资金流入的账务处理

资金流入的经济业务及事项，一般借记"资金结存"科目，贷记相关的预算会计科目。同时按财务会计分录，借记"库存现金""银行存款""其他货币资金""零余额账户用款额度"，以及"财政应返还额度"等科目，贷记相关科目。

1）取得预算收入

在财政授权支付方式下，单位根据代理银行转来的财政授权支付额度到账通知书，按照通知书中的授权支付额度，借记"资金结存"科目（零余额账户用款额度），贷记"财政拨款预算收入"科目。

以国库集中支付以外的其他支付方式取得预算收入时，按照实际收到的金额，借记"资金结存"科目（货币资金），贷记"财政拨款预算收入""事业预算收入""经营预算收入"等科目。

【例11-14】 2019 年 3 月 2 日，某事业单位收到代理银行转来的《财政授权支付额度到账通知书》，通知书中所列的财政授权支付额度为 80 000 元。该单位编制有关会计分录如表 11-14 所示。

表 11-14　资金结存的会计分录

时　　间	财务会计分录	预算会计分录
2019 年 3 月 2 日	借：零余额账户用款额度　　　80 000 　　贷：财政拨款收入　　　　　　80 000	借：资金结存——零余额账户用款额度 　　　　　　　　　　　　　　80 000 　　贷：财政拨款预算收入　　80 000

2）收到调入的财政拨款结转资金

收到从其他单位调入的财政拨款结转资金的，按照实际调入资金数额，借记"资金结存"科目（财政应返还额度、零余额账户用款额度、货币资金），贷记"财政拨款结转——归集调入"科目。

【例11-15】 2019 年 11 月 4 日，某事业单位按照规定从其他单位调入财政拨款结转资金 20 000 元，收到相应数额的财政授权支付额度。该单位编制有关会计分录如表 11-15 所示。

表 11-15　资金结存的会计分录

时　　间	财务会计分录	预算会计分录
2019 年 11 月 4 日	借：零余额账户用款额度　　　20 000 　　贷：累计盈余　　　　　　　　20 000	借：资金结存——零余额账户用款额度 　　　　　　　　　　　　　　20 000 　　贷：财政拨款结转——归集调入　20 000

3）购货退回、差错更正退回

因购货退回、发生差错更正等退回国库直接支付、授权支付款项，或者收回货币资金的，属于本年度支付的，借记"财政拨款预算收入"科目或本科目（零余额账户用款额度、货币资金），贷记相关支出科目；属于以前年度支付的，借记"资金结存"科目（财政应返还额度、零余额账户用款额度、货币资金），贷记"财政拨款结转""财政拨款结余""非财政拨款结转""非财政拨款结余"科目。

【例11-16】 2019 年 4 月 25 日，某事业单位因货品质量问题退回一批当年购入的货品 720 元，该批货品在购入时已计入本年业务活动费用和事业支出，退货款项已收到并增加单位零余额账户用款额度。该事业单位应编制会计分录如表 11-16 所示。

表 11-16　因购货退回的会计分录

时　间	财务会计分录		预算会计分录	
2019 年 4 月 25 日	借：零余额账户用款额度	720	借：资金结存——零余额账户用款额度	720
	贷：业务活动费用	720	贷：事业支出	720

4）年末，确认未下达的财政用款额度

年末，根据本年度财政直接支付预算指标数与当年财政直接支付实际支出数的差额，借记"资金结存"科目（财政应返还额度），贷记"财政拨款预算收入"科目。

本年度财政授权支付预算指标数大于零余额账户用款额度下达数的，根据未下达的用款额度，借记"资金结存"科目（财政应返还额度），贷记"财政拨款预算收入"科目。

▶ **2.资金流出的账务处理**

1）发生预算支出

在财政授权支付方式下，发生相关支出时，按照实际支付的金额，借记"行政支出""事业支出"等科目，贷记"资金结存"科目（零余额账户用款额度）。从零余额账户提取现金时，借记"资金结存"科目（货币资金），贷记"资金结存"科目（零余额账户用款额度）。退回现金时，做相反会计分录。使用以前年度财政直接支付额度发生支出时，按照实际支付金额，借记"行政支出""事业支出"等科目，贷记"资金结存"科目（财政应返还额度）。在国库集中支付以外的其他支付方式下，发生相关支出时，按照实际支付的金额，借记"事业支出""经营支出"等科目，贷记"资金结存"科目（货币资金）。

按照规定使用提取的专用基金支付相关项目时，按照实际支付金额，借记"专用结余"科目（从非财政拨款结余中提取的专用基金）或"事业支出"等科目（从预算收入中计提的专用基金），贷记"资金结存"科目（货币资金）。

【例 11-17】　2019 年 5 月 26 日，某行政单位在开展业务活动过程中通过财政授权支付方式购入一项不需要安装的固定资产，实际支付价款为 16 000 元。该行政单位应编制如表 11-17 所示的会计分录。

表 11-17　购入不需要安装的固定资产的会计分录

时　间	财务会计分录		预算会计分录	
2019 年 5 月 26 日	借：固定资产	16 000	借：行政支出	16 000
	贷：零余额账户用款额度	16 000	贷：资金结存——零余额账户用款额度	16 000

【例 11-18】　2019 年 6 月 3 日，某事业单位按照规定使用从预算收入中提取的专用基金购置一项固定资产，款项合计 9 600 元通过银行存款账户支付。购置的固定资产用于开展专业业务活动及其辅助活动。该事业单位应编制如表 11-18 所示的会计分录。

表 11-18　用基金购置固定资产的会计分录

时　间	财务会计分录		预算会计分录	
2019 年 6 月 3 日	借：固定资产	9 600	借：事业支出	9 600
	贷：银行存款	9 600	贷：资金结存——货币资金——银行存款	
	借：专用基金——修购基金	9 600		9 600
	贷：累计盈余	9 600		

2）上缴或缴回资金

按照规定上缴财政拨款结转结余资金或注销财政拨款结转结余资金额度的，按照实际上缴资金数额或注销的资金额度数额，借记"财政拨款结转——归集上缴"或"财政拨款结余——归集上缴"科目，贷记"资金结存"科目（财政应返还额度、零余额账户用款额度、货币资金）。

按规定向原资金拨入单位缴回非财政拨款结转资金的，按照实际缴回资金数额，借记"非财政拨款结转——缴回资金"科目，贷记"资金结存"科目（货币资金）。

【例11-19】　2019年5月7日，某事业单位按照规定缴回非财政拨款结转资金30 000元，该事业单位应编制如表11-19所示的会计分录。

表11-19　缴回非财政拨款结转资金的会计分录

时　间	财务会计分录	预算会计分录
2019年5月7日	借：累计盈余　　　　　　30 000 　　贷：银行存款　　　　　　30 000	借：非财政拨款结转——缴回资金　30 000 　　贷：资金结存——货币资金——银行存款 　　　　　　　　　　　　　　　30 000

3）缴纳所得税

有企业所得税缴纳义务的事业单位缴纳所得税时，按照实际缴纳金额，借记"非财政拨款结余——累计结余"科目，贷记"资金结存"科目（货币资金）。

【例11-20】　2019年1月15日，经汇算清缴，某事业单位实际缴纳上年企业所得税13 000元。该单位应编制如表11-20所示的会计分录。

表11-20　缴纳所得税的会计分录

时　间	财务会计分录	预算会计分录
2019年1月15日	借：其他应交税费——应交企业所得税 　　　　　　　　　　　　　13 000 　　贷：银行存款　　　　　　13 000	借：非财政拨款结余——累计结余　13 000 　　贷：资金结存——货币资金——银行存款 　　　　　　　　　　　　　　　13 000

▶ **3. 资金形式转换的账务处理**

资金形式转换的事项仅涉及"资金结存"明细科目之间的结转。

1）零余额账户用款额度注销

年末，单位依据代理银行提供的对账单做注销额度的相关账务处理，借记"资金结存"科目（财政应返还额度），贷记"资金结存"科目（零余额账户用款额度）。

2）下年初零余额账户用款额度恢复或收到未下达零余额账户用款额度

下年初，单位依据代理银行提供的额度恢复到账通知书做恢复额度的相关账务处理，借记"资金结存"科目（零余额账户用款额度），贷记"资金结存"科目（财政应返还额度）。单位收到财政部门批复的上年末未下达零余额账户用款额度的，借记"资金结存"科目（零余额账户用款额度），贷记"资金结存"科目（财政应返还额度）。

注意上年末未下达的财政直接支付用款额度，因为不需要通过零余额账户支付，因此不再转入"零余额账户用款额度"。下年使用上年度未下达的财政直接支付用款额度时，直接借记支付项目相关科目，贷"财政应返还额度"科目。

【例11-21】　2019年4月18日，某事业单位本年度财政下达的基本支出授权支付预算指标数 7 000 000 元，已全部下达零余额账户，年度内授权支付的实际支付数 6 800 000 元。该单位应编制如表 11-21 所示的会计分录。

表 11-21　年末注销零余额账户用款额度的会计分录

时　　间	财务会计分录	预算会计分录
2019 年 12 月 31 日	年末注销零余额账户用款额度： 借：财政应返还额度——财政授权支付 　　　　　　　　　　　　　　200 000 　　贷：零余额账户用款额度　　200 000	年末注销零余额账户用款额度： 借：资金结存——财政应返还额度 　　　　　　　　　　　　　　200 000 　　贷：资金结存——零余额账户用款额度 　　　　　　　　　　　　　　200 000

二、财政拨款结转

微课视频 11-5
财政拨款结转

（一）财政拨款结转的概念及账户设置

财政拨款结转是指行政事业单位当年预算已执行但尚未完成，或因故未执行，下一年度需要按照原用途继续使用的财政拨款滚存资金。财政拨款结转包括基本支出结转和项目支出结转两大类。

为了核算单位取得的同级财政拨款结转资金的调整、结转和滚存情况，行政事业单位应设置"财政拨款结转"总账科目。年末贷方余额，反映财政拨款结转资金年末的累计余额。

在"财政拨款结转"总账科目下，应当设置下列明细科目。

▶ 1. 与会计差错更正、以前年度支出收回相关的明细科目

"年初余额调整"明细科目核算因发生会计差错更正、以前年度支出收回等原因，需要调整财政拨款结转的金额。年末结账后，本明细科目应无余额。

▶ 2. 与财政拨款调拨业务相关的明细科目

"归集调入"明细科目核算按照规定从其他单位调入财政拨款结转资金时，实际调增的额度数额或调入的资金数额。年末结账后，本明细科目应无余额。

"归集调出"明细科目核算按照规定向其他单位调出财政拨款结转资金时，实际调减的额度数额或调出的资金数额。年末结账后，本明细科目应无余额。

"归集上缴"明细科目核算按照规定上缴财政拨款结转资金时，实际核销的额度数额或上缴的资金数额。年末结账后，本明细科目应无余额。

"单位内部调剂"明细科目核算经财政部门批准对财政拨款结余资金改变用途，调整用于本单位其他未完成项目等的调整金额。年末结账后，本明细科目应无余额。

▶ 3. 与年末财政拨款结转业务相关的明细科目

"本年收支结转"明细科目核算单位本年度财政拨款收支相抵后的余额。年末结账后，本明细科目应无余额。

"累计结转"明细科目核算单位滚存的财政拨款结转资金。本明细科目年末贷方余额，反映单位财政拨款滚存的结转资金数额。

本科目还应当设置"基本支出结转""项目支出结转"两个明细科目，并在"基本支出结转"明细科目下按照"人员经费""日常公用经费"进行明细核算，在"项目支出结转"明细科

目下按照具体项目进行明细核算；同时，本科目还应按照《政府收支分类科目》中"支出功能分类科目"的相关科目进行明细核算。

如果行政事业单位使用的财政拨款包括两个以上的财政预算资金，那么由于行政事业单位的财政拨款结转要和财政部门的财政预算对接，单位在进行财政拨款结转核算时，首先要按照一般公共预算拨款结转、政府性基金预算拨款结转等分别设置二级明细科目，其他的明细科目层级随之下移。财政拨款结转的会计科目设置举例如表 11-22 所示。

表 11-22　财政拨款结转明细科目表

总 账 科 目	二级明细科目	三级明细科目	四级明细科目	五级明细科目
财政拨款结转	年初余额调整	支出功能分类	基本支出结转	人员经费
				日常公用经费
			项目支出结转	××项目
				××项目

"归集调入、归集调出、归集上缴、单位内部调剂、本年收支结转、累计结转"二级科目下的明细科目设置与表 11-22 中"年初余额调整"的设置方法相同。

（二）财政拨款结转的账务处理

▶ **1. 与会计差错更正、以前年度支出收回相关的账务处理**

1）会计差错更正

因发生会计差错更正退回以前年度国库直接支付、授权支付款项或财政性货币资金，或者因发生会计差错更正增加以前年度国库直接支付、授权支付支出或财政性货币资金支出，属于以前年度财政拨款结转资金的，借记或贷记"资金结存——财政应返还额度、零余额账户用款额度、货币资金"科目，贷记或借记"财政拨款结转"科目（年初余额调整）。财务会计处理时，借记或贷记"零余额账户用款额度""银行存款"等科目，贷记或借记"以前年度盈余调整"科目。

【例 11-22】某行政单位于 2018 年发生一项业务活动费用 200 元，因工作失误，付款时误付为 2 000 元，款项已通过财政授权支付方式支付。2019 年时，发现这一会计差错，经协商于 3 月 20 日对方单位退回 1 800 元。该单位应编制如表 11-23 所示的会计分录。

表 11-23　会计差错更正的会计分录

时　　间	财 务 会 计 分 录	预 算 会 计 分 录
2019 年 3 月 20 日	借：零余额账户用款额度　　　1 800 　　贷：以前年度损益调整　　　　1 800	借：资金结存——零余额账户用款额度 1 800 　　贷：财政拨款结转——年初余额调整　1 800

2）以前年度支出收回

因购货退回、预付款项收回等发生以前年度支出又收回国库直接支付、授权支付款项或收回财政性货币资金，属于以前年度财政拨款结转资金的，借记"资金结存——财政应返还额度、零余额账户用款额度、货币资金"科目，贷记"财政拨款结转"科目（年初余额调整）。财务会计处理时，借记"以前年度盈余调整"科目，贷记"零余额账户用款额度""银行存款"等科目。

【例 11-23】某事业单位于 2018 年因订购货品发生预付账款 6 000 元，款项已通过财政授权支付方式支付。由于订购的货品未按时收到，该事业单位于 2019 年 6 月 14 日收回了上一会计年度的全部预付账款 7 000 元，款项已转入单位零余额账户。该项资金属于 2018 年财政拨款结转资金。该单位编制有关会计分录如表 11-24 所示。

表 11-24 以前年度支出收回的会计分录

时　间	财务会计分录	预算会计分录
2019 年 6 月 14 日	借：零余额账户用款额度　　6 000 　　贷：预付账款　　　　　　　6 000	借：资金结存——零余额账户用款额度 6 000 　　贷：财政拨款结转——年初余额调整　6 000

▶ **2. 与财政拨款结转结余资金调整业务相关的账务处理**

1）归集调入

按照规定从其他单位调入财政拨款结转资金的，按照实际调增的额度数额或调入的资金数额，借记"资金结存——财政应返还额度、零余额账户用款额度、货币资金"科目，贷记"财政拨款结转"科目（归集调入）。财务会计处理时，借记"财政应返还额度""零余额账户用款额度""银行存款"科目，贷记"累计盈余"科目。

2）归集调出

按照规定向其他单位调出财政拨款结转资金的，按照实际调减的额度数额或调出的资金数额，借记"财政拨款结转"科目（归集调出），贷记"资金结存——财政应返还额度、零余额账户用款额度、货币资金"科目。财务会计处理时，借记"累计盈余"，贷记"财政应返还额度""零余额账户用款额度""银行存款"科目。

3）归集上缴

按照规定上缴财政拨款结转资金或注销财政拨款结转资金额度的，按照实际上缴资金数额或注销的资金额度数额，借记"财政拨款结转"科目（归集上缴），贷记"资金结存——财政应返还额度、零余额账户用款额度、货币资金"科目。财务会计处理时，借记"累计盈余"，贷记"财政应返还额度""零余额账户用款额度""银行存款"科目。

4）单位内部调剂

经财政部门批准对财政拨款结余资金改变用途，调整用于本单位基本支出或其他未完成项目支出的，按照批准调剂的金额，借记"财政拨款结余——单位内部调剂"科目，贷记"财政拨款结转"科目（单位内部调剂）。

【例 11-24】 2019 年 7 月 20 日，某事业单位经财政部门批准对财政拨款结余资金改变用途，调整用于本单位其他未完成项目，批准的调剂金额为 7 600 元。该事业单位应编制如表 11-25 所示的会计分录。

表 11-25 单位内部调剂的会计分录

时　间	财务会计分录	预算会计分录
2019 年 7 月 20 日	不做账务处理	借：财政拨款结余——单位内部调剂　7 600 　　贷：财政拨款结转——单位内部调剂　　7 600

▶ **3. 与年末财政拨款结转和结余业务相关的账务处理**

1）本年财政拨款预算收支结转

年末，将财政拨款预算收入本年发生额转入本科目，借记"财政拨款预算收入"科目，贷记"财政拨款结转"科目（本年收支结转）；将各项支出中财政拨款支出本年发生额转入本科目，借记"财政拨款结转"科目（本年收支结转），贷记各项支出（财政拨款支出）科目。

【例 11-25】　2019 年年末，某事业单位"财政拨款预算收入"科目和各项支出中财政拨款支出科目的本年发生额如表 11-26 所示。

表 11-26　财政拨款预算收入和财政拨款支出本年发生额　　　　单位：元

财政拨款预算收入和财政拨款支出科目	本年借方发生额	本年贷方发生额
财政拨款预算收入		7 230 000
事业支出——财政拨款支出	7 120 000	
其他支出——财政拨款支出	30 000	
合计	7 150 000	7 230 000

根据表 11-26，该事业单位应编制如表 11-27 所示的会计分录。

表 11-27　本年财政拨款预算收支结转的会计分录

时　间	财务会计分录	预算会计分录
2019 年 12 月 31 日	不做账务处理	借：财政拨款预算收入　　　　7 230 000 　　贷：财政拨款结转——本年收支结转 7 230 000 借：财政拨款结转——本年收支结转 　　　　　　　　　　　　　　7 150 000 　　贷：事业支出——财政拨款支出　7 120 000 　　　　其他支出——财政拨款支出　　30 000

2）冲销有关明细科目余额

年末冲销有关明细科目余额，将本科目（本年收支结转、年初余额调整、归集调入、归集调出、归集上缴、单位内部调剂）余额转入本科目（累计结转）。结转后，本科目除了"累计结转"明细科目外，其他明细科目应无余额。

【例 11-26】　承【例 11-23】【例 11-24】【例 11-25】，2019 年年末，某事业单位编制冲销"财政拨款结转"有关明细科目余额，编制如表 11-28 所示的会计分录。

表 11-28　冲销"财政拨款结转"的会计分录

时　间	财务会计分录	预算会计分录
2019 年 12 月 31 日	不做账务处理	借：财政拨款结转——本年收支结转　　80 000 　　　　　　　　——单位内部调剂　　7 600 　　　　　　　　——年初余额调整　　6 000 　　贷：财政拨款结转——累计结转　　93 600

3）财政拨款结转余额按规定转财政拨款结余

年末完成上述结转后，应当对财政拨款结转各明细项目执行情况进行分析，按照有关规定将符合财政拨款结余性质的项目余额转入财政拨款结余，借记"财政拨款结转"科目（累计结转），贷记"财政拨款结余——结转转入"科目。

【例 11-27】　承前例，2019 年年末，某事业单位"财政拨款结转——累计结转"科目贷方余额为 93 600 元，经对各明细项目执行情况进行分析，其中，按照有关规定符合财政拨款结余性质的项目余额为 8 400 元，将其转入财政拨款结余。该事业单位应编制如表 11-29 所示的会计分录。

表 11-29 财政拨款结转余额转财政拨款结余的会计分录

时　间	财务会计分录	预算会计分录
2019 年 12 月 31 日	不做账务处理	借：财政拨款结转——累计结转　　　　　　8 400 　　贷：财政拨款结余——结转转入　　　　　　8 400

三、财政拨款结余

（一）财政拨款结余的概念及账户设置

财政拨款结余是指行政事业单位取得的同级财政拨款项目支出结余资金。财政拨款结余的形成原因是行政事业单位当年项目支出预算目标已经完成，或因故终止。行政事业单位的基本支出应当结转下期使用，没有结余资金。

微课视频 11-6
财政拨款结余

为了核算单位取得的同级财政拨款项目支出结余资金的调整、结转和滚存情况，行政事业单位应设置"财政拨款结余"总账科目。本科目借方登记财政拨款结余资金的减少，贷方登记财政拨款结余资金的增加，年末余额在贷方，反映财政拨款结余资金年末的累计余额。

在"财政拨款结余"总账科目下，应当设置下列明细科目。

▶ **1. 与会计差错更正、以前年度支出收回相关的明细科目**

"年初余额调整"明细科目核算因发生会计差错更正、以前年度支出收回等原因，需要调整财政拨款结余的金额。年末结账后，本明细科目应无余额。

▶ **2. 与财政拨款结余资金调整业务相关的明细科目**

"归集上缴"明细科目核算按照规定上缴财政拨款结余资金时，实际核销的额度数额或上缴的资金数额。年末结账后，本明细科目应无余额。

▶ **3. 与年末财政拨款结余业务相关的明细科目**

"结转转入"明细科目核算单位按照规定转入财政拨款结余的财政拨款结转资金。年末结账后，本明细科目应无余额。

"累计结余"明细科目核算单位滚存的财政拨款结余资金。本明细科目年末贷方余额，反映单位财政拨款滚存的结余资金数额。

本科目还应当按照具体项目、《政府收支分类科目》中"支出功能分类科目"的相关科目等进行明细核算。

有一般公共预算财政拨款、政府性基金预算财政拨款等两种或两种以上财政拨款的，还应当在本科目下按照财政拨款的种类进行明细核算。

（二）财政拨款结余的账务处理

▶ **1. 与会计差错更正、以前年度支出收回相关的账务处理**

1）会计差错更正

因发生会计差错更正退回以前年度国库直接支付、授权支付款项或财政性货币资金，或者因发生会计差错更正增加以前年度国库直接支付、授权支付支出或财政性货币资金支出，属于以前年度财政拨款结余资金的，借记或贷记"资金结存——财政应返还额度、零余额账户用款额度、货币资金"科目，贷记或借记"财政拨款结余"科目（年初余额调整）。财务会计处理时，借记或贷记"零余额账户用款额度""银行存款"等科目，贷记或借记"以前年度盈余调整"科目。

2）以前年度支出收回

因购货退回、预付款项收回等发生以前年度支出又收回国库直接支付、授权支付款项或收回财政性货币资金，属于以前年度财政拨款结余资金的，借记"资金结存——财政应返还额度、零余额账户用款额度、货币资金"科目，贷记"财政拨款结余"科目（年初余额调整）。财务会计处理时，借记"零余额账户用款额度""银行存款"等科目，贷记"以前年度盈余调整"科目。

▶ **2. 与财政拨款结余资金调整业务相关的账务处理**

（1）经财政部门批准对财政拨款结余资金改变用途，调整用于本单位基本支出或其他未完成项目支出的，按照批准调剂的金额，借记"财政拨款结余"科目（单位内部调剂），贷记"财政拨款结转——单位内部调剂"科目。

（2）按照规定上缴财政拨款结余资金或注销财政拨款结余资金额度的，按照实际上缴的资金数额或注销的资金数额，借记"财政拨款结余"科目（归集上缴），贷记"资金结存——财政应返还额度、零余额账户用款额度、货币资金"科目。财务会计处理时，借记"累计盈余"科目，贷记"财政应返还额度""零余额账户用款额度""银行存款"科目。

▶ **3. 与年末财政拨款结转和结余业务相关的账务处理**

（1）年末，对财政拨款结转各明细项目执行情况进行分析，按照有关规定将符合财政拨款结余性质的项目余额转入财政拨款结余，借记"财政拨款结转——累计结转"科目，贷记"财政拨款结余"科目（结转转入）。

（2）年末冲销有关明细科目余额。将"财政拨款结余"科目（年初余额调整、归集上缴、单位内部调剂、结转转入）余额转入本科目（累计结余）。结转后，本科目除了"累计结余"明细科目外，其他明细科目应无余额。

【例 11-28】 承前例，2019 年年末，某事业单位财政拨款结余 8 400 元，按规定 60% 应上缴财政，"财政拨款结余"账户其他明细科目无余额。该单位应编制如表 11-30、表 11-31 所示的会计分录。

表 11-30 财政拨款结余上缴财政的会计分录

时　　间	财务会计分录	预算会计分录
2019 年 12 月 31 日	借：累计盈余——财政拨款结余资金 　　　　　　　　　　　　　　5 040 　贷：零余额账户用款额度　5 040	借：财政拨款结余——归集上缴　5 040 　贷：资金结存——零余额账户用款额度 　　　　　　　　　　　　　　5 040

表 11-31 财政拨款结余年终转账的会计分录

时　　间	财务会计分录	预算会计分录
2019 年 12 月 31 日	不做账务处理	借：财政拨款结余——结转转入　8 400 　贷：财政拨款结余——归集上缴　5 040 　　　　　　　　　——累计结余　3 360

四、非财政拨款结转

（一）非财政拨款结转的概念及账户设置

非财政拨款结转是指行政事业单位由除了财政拨款收支、经营收支以外，各项非同级财政拨款专项资金收支形成的结转资金。同级财政拨款的资金不形成非财政拨款结转资金，而形成财政拨款结转资金。非同级财政拨款的非专项资金也不形成非财政拨款结转资金，而形成非财政拨款结余资金。行政事业单位应当严格区分财政资金和非财政资金。对

微课视频 11-7
非财政拨款结转

于非财政资金，应当进一步区分专项资金和非专项资金，对其分别进行会计核算。

为了核算非财政拨款结转业务，行政事业单位应设置"非财政拨款结转"总账科目，该科目核算单位除了财政拨款收支、经营收支以外，各项非同级财政拨款专项资金的调整、结转和滚存情况。年末贷方余额，反映单位滚存的非同级财政拨款专项结转资金数额。

在"非财政拨款结转"总账科目下，应当设置下列明细科目。

（1）"年初余额调整"明细科目核算因发生会计差错更正、以前年度支出收回等原因，需要调整非财政拨款结转的资金。年末结账后，本明细科目应无余额。

（2）"缴回资金"明细科目核算按照规定缴回非财政拨款结转资金时，实际缴回的资金数额。年末结账后，本明细科目应无余额。

（3）"项目间接费用或管理费"明细科目核算单位从取得的科研项目预算收入中，按照规定计提项目间接费用或管理费的数额。年末结账后，本明细科目应无余额。

（4）"本年收支结转"明细科目核算单位本年度非同级财政拨款专项收支相抵后的余额。年末结账后，本明细科目应无余额。

（5）"累计结转"明细科目核算单位滚存的非同级财政拨款专项结转资金。本明细科目年末贷方余额，反映单位非同级财政拨款滚存的专项结转资金数额。

本科目还应当按照具体项目，《政府收支分类科目》中"支出功能分类科目"的相关科目等进行明细核算。

（二）非财政拨款结转的账务处理

▶ 1. 从科研项目预算收入中提取项目管理费或间接费

按照规定从科研项目预算收入中提取项目管理费或间接费时，按照提取金额，借记"非财政拨款结转"科目（项目间接费用或管理费），贷记"非财政拨款结余——项目间接费用或管理费"科目。财务会计处理时，借记"单位管理费用"科目，贷记"预提费用——项目间接费用或管理费用"科目。

【例 11-29】 2019 年 7 月 2 日，某事业单位承担科技厅重点研发计划项目资金到账，项目任务书批复间接费用预算 50 000 元，财务部门按照科研部门下达的科研项目入账通知书和项目任务书提取间接费用。该单位编制如表 11-32 所示的会计分录。

表 11-32　非财政拨款结转的会计分录

时　间	财务会计分录	预算会计分录
2019 年 7 月 2 日	借：单位管理费用　　　　　50 000 　贷：预提费用——项目间接费用或管理费 　　　　　　　　　　　　　50 000	借：非财政拨款结转——项目间接费用或管 　　理费　　　　　　　　　50 000 　贷：非财政拨款结余——项目间接费用或 　　管理费　　　　　　　　50 000

▶ **2. 会计差错更正和以前年度支出收回**

因会计差错更正收到或支出非同级财政拨款货币资金，属于非财政拨款结转资金的，按照收到或支出的金额，借记或贷记"资金结存——货币资金"科目，贷记或借记"非财政拨款结转"科目（年初余额调整）。财务会计处理时，借记或贷记"银行存款"等科目，贷记或借记"以前年度盈余调整"科目。

因收回以前年度支出等收到非同级财政拨款货币资金，属于非财政拨款结转资金的，按照收到的金额，借记"资金结存——货币资金"科目，贷记"非财政拨款结转"科目（年初余额调整）。财务会计处理时，借记"银行存款"科目，贷记"以前年度盈余调整"等科目。

▶ **3. 缴回非财政拨款结转资金**

按照规定缴回非财政拨款结转资金的，按照实际缴回资金数额，借记"非财政拨款结转"科目（缴回资金），贷记"资金结存——货币资金"科目。财务会计处理时，借记"累计盈余"科目，贷记"银行存款"等科目。

【例 11-30】　2019 年年末，某事业单位按规定上缴非财政拨款结转资金 40 000 元。该单位应编制如表 11-33 所示的会计分录。

表 11-33　年末上缴非财政拨款结转资金的会计分录

时　间	财务会计分录	预算会计分录
2019 年 12 月 31 日	借：累计盈余——非财政拨款结转 　　　　　　　　　　　　　40 000 　贷：银行存款　　　　　　40 000	借：非财政拨款结转——缴回资金　40 000 　贷：资金结存——货币资金——银行存款 　　　　　　　　　　　　　40 000

▶ **4. 本年非财政拨款专项资金预算收支结转**

年末，将事业预算收入、上级补助预算收入、附属单位上缴预算收入、非同级财政拨款预算收入、债务预算收入、其他预算收入本年发生额中的专项资金收入转入"非财政拨款结转"科目，借记"事业预算收入""上级补助预算收入""附属单位上缴预算收入""非同级财政拨款预算收入""债务预算收入""其他预算收入"科目下各专项资金收入明细科目，贷记"非财政拨款结转"科目（本年收支结转）；将行政支出、事业支出、其他支出本年发生额中的非财政拨款专项资金支出转入"非财政拨款结转"科目，借记"非财政拨款结转"科目（本年收支结转），贷记"行政支出""事业支出""其他支出"科目下各非财政拨款专项资金支出明细科目。

【例 11-31】　2019 年年末，某事业单位有关非财政拨款专项资金预算收入和非财政拨款专项资金支出科目的本年发生额如表 11-34 所示。

表 11-34　非财政拨款专项资金预算收支本年发生额　　　　单位：元

非财政拨款专项资金预算收支科目	本年借方发生额	本年贷方发生额
事业预算收入——专项资金收入		920 000
上级补助预算收入——专项资金收入		200 000
附属单位上缴预算收入——专项资金收入		50 000
非同级财政拨款预算收入——专项资金收入		160 000
其他预算收入——专项资金收入		10 000
事业支出——非财政专项资金支出	1 210 000	
其他支出——非财政专项资金支出	9 800	
合计	1 219 800	1 340 000

根据表 11-34，该单位应编制如表 11-35 所示的会计分录。

表 11-35　本年非财政拨款专项资金预算收支结转的会计分录

时　间	财务会计分录	预算会计分录
2019 年 12 月 31 日	不做账务处理	借：事业预算收入——专项资金收入　920 000 　　上级补助预算收入——专项资金收入　200 000 　　附属单位上缴预算收入——专项资金收入　50 000 　　非同级财政拨款预算收入——专项资金收入 160 000 　　其他预算收入——专项资金收入　10 000 　贷：非财政拨款结转——本年收支结转　1 340 000 借：非财政拨款结转——本年收支结转　1 219 800 　贷：事业支出——非财政专项资金支出　1 210 000 　　其他支出——非财政专项资金支出　9 800

▶ 5. 冲销有关明细科目余额

年末，将"非财政拨款结转"科目（年初余额调整、项目间接费用或管理费、缴回资金、本年收支结转）全额转入本科目（累计结转）。结转后，"非财政拨款结转"科目除了"累计结转"明细科目之外，其他明细科目应无余额。

【例 11-32】　承例 11-29、例 11-30、例 11-31，2019 年年末，某事业单位非财政拨款结转科目下的项目间接费用借方余额 50 000 元，缴回资金借方余额 40 000 元，本年收支结转贷方余额 120 200 元，年末冲销本科目明细科。该单位应编制如表 11-36 所示的会计分录。

表 11-36　非财政拨款结转的会计分录

时　间	财务会计分录	预算会计分录
2019 年 12 月 31 日	不做账务处理	借：非财政拨款结转——本年收支结转　120 200 　贷：非财政拨款结转——缴回资金　40 000 　　非财政拨款结转——项目间接费用　50 000 　　非财政拨款结转——累计结转　30 200

▶ 6. 非财政专项剩余资金按规定转非财政拨款结余

年末完成上述结转后，应当对非财政拨款专项结转资金各项目情况进行分析，将留归本单位使用的非财政拨款专项(项目已完成)剩余资金转入非财政拨款结余,借记"非财政拨款结转——累计结转"科目,贷记"非财政拨款结余——结转转入"科目。

【例 11-33】 2019 年年末,某事业单位科研项目已通过结题验收,结余资金 60 000 元,应由非财政拨款结转转入非财政拨款结余管理和核算。该单位应编制如表 11-37 所示的会计分录。

表 11-37 非财政专项剩余资金转非财政拨款结余的会计分录

时 间	财务会计分录	预算会计分录	
2019 年 12 月 31 日	不做账务处理	借:非财政拨款结转——累计结转	60 000
		贷:非财政拨款结余——结转转入	60 000

五、非财政拨款结余

(一) 非财政拨款结余的概念及账户设置

微课视频 11-8
非财政拨款结余

非财政拨款结余是指行政事业单位历年滚存的非限定用途的非同级财政拨款结余资金,主要为非财政拨款结余扣除结余分配后滚存的金额。

为了核算非财政拨款结余业务,行政事业单位应设置"非财政拨款结余"总账科目。该科目年末贷方余额,反映单位非同级财政拨款结余资金的累计滚存数额。

在"非财政拨款结余"总账科目下,应设置以下明细科目。

(1)"年初余额调整"明细科目核算因发生会计差错更正、以前年度支出收回等原因,需要调整非财政拨款结余的资金。年末结账后,本明细科目应无余额。

(2)"项目间接费用或管理费"明细科目核算单位从取得的科研项目预算收入中,按照规定计提的项目间接费用或管理费数额。年末结账后,本明细科目应无余额。

(3)"结转转入"明细科目核算按照规定留归单位使用,由单位统筹调配,纳入单位非财政拨款结余的非同级财政拨款专项剩余资金。年末结账,本明细科目应无余额。

(4)"累计结余"明细科目核算单位历年滚存的非同级财政拨款、非专项结余资金。本明细科目年末贷方余额,反映单位非同级财政拨款滚存的非专项结余资金数额。

本科目还应当按照《政府收支分类科目》中"支出功能分类科目"的相关科目进行明细核算。

(二) 非财政拨款结余的账务处理

▶ 1. 从科研项目预算收入中提取项目管理费或间接费

按照规定从科研项目预算收入中提取项目管理费或间接费时,借记"非财政拨款结转——项目间接费用或管理费"科目,贷记"非财政拨款结余"科目(项目间接费用或管理费)。财务会计处理时,借记"单位管理费用"科目,贷记"预提费用——项目间接费用或管理费"科目。

▶ 2. 缴纳企业所得税

有企业所得税缴纳义务的事业单位实际缴纳企业所得税时,按照缴纳金额,借记"非财政拨款结余"科目(累计结余),贷记"资金结存——货币资金"科目。财务会计处理时,借记"其他应交税费——应交企业所得税"科目,贷记"银行存款"等科目。

▶ **3. 会计差错更正和以前年度支出收回**

1)会计差错更正

因会计差错更正收到或支出非同级财政拨款货币资金,属于非财政拨款结余资金的,按照收到或支出的金额,借记或贷记"资金结存——货币资金"科目,贷记或借记"非财政拨款结余"科目(年初余额调整)。财务会计处理时,借记或贷记"银行存款"等科目,贷记或借记"以前年度盈余调整"科目。

2)以前年度支出收回

因收回以前年度支出等收到非同级财政拨款货币资金,属于非财政拨款结余资金的,按照收到的金额,借记"资金结存——货币资金"科目,贷记"非财政拨款结余"科目(年初余额调整)。财务会计处理时,借记"银行存款"等科目,贷记"以前年度盈余调整"科目。

需要说明的是,在预算会计中,因发生会计差错更正需要调整有关结转结余资金数额的,应当区分情况分别通过"财政拨款结转""财政拨款结余""非财政拨款结转"和"非财政拨款结余"科目的"年初余额调整"明细科目核算。在财务会计中,本年度发生的重要前期差错更正涉及调整以前年度盈余的,通过"以前年度盈余调整"科目核算。在预算会计中,对资金的性质区分得比较详细,如需要区分财政资金和非财政资金、结转资金和结余资金等。

▶ **4. 非财政专项剩余资金按规定转非财政拨款结余**

年末,将留归本单位使用的非财政拨款专项(项目已完成)剩余资金转入"非财政拨款结余"科目,借记"非财政拨款结转——累计结转"科目,贷记"非财政拨款结余"科目(结转转入)。

需要注意的是,只有"财政拨款结转"和"非财政拨款结转"科目设置"本年收支结转"明细科目,"财政拨款结余"和"非财政拨款结余"科目不设置"本年收支结转"明细科目,即本年预算收支首先转入结转,经分析后,对于符合结余条件的部分再转入结余。因此,"财政拨款结余"和"非财政拨款结余"科目都设置"结转转入"明细科目。

▶ **5. 冲销有关明细科目余额**

将"非财政拨款结余"科目(年初余额调整、项目间接费用或管理费、结转转入)余额结转入"非财政拨款结余"科目(累计结余)。结转后,"非财政拨款结余"科目除了"累计结余"明细科目以外,其他明细科目应无余额。

【**例 11-34**】 2019 年年末,某事业单位非财政拨款结余科目下的项目间接费用或管理费贷方余额 50 000 元,年初余额调整借方余额 2 000 元,结转转入贷方余额 60 000 元,年末冲销本科目明细科目。该单位应编制如表 11-38 所示的会计分录。

表 11-38 冲销有关明细科目余额的会计分录

时　间	财务会计分录	预算会计分录	
2019 年 12 月 31 日	不做账务处理	借：非财政拨款结余——项目间接费用或管理费 　　非财政拨款结余——结转转入 　贷：非财政拨款结余——年初余额调整 　　　非财政拨款结余——累计结余	50 000 60 000 2 000 108 000

▶ **6. 非财政拨款结余分配和其他结余余额转非财政拨款结余**

(1)年末,事业单位将"非财政拨款结余分配"科目余额转入非财政拨款结余。"非财政拨款结余分配"科目为借方余额的，借记"非财政拨款结余"科目（累计结余），贷记"非财政拨款结余分配"科目；"非财政拨款结余分配"科目为贷方余额的，借记"非财政拨款结余分配"科目，贷记"非财政拨款结余"科目（累计结余）。

（2）年末，行政单位将"其他结余"科目余额转入非财政拨款结余。"其他结余"科目为借方余额的，借记"非财政拨款结余"科目（累计结余），贷记"其他结余"科目；"其他结余"科目为贷方余额的，借记"其他结余"科目，贷记"非财政拨款结余"科目（累计结余）。

需要注意的是，年末，行政事业单位将预算收入中的非同级财政、非专项资金收入，以及预算支出中的非同级财政、非专项资金支出转入"其他结余"科目。完成非同级财政、非专项资金收支结转后，行政单位将"其他结余"科目余额转入"非财政拨款结余——累计结余"科目，事业单位将"其他结余"科目余额转入"非财政拨款结余分配"科目。事业单位在按规定对非财政拨款结余资金进行分配后，将"非财政拨款结余分配"科目余额转入"非财政拨款结余——累计结余"科目，形成事业单位非财政拨款累计结余的一种来源。非财政拨款累计结余的另一种来源是留归本单位使用的非财政拨款专项（项目已完成）剩余资金。

事业单位的年末结转和结余资金是第二年安排单位预算收入和预算支出的一种资金来源。

六、专用结余

（一）专用结余的概念及账户设置

专用结余是指事业单位按照规定从非财政拨款结余中提取的具有专门用途的资金。

为了核算专用结余业务，事业单位应设置"专用结余"总账科目。该科目贷方登记专用结余的提取数，借方登记专用结余的使用数，期末余额在贷方，反映事业单位从非财政拨款结余中提取的具有专门用途的资金的滚存数。该科目应当按照专用结余的类别进行明细核算。

（二）专用结余的账务处理

根据有关规定从本年度非财政拨款结余或经营结余中提取基金的，按照提取金额，借记"非财政拨款结余分配"科目，贷记"专用结余"科目。

根据规定使用从非财政拨款结余或经营结余中提取的专用基金的，按照使用金额，借记"专用结余"科目，贷记"资金结存——货币资金"科目。

"专用结余"科目的账务处理举例可参阅"专用基金"的相应内容，此处不再重复举例说明。

需要注意的是，行政单位没有专用结余业务。

七、经营结余

（一）经营结余的概念及账户设置

经营结余是指事业单位本年度经营活动收支相抵后余额弥补以前年度经营亏损余额。

为了核算经营结余业务，事业单位应设置"经营结余"总账科目。该科目可以按照经营活动类别进行明细核算。

（二）经营结余的账务处理

年末，将经营预算收入本年发生额转入本科目，借记"经营预算收入"科目，贷记"经营结余"科目；将经营支出本年发生额转入本科目，借记"经营结余"科目，贷记"经营支出"科目。

年末，完成上述结转后，如该科目为贷方余额，将该科目贷方余额转入"非财政拨款结余分配"科目，借记"经营结余"科目，贷记"非财政拨款结余分配"科目；如本科目为借方余额，为经营亏损，不予结转。年末结账后，该科目一般无余额；如为借方余额，反映事业单位累计发生的经营亏损。

【例 11-35】 2019 年年末，某事业单位经营预算收入 3 200 000 元，经营支出 2 800 000 元，年末经营收支结转并进行分配。该单位应编制如表 11-39 所示的会计分录。

表 11-39 经营结余的账务处理的会计分录

时　　间	财务会计分录	预算会计分录
2019 年 12 月 31 日	不做账务处理	借：经营预算收入　　　　3 200 000 　　贷：经营结余　　　　　　3 200 000 借：经营结余　　　　　　2 800 000 　　贷：经营支出　　　　　　2 800 000
2019 年 12 月 31 日	不做账务处理	借：经营结余　　　　　　400 000 　　贷：非财政拨款结余分配　400 000

八、其他结余

（一）其他结余的概念及账户设置

其他结余是指行政事业单位本年度除了财政拨款收支、非同级财政专项资金收支和经营收支以外各项收支相抵后的余额。

微课视频 11-9
其他结余

为了核算其他结余业务，行政事业单位应设置"其他结余"总账科目。"其他结余"科目借方登记有关预算支出的年末结转数，贷方登记有关预算收入的年末结转数。年末，行政单位将"其他结余"科目余额转入"非财政拨款结余"科目，事业单位将"其他结余"科目余额转入"非财政拨款结余分配"科目后，"其他结余"科目应无余额。

行政事业单位本年度财政拨款收支相抵后的余额通过"财政拨款结转"科目核算，本年度非同级财政专项资金收支相抵后的余额通过"非财政拨款结转"科目核算，本年度经营收支相抵后的余额通过"经营结余"科目核算。

（二）其他结余的账务处理

▶ 1. 本年非财政拨款非专项资金预算收支结转

年末，将事业预算收入、上级补助预算收入、附属单位上缴预算收入、非同级财政拨款预算收入、债务预算收入、其他预算收入本年发生额中的非专项资金收入，以及投资预算收益本年发生额转入"其他结余"科目，借记"事业预算收入""上级补助预算收入""附属单位上缴预算收入""非同级财政拨款预算收入""债务预算收入""其他预算收入"科目下各非专项资金收入明细科目和"投资预算收益"科目，贷记"其他结余"科目（"投资预算收益"科目本年发生额为借方净额时，借记"其他结余"科目，贷记"投资预算收益"科目）；将行政支出、事业支出、其他支出本年发生额中的非同级财政、非专项资金支出，以及上缴上级支出、对附属单位补助支出、债务还本支出本年发生额转入"其他结余"科目，借记"其他结余"科目，贷记"行政支出""事业支出""其他支出"科目下各非同级财政、非专项资金支出明细科目和"上缴上级支出""对附属单位补助支出""投资支出""债务还本支出"科目。

▶ 2. 年末转非财政拨款结余或非财政拨款结余分配

年末，完成相关收支结转后，行政单位将"其他结余"科目余额转入"非财政拨款结余——累计结余"科目；事业单位将"其他结余"科目余额转入"非财政拨款结余分配"科目。当"其他结余"科目为贷方余额时，借记"其他结余"科目，贷记"非财政拨款结余——累计结余"或"非财政拨款结余分配"科目；当"其他结余"科目为借方余额时，借记"非财政拨款结余——累计结余"或"非财政拨款结余分配"科目，贷记"其他结余"科目。年末结账后，"其他结余"科目应无余额。

【例 11-36】　2019 年年末，某事业单位有关非财政拨款非专项资金事业活动预算收支科目的本年发生额如表 11-40 所示。

表 11-40　非财政拨款非专项资金事业活动预算收支本年发生额　　　　　单位：元

非财政拨款付费专项资金事业活动预算收支科目	本年借方发生额	本年贷方发生额
事业预算收入——非专项资金收入		4 800 000
附属单位上缴预算收入——非专项资金收入		70 000
其他预算收入——非专项资金收入		20 000
投资预算收益		120 000
事业支出——其他资金支出	4 610 000	
其他支出——其他资金支出	5 300	
对附属单位补助支出	65 000	
债务还本支出	200 000	
合计	4 880 300	5 010 000

根据表 11-40，该单位应编制如表 11-41 所示的会计分录。

表 11-41　其他结余的会计分录

时间	财务会计分录	预算会计分录
2019 年 12 月 31 日	不做账务处理	借：事业预算收入——非专项资金收入 　　　　　　　　　　4 800 000 　　上级补助预算收入——非专项资金收入 　　　　　　　　　　70 000 　　其他预算收入——非专项资金收入　20 000 　　投资预算收入　120 000 　贷：其他结余　　5 010 000 借：其他结余　　4 880 300 　贷：事业支出——其他资金支出　4 610 000 　　其他支出——其他资金支出　5 300 　　对附属单位补助支出　65 000 　　债务还本支出　200 000
2019 年 12 月 31 日	不做账务处理	借：其他结余　　169 700 　贷：非财政拨款结余分配　169 700

【例11-37】 年末，某行政单位有关非财政拨款非专项资金预算收支科目的本年发生额如表11-42所示。

表11-42　非财政拨款非专项资金预算收支本年发生额　　　　　单位：元

非财政拨款非专项资金预算收支科目	本年借方发生额	本年贷方发生额
其他预算收入——非专项资金收入		40 000
行政支出——其他资金支出	32 000	
其他支出——其他资金支出	4 000	
合计	36 000	40 000

根据表11-42，该单位应编制如表11-43所示的会计分录。

表11-43　其他结余的会计分录

时　间	财务会计分录	预算会计分录
2019年12月31日	不做账务处理	借：其他预算收入——非专项资金收入　40 000 　　贷：其他结余　　40 000 借：其他结余　　36 000 　　贷：行政支出——其他资金支出　　32 000 　　　　其他支出——其他资金支出　　4 000
2019年12月31日	不做账务处理	借：其他结余　　4 000 　　贷：非财政拨款结余——累计结余　　4 000

注意：在行政单位中，由非财政非专项资金预算收支形成的其他结余不进行分配，因此，"其他结余"科目余额直接转入"非财政拨款结余"科目，而不转入"非财政拨款结余分配"科目。行政事业单位的非财政专项资金结余也不进行分配，因此，由"非财政拨款结转"科目直接转入"非财政拨款结余"科目，而不转入"非财政拨款结余分配"科目。

九、非财政拨款结余分配

（一）非财政拨款结余分配的概念及账户设置

非财政拨款结余分配是指事业单位对本年度非财政拨款结余进行的分配。

微课视频11-10
非财政拨款
结余分配

为了核算非财政拨款结余分配业务，事业单位应设置"非财政拨款结余分配"总账科目。该科目核算事业单位本年度非财政拨款结余分配的情况和结果。"非财政拨款结余分配"科目借方登记本年其他结余（负结余）的转入数，以及提取专用基金的提取数，贷方登记本年其他结余、经营结余（正结余）的转入数。分配后将"非财政拨款结余分配"科目贷方余额或借方余额转入"非财政拨款结余"科目后，"非财政拨款结余分配"科目应无余额。

（二）非财政拨款结余分配的账务处理

（1）年末，事业单位将"其他结余"科目余额转入该科目，当"其他结余"科目为贷方余额时，借记"其他结余"科目，贷记"非财政拨款结余分配"科目；当"其他结余"科目为借方余额时，借记"非财政拨款结余分配"科目，贷记"其他结余"科目。

年末，将"经营结余"科目贷方余额转入该科目，借记"经营结余"科目，贷记"非财政拨款结余分配"科目。

（2）根据有关规定提取专用基金的，按照提取的金额，借记"非财政拨款结余分配"科目，贷记"专用结余"科目。财务会计处理时，借记"本年盈余分配"科目，贷记"专用基金"科目。

（3）年末，完成上述（1）、（2）处理后，将本科目余额转入非财政拨款结余。当本科目为借方余额时，借记"非财政拨款结余——累计结余"科目，贷记"非财政拨款结余分配"科目；当本科目为贷方余额时，借记"非财政拨款结余分配"科目，贷记"非财政拨款结余——累计结余"科目。年末结账后，本科目应无余额。

【例 11-38】　2019 年年末，某事业单位经营结余 400 000 元，其他结余 169 700 元，转入非财政拨款结余分配，该单位应编制如表 11-44 所示的会计分录。

表 11-44　非财政拨款结余分配的会计分录

时　间	财务会计分录	预算会计分录	
2019 年 12 月 31 日	不做账务处理	借：其他结余 　　经营结余 　贷：非财政拨款结余分配	169 700 400 000 569 700

【例 11-39】　2019 年年末，某事业单位按规定从其他结余和经营结余中按照 40% 提取职工福利基金。该单位应编制如表 11-45 所示的会计分录。

表 11-45　从其他结余和经营结余中提取专用基金的会计分录

时　间	财务会计分录	预算会计分录	
2019 年 12 月 31 日	借：本年盈余分配 　贷：专用基金——职工福利基金	借：非财政拨款结余分配 　贷：专用结余	227 880 227 880

【例 11-40】　2019 年年末，某事业单位将"非财政拨款结余分配"科目余额转入非财政拨款结余。该单位应编制如表 11-46 所示的会计分录。

表 11-46　将"非财政拨款结余分配"科目余额转入非财政拨款结余的会计分录

时　间	财务会计分录	预算会计分录	
2019 年 12 月 31 日	不做账务处理	借：非财政拨款结余分配 　贷：非财政拨款结余——累计结余	341 820 341 820

▎在线测试 ▎

扫描封底刮刮卡　　自测　　获取答题权限

在线测试　　　　　　实务技能训练

项目十二　行政事业单位会计报告

任务导入

关于印发《政府会计制度——行政事业单位会计科目和报表》的通知

财会〔2017〕25 号（节选）

为了适应权责发生制政府综合财务报告制度改革需要，规范行政事业单位会计核算，提高会计信息质量，根据《中华人民共和国会计法》《中华人民共和国预算法》《政府会计准则——基本准则》等法律、行政法规和规章，我部制定了《政府会计制度——行政事业单位会计科目和报表》，现予印发，自 2019 年 1 月 1 日起施行。

行政事业单位会计报表的构成如表 12-1 所示。

表 12-1　行政事业单位会计报表的构成

编　号	报表名称	编　制　期
财务报表		
会政财 01 表	资产负债表	月度、年度
会政财 02 表	收入费用表	月度、年度
会政财 03 表	净资产变动表	年度

续表

编　号	报表名称	编　制　期
会政财04表	现金流量变	年度
	附注	年度
预算会计表		
会政预01表	预算收入支出表	年度
会政预02表	预算结转结余变动表	年度
会政预03表	财政拨款预算收入支出表	年度

资料来源：2021年11月9日财政部会计司网站。

行政事业单位会计报告是反映行政事业单位财务状况、运行情况以及预算执行情况等信息的书面文件，由财务会计报告和预算会计报告构成。

任务一　行政事业单位会计报告概述

一、行政事业单位会计报告的一般要求

各级各类行政事业单位应当根据《政府会计制度——行政事业单位会计科目和报表》的规定编制并提供真实、完整的会计报表。

行政事业单位不得违反规定，随意改变会计报表的格式、编制依据和方法，不得随意改变会计报表有关数据的会计口径。

行政事业单位的会计报表应当根据登记完整、核对无误的账簿记录和其他有关资料编制，做到数字真实、计算准确、内容完整、报送及时。

行政事业单位会计报表应当由单位负责人和主管会计工作责人、会计机构负责人或会计主管人员签名并盖章。

二、年终清理结算

各行政事业单位在年度终了前，应根据财政部门或上级主管部门的决算编审工作要求，对各项收支项目、往来款项、货币资金及财产物资进行全面的年终清理结算，在此基础上办理年度结账，编报部门决算和财务报告。

(一)清理核对年度预算

年终前，财政机关、上级单位和所属各单位之间，应当认真清理核对全年预算数。同时要逐笔清理核对上下级之间预算拨款和预算缴款数字，按核定的预算或调整的预算，该拨付的拨付，该交回的交回，保证上下级之间的年度预算数、领拨款经费数和上交、下拨数一致。

为了保证会计年度按公历年制划期，凡属本年的应拨、应交款项，必须在12月31日前汇达对方。主管会计单位对所属各单位的预算拨款，截至12月25日，逾期一般不再下拨。凡是预拨下年度的款项，应注明款项所属年度，以免造成跨年错账。

(二)清理核对年度收支

凡属本年的各项收入，都要及时入账。本年的各项应缴预算收入和应上缴上级的款

项，要在年终前全部上缴。属于本年的各项支出，要按规定的支出渠道如实列报。年度单位支出决算，一律以基层用款单位截至12月31日的本年实际支出数为准，不得将年终前预拨下一年的预算拨款列入本年的支出，也不得以上级会计单位的拨款数代替基层会计单位实际支出数。

（三）清理往来款项

各项预收、预付、应收、应付等往来款项，应分类清理，年终前尽量清理完毕。应当转作各项收入或各项支出的往来款项要及时转入各有关账户；对于各种委托代管业务，凡是业务已经结束的，要及时向委托单位清算结报。对于手续尚未完备的各项预收、预付、应收、应付和其他长期挂账的往来款项，要查明原因，采取措施，及时清理。

（四）清查货币资金和各项财产物资

年度终了，库存现金的账面余额应同现金的实际库存数核对相符，如有现金盘盈亏要查明原因；银行存款账面余额要同银行对账单余额核对，并制成银行存款余额调节表，查明未达账项的合理性；有价证券的账面数应与库存实有的有价证券核对相符。

对于单位的各种财产物资年终应全部入账，各单位配备专人对全部财产物资进行全面的清查盘点。将盘点的结果和账面数字进行核对，固定资产和材料的盘点结果与账面数如有差异，在年终结账前应查明原因，并按规定做出处理，调整账务，做到账账相符、账实相符。

（五）清理结算上下级之间的往来调剂资金

行政事业单位上级主管部门可以将集中的下级收入和自行组织的收入，安排补贴给下级资金不足的单位，从而形成系统内部上下级之间的一种资金往来。年终时，要清理核对上下级往来调剂资金。

三、年终结账

行政事业单位要在年终清理的基础上进行年终结账。各个账户核对无误后，先办理12月月结工作，结出各账户的本月合计数和全年累计数，再以此为基础进行年终结账工作。年终结账工作包括年终转账、结清旧账和记入新账。

（一）年终转账

行政事业单位在确认全年所有发生的经济业务已经全部登记入账，经核对无误后，首先，要算出各账户借方、贷方的12月发生额和全年累计数，结出12月月末余额。然后，编制结账前的资产负债表。试算平衡后结转各收支账户年终余额，根据各收支账户12月31日的余额填制记账凭证，按年终冲转办法办理冲转结账。

（二）结清旧账

结清旧账是指将上述处理年终转账业务的凭证内容记入各有关账户后，结出各账户借方和贷方的"全年累计"及其余额，以结清旧账。

（三）年终转账

根据年终结账后各账户余额，编制年终决算的"资产负债表"和有关明细账户余额表，将表列各账户的余额数直接记入下一会计年度新建有关会计账簿的第一行余额栏内，并在摘要栏注明"上年结转"字样。

任务二 政府决算报告的编制

政府决算报告是综合反映政府会计主体年度预算收支执行结果的文件。政府决算报告应当包括决算报表和其他应当在决算报告中反映的相关信息与资料。

政府决算报告的编制主要以收付实现制为基础，以单位预算会计核算生成的数据为准。

政府决算报表即预算会计报表由 3 张报表构成，分别是预算收入支出表、预算结转结余变动表和财政拨款预算收入支出表。这 3 张预算会计报表都是年度报表，单位仅需要在年末编制。

微课视频 12-1
行政事业单位
会计报告的种类

一、预算收入支出表

预算收入支出表，反映单位在某一会计年度内各项预算收入、预算支出和预算收支差额的情况。

（一）预算收入支出表的格式

行政事业单位预算收入支出表应当分别按本年预算收入、本年预算支出和本年预算收支差额反映相应组成项目本年数和上年数的信息，采用的计算公式为：本年预算收入－本年预算支出＝本年预算收支差额。行政事业单位预算收入支出表的格式如表 12-2 所示。

表 12-2 预算收入支出表的格式

编制单位：_____ _____年 单位：元

项　　目	本　年　数	上　年　数
一、本年预算收入	10 430	（略）
（一）财政拨款预算收入	5 600	
其中：政府性基金收入		
（二）事业预算收入	250	
（三）上级补助预算收入		
（四）附属单位上缴预算收入		
（五）经营预算收入		
（六）债务预算收入		
（七）非同级财政拨款预算收入		
（八）投资预算收益		
（九）其他预算收入	80	
其中：利息预算收入	60	
捐赠预算收入		
租金预算收入		
二、本年预算支出	9 650	
（一）行政支出		
（二）事业支出	9 620	

续表

项　目	本　年　数	上　年　数
（三）经营支出		
（四）上缴上级支出		
（五）对附属单位补助支出		
（六）投资支出		
（七）债务还本支出		
（八）其他支出	30	
其中：利息支出		
捐赠支出		
三、本年预算支出差额	780	

（二）预算收入支出表的填列方法

预算收入支出表中"上年数"栏反映各项目上年度的实际发生数，应当根据上年度预算收入支出表中"本年数"栏内所列数字填列。如果本年度预算收入支出表规定的项目的名称和内容同上年度不一致，应当对上年度预算收入支出表项目的名称和数字按照本年度的规定进行调整，将调整后金额填入本年度算收入支出表的"上年数"栏。

预算收入支出表中"本年数"栏反映各项目的本年实际发生数，其绝大多数项目都可以直接从各预算收入和预算支出各总账科目发生额直接填列。预算收入支出表的"本年数"栏各项目内容和填列方法如下。

▶ 1. 本年预算收入

（1）"本年预算收入"项目，反映单位本年预算收入总额。本项目是合计数，应当根据本表中"财政拨款预算收入""事业预算收入""上级补助预算收入""附属单位上缴预算收入""经营预算收入""债务预算收入""非同级财政拨款预算收入""投资预算收益""其他预算收入"项目金额的合计数填列。

（2）"财政拨款预算收入"项目，反映单位本年从同级政府财政部门取得的各类财政拨款。本项目应当根据"财政拨款预算收入"科目的本年发生额填列。

其中，"政府性基金收入"项目，反映单位本年取得的财政拨款收入中属于政府性基金预算拨款的金额。本项目应当根据"财政拨款预算收入"相关明细科目的本年发生额填列。

（3）"事业预算收入"项目，反映事业单位本年开展专业业务活动及其辅助活动取得的预算收入。本项目应当根据"事业预算收入"科目的本年发生额填列。

（4）"上级补助预算收入"项目，反映事业单位本年从主管部门和上级单位取得的非财政补助预算收入。本项目应当根据"上级补助预算收入"科目的本年发生额填列。

（5）"附属单位上缴预算收入"项目，反映事业单位本年收到的独立核算的附属单位按照有关规定上缴的预算收入。本项目应当根据"附属单位上缴预算收入"科目的本年发生额填列。

（6）"经营预算收入"项目，反映事业单位本年在专业业务活动及其辅助活动之外开展非独立核算经营活动取得的预算收入。本项目应当根据"经营预算收入"科目的本年发生额填列。

（7）"债务预算收入"项目，反映事业单位本年按照规定从金融机构等借入的、纳入部门预算管理的债务预算收入。本项目应当根据"债务预算收入"的本年发生额填列。

（8）"非同级财政拨款预算收入"项目，反映单位本年从非同级政府财政部门取得的财政拨款。本项目应当根据"非同级财政拨款预算收入"科目的本年发生额填列。

（9）"投资预算收益"项目，反映事业单位本年取得的按规定纳入单位预算管理的投资收益。本项目应当根据"投资预算收益"科目的本年发生额填列。

（10）"其他预算收入"项目，反映单位本年取得的除了上述收入以外的纳入单位预算管理的各项预算收入。本项目应当根据"其他预算收入"科目的本年发生额填列。

① "利息预算收入"项目，反映单位本年取得的利息预算收入。本项目应当根据"其他预算收入"科目的明细记录分析填列。单位单设"利息预算收入"科目的，应当根据"利息预算收入"科目的本年发生额填列。

② "捐赠预算收入"项目，反映单位本年取得的捐赠预算收入。本项目应当根据"其他预算收入"科目明细账记录分析填列。单位单设"捐赠预算收入"科目的，应当根据"捐赠预算收入"科目的本年发生额填列。

③ "租金预算收入"项目，反映单位本年取得的租金预算收入。本项目应当根据"其他预算收入"科目明细账记录分析填列。单位单设"租金预算收入"科目的，应当根据"租金预算收入"科目的本年发生额填列。

▶ 2. 本年预算支出

（1）"本年预算支出"项目，反映单位本年预算支出总额。本项目是合计数，应当根据本表中"行政支出""事业支出""经营支出""上缴上级支出""对附属单位补助支出""投资支出""债务还本支出"和"其他支出"项目金额的合计数填列。

（2）"行政支出"项目，反映行政单位本年履行职责实际发生的支出。本项目应当根据"行政支出"科目的本年发生额填列。

（3）"事业支出"项目，反映事业单位本年开展专业业务活动及其辅助活动发生的支出。本项目应当根据"事业支出"科目的本年发生额填列。

（4）"经营支出"项目，反映事业单位本年在专业业务活动及其辅助活动之外开展非独立核算经营活动发生的支出。本项目应当根据"经营支出"科目的本年发生额填列。

（5）"上缴上级支出"项目，反映事业单位本年按照财政部门和主管部门的规定上缴上级单位的支出。本项目应当根据"上缴上级支出"科目的本年发生额填列。

（6）"对附属单位补助支出"项目，反映事业单位本年用财政拨款收入之外的收入对附属单位补助发生的支出。本项目应当根据"对附属单位补助支出"科目的本年发生额填列。

（7）"投资支出"项目，反映事业单位本年以货币资金对外投资发生的支出。本项目应当根据"投资支出"科目的本年发生额填列。

（8）"债务还本支出"项目，反映事业单位本年偿还自身承担的纳入预算管理的从金融机构举借的债务本金的支出。本项目应当根据"债务还本支出"科目的本年发生额填列。

（9）"其他支出"项目，反映单位本年除了以上支出以外的各项支出。本项目应当根据"其他支出"科目的本年发生额填列。

① "利息支出"项目，反映单位本年发生的利息支出。本项目应当根据"其他支出"科目明细账记录分析填列。单位单设"利息支出"科目的，应当根据"利息支出"科目的本年发生额填列。

②"捐赠支出"项目，反映单位本年发生的捐赠支出。本项目应当根据"其他支出"科目明细账记录分析填列。单位单设"捐赠支出"科目的，应当根据"捐赠支出"科目的本年发生额填列。

▶ 3. 本年预算收支差额

"本年预算收支差额"项目，反映单位本年各项预算收支相抵后的差额。本项目应当根据本表中"本期预算收入"项目金额减去"本期预算支出"项目金额后的金额填列；如相减后金额为负数，以"—"号填列。

二、预算结转结余变动表

预算结转结余变动表反映单位在某一会计年度内预算结转结余的变动情况。

(一)预算结转结余变动表的格式

行政事业单位预算结转结余变动表应当反映财政拨款结转结余、其他资金结转结余的年初余额、年初余额调整、本年变动金额和年末余额的信息，采用的计算公式为：

行政事业单位预算结转结余变动表的格式如表 12-3 所示。

表 12-3　预算结转结余变动表的格式

编制单位：_____　　　　　　　　_____年　　　　　　　单位：元

项　　目	本　年　数	上　年　数
一、年初预算结转结余	160	(略)
（一）财政拨款结转结余	40	
（二）其他资金结转结余	120	
二、年初余额调整（减少以"—"号填列）		
（一）财政拨款结转结余		
（二）其他资金结转结余		
三、本年变动金额（减少以"—"号填列）	750	
（一）财政拨款结转结余	530	
1. 本年收支差额	530	
2. 归集调入		
3. 归集上缴或调出		
（二）其他资金结转结余	220	
1. 本年收支差额	250	
2. 缴回资金		
3. 使用专用结余	−30	
4. 支付所得税		
四、年末预算结转结余	910	
（一）财政拨款结转结余	570	
1. 财政拨款结转	550	
2. 财政拨款结余	20	
（二）其他资金结转结余	340	
1. 非财政拨款结转	30	

项　　　目	本　年　数	上　年　数
2. 非财政拨款结余	80	
3. 专用结余	230	
4. 经营结余（如有余额，以"－"号填列）		

（二）预算结转结余变动表的填列方法

预算结转结余变动表中"上年数"栏反映各项目的上年实际发生数，应当根据上年度预算结转结余变动表中"本年数"栏内所列数字填列。如果本年度预算结转结余变动表规定的项目的名称和内容同上年度不一致，应当对上年度预算结转结余变动表项目的名称和数字按照本年度的规定进行调整，将调整后的金额填入本年度预算结转结余变动表的"上年数"栏。

预算结转结余变动表中"本年数"栏反映各项目的本年实际发生数，其绝大多数项目都需要根据结转结余类科目的明细账分析填列，预算结转结余变动表"本年数"栏各项目的内容和填列方法如下。

▶ 1. 年初预算结转结余

"年初预算结转结余"项目，反映单位本年预算结转结余的年初余额。本项目应当根据本项目下"财政拨款结转结余""其他资金结转结余"项目金额的合计数填列。

（1）"财政拨款结转结余"项目，反映单位本年财政拨款结转结余资金的年初余额。本项目应当根据"财政拨款结转""财政拨款结余"科目本年年初余额合计数填列。

（2）"其他资金结转结余"项目，反映单位本年其他资金结转结余的年初余额。本项目应当根据"非财政拨款结转""非财政拨款结余""专用结余""经营结余"科目本年年初余额的合计数填列。

▶ 2. 年初余额调整

"年初余额调整"项目，反映单位本年预算结转结余年初余额调整的金额。本项目应当根据本项目下"财政拨款结转结余""其他资金结转结余"项目金额的合计数填列。

（1）"财政拨款结转结余"项目，反映单位本年财政拨款结转结余资金的年初余额调整金额。本项目应当根据"财政拨款结转""财政拨款结余"科目下"年初余额调整"明细科目的本年发生额的合计数填列；如调整减少年初财政拨款结转结余，以"－"号填列。

（2）"其他资金结转结余"项目，反映单位本年其他资金结转结余的年初余额调整金额。本项目应当根据"非财政拨款结转""非财政拨款结余"科目下"年初余额调整"明细科目的本年发生额的合计数填列；如调整减少年初其他资金结转结余，以"－"号填列。

▶ 3. 本年变动金额

"本年变动金额"项目，反映单位本年预算结转结余变动的金额。本项目应当根据本项目下"财政拨款结转结余""其他资金结转结余"项目金额的合计数填列。

（1）"财政拨款结转结余"项目，反映单位本年财政拨款结转结余资金的变动。本项目应当根据本项目下"本年收支差额""归集调入""归集上缴或调出"项目金额的合计数填列。

①"本年收支差额"项目，反映单位本年财政拨款资金收支相抵后的差额。本项目应当根据"财政拨款结转"科目下"本年收支结转"明细科目本年转入的预算收入与预算支出的

差额填列；差额为负数的，以"－"号填列。

②"归集调入"项目，反映单位本年按照规定从其他单位归集调入的财政拨款结转资金。本项目应当根据"财政拨款结转"科目下"归集调入"明细科目的本年发生额填列。

③"归集上缴或调出"项目，反映单位本年按照规定上缴的财政拨款结转结余资金及按照规定向其他单位调出的财政拨款结转资金。本项目应当根据"财政拨款结转""财政拨款结余"科目下"归集上缴"明细科目，以及"财政拨款结转"科目下"归集调出"明细科目本年发生额的合计数填列，以"－"号填列。

（2）"其他资金结转结余"项目，反映单位本年其他资金结转结余的变动。本项目应当根据本项目下"本年收支差额""缴回资金""使用专用结余""支付所得税"项目金额的合计数填列。

①"本年收支差额"项目，反映单位本年除了财政拨款以外的其他资金收支相抵后的差额。本项目应当根据"非财政拨款结转"科目下"本年收支结转"明细科目、"其他结余"科目、"经营结余"科目本年转入的预算收入与预算支出的差额的合计数填列；如为负数，以"－"号填列。

②"缴回资金"项目，反映单位本年按照规定缴回的非财政拨款结转资金。本项目应当根据"非财政拨款结转"科目下"缴回资金"明细科目本年发生额的合计数填列，以"－"号填列。

③"使用专用结余"项目，反映本年事业单位根据规定使用从非财政拨款结余或经营结余中提取的专用基金的金额。本项目应当根据"专用结余"科目明细账中本年使用专用结余业务的发生额填列，以"－"号填列。

④"支付所得税"项目，反映有企业所得税缴纳义务的事业单位本年实际缴纳的企业所得税金额。本项目应当根据"非财政拨款结余"明细账中本年实际缴纳企业所得税业务的发生额填列，以"－"号填列。

▶ 4. 年末预算结转结余

（1）"财政拨款结转结余"项目，反映单位本年财政拨款结转结余的年末余额。本项目应当根据本项目下"财政拨款结转""财政拨款结余"项目金额的合计数填列。

本项目下"财政拨款结转""财政拨款结余"项目，应当分别根据"财政拨款结转""财政拨款结余"科目的本年年末余额填列。

（2）"其他资金结转结余"项目，反映单位本年其他资金结转结余的年末余额。本项目应当根据本项目下"非财政拨款结转""非财政拨款结余""专用结余""经营结余"项目金额的合计数填列。

本项目下"非财政拨款结转""非财政拨款结余""专用结余""经营结余"项目，应当分别根据"非财政拨款结转""非财政拨款结余""专用结余""经营结余"科目的本年年末余额填列。

三、财政拨款预算收入支出表

财政拨款预算收入支出表反映单位本年财政拨款预算资金收入、支出及相关变动的具体情况。财政拨款预算收入支出表是为了全面反映财政拨款资金的取得和使用而设置的，财政拨款资金的取得和使用必须严格遵守财政预算管理的规定和要求，通过该表可以了解、评价财政拨款资金的执行情况，进行预算管理决策。

（一）财政拨款预算收入支出表的格式

行政事业单位财政拨款预算收入支出表应当分别在基本支出和项目支出中反映年初结转结余数、本年增减变动数和年末结转结余数。本年增减变动数包括调整年初结转结余数、本年归集调入数、本年归集上缴或调出数、单位内部调剂数、本年财政拨款收入数、本年财政拨款支出数。同时有一般公共预算财政拨款和政府性基金预算财政拨款的，应当分别在一般公共预算财政拨款和政府性基金预算财政拨款中反映上述相关信息。行政事业单位财政拨款预算收入支出表的格式如表12-4所示。

表 12-4　财政拨款预算收入支出表的格式

编制单位：_____　　　　　　　　　　_____年　　　　　　　　　　单位：元

项　　　目	年初财政拨款结转结余		调整年初财政拨款结转结余	本年归集调入	本年归集上缴或调出	单位内部调剂		本年财政拨款收入	本年财政拨款支出	年末财政拨款结转结余	
	结转	结余				结转	结余			结转	结余
一、一般公共预算财政拨款	35	5						5 600	5 070	550	20
（一）基本支出	10							3 900	3 880	30	
1. 人员经费											
2. 日常公用经费											
（二）项目支出	25	5						1 700	1 190	520	20
1. ××项目						5					
2. ××项目							−5				
……											
二、政府性基金预算财政拨款											
（一）基本支出											
1. 人员经费											
2. 日常公用经费											
（二）项目支出											
1. ××项目											
2. ××项目											
……											
总计	35	5				5	−5	5 600	5 070	550	20

（二）财政拨款预算收入支出表的填列方法

（1）"年初财政拨款结转结余"栏中各项目，反映财政拨款结转结余的金额。各项目应当根据"财政拨款结转""财政拨款结余"及其明细科目的年初余额填列。本栏中各项目的数额应当与上年度财政拨款预算收入支出表中"年末财政拨款结转结余"栏目中各项目的数额相等。

（2）"调整年初财政拨款结转结余"栏中各项目，反映单位对年初财政拨款结转结余的调整金额。各项目应当根据"财政拨款结转""财政拨款结余"科目下"年初余额调整"明细科目及其所属明细科目的本年发生额填列；如调整减少年初财政拨款结转结余，以"－"号填列。

（3）"本年归集调入"栏中各项目，反映单位本年按规定从其他单位调入的财政拨款结转资金金额。各项目应当根据"财政拨款结转"科目下"归集调入"明细科目及其所属明细科目的本年发生额填列。

（4）"本年归集上缴或调出"栏中各项目，反映单位本年按规定实际上缴的财政拨款结转结余资金，及按照规定向其他单位调出的财政拨款结转资金金额。各项目应当根据"财政拨款结转""财政拨款结余"科目下"归集上缴"科目和"财政拨款结转"科目下"归集调出"明细科目，及其所属明细科目的本年发生额填列，以"－"号填列。

（5）"单位内部调剂"栏中各项目，反映单位本年财政拨款结转结余资金在单位内部不同项目等之间的调剂金额。各项目应当根据"财政拨款结转"和"财政拨款结余"科目下的"单位内部调剂"明细科目及其所属明细科目的本年发生额填列；对单位内部调剂减少的财政拨款结余金额，以"－"号填列。

（6）"本年财政拨款收入"栏中各项目，反映单位本年从同级财政部门取得的各类财政预算拨款金额。各项目应当根据"财政拨款预算收入"科目金额填列。

（7）"本年财政拨款支出"栏中各项目，反映单位本年发生的财政拨款支出金额。各项目应当根据"行政支出""事业支出"等科目及其所属明细科目本年发生额中的财政拨款支出数的合计数填列。

（8）"年末财政拨款结转结余"栏中各项目，反映单位年末财政拨款结转结余的金额。各项目应当根据"财政拨款结转""财政拨款结余"科目及其所属明细科目的年末余额填列。

任务三　政府财务报告的编制

政府财务报告是反映政府会计主体某一特定日期的财务状况和某一会计期间的运行情况及现金流量等信息的文件。政府财务报告应当包括财务报表和其他应当在财务报告中披露的相关信息和资料。

政府财务报告的编制主要以权责发生制为基础，以单位财务会计核算生成的数据为准。

行政事业单位财务报表由"四表一注"构成，分别是资产负债表、收入费用表、净资产变动表、现金流量表和附注，其中，现金流量表可以由单位自行选择是否编制。

一、资产负债表

资产负债表反映单位在某一特定日期全部资产、负债和净资产的情况。按照规定，行政事业单位的资产负债表应当按月度和年度编制。

（一）资产负债表的格式

行政事业单位资产负债表应当分别以资产、负债和净资产反映相应组成项目期末余额和年初余额的信息，采用的平衡等式为：资产＝负债＋净资产。行政事业单位资产负债表的格式如表 12-5 所示。

表 12-5　资产负债表的格式

编制单位：＿＿＿＿＿　　　　　＿＿＿年＿＿＿月＿＿＿日　　　　　单位：元

资　　产	期末余额	年初余额	负债和净资产	期末余额	年初余额
流动资产：			流动负债：		
货币资金	390		短期借款		
短期投资			应交增值税		
财政应返还额度	310		其他应交税费		
应收票据			应缴财政款		
应收账款净额	140		应付职工薪酬	520	
预付账款	150		应付票据		
应收股利			应付账款	260	
应收利息			应付政府补贴款		
其他应收款净额			应付利息		
存货	220		预收账款		
待摊费用			其他应付款		
一年内到期的非流动资产			预提费用		
其他流动资产			一年内到期的非流动负债		
流动资产合计			其他流动负债		
非流动资产：			流动负债合计		
长期股权投资			非流动负债：		
长期债券投资			长期借款		
固定资产原值	438 000		长期应付款	900	
减：固定资产累计折旧	78 200		预计负债		
固定资产净值	359 800		其他非流动负债		
工程物资			非流动负债合计		
在建工程	13 500		受托代理负债		
无形资产原值	39 800		负债合计		
减：无形资产累计摊销	5 300				
无形资产净值	34 500				
研发支出					
公共基础设施原值					
减：公共基础设施累计折旧（摊销）					
公共基础设施净值					
政府储备物资					
文物文化资产					

续表

资　产	期末余额	年初余额	负债和净资产	期末余额	年初余额
保障性住房原值					
减：保障性住房累计折旧			净资产：		
保障性住房净值			累计盈余	407 100	
长期待摊费用			专用基金	230	
待处理财产损溢			权益法调整		
其他非流动资产			无偿调拨净资产（月报）*		
非流动资产合计			本期盈余（月报）*		
受托代理资产			净资产合计		
资产总计	409 010		负债和净资产总计	409 010	

注：＊标识项目为月报项目，年报中不须列示。

（二）资产负债表的填列方法

资产负债表中"年初余额"栏内各项数字，应当根据上年年末资产负债表"期末余额"栏内数字填列。如果本年度资产负债表规定的项目的名称和内容同上年度不一致，应当对上年年末资产负债表项目的名称和数字按照本年度的规定进行调整，将调整后的数字填入本表"年初余额"栏内。如果本年度单位发生了因前期差错更正、会计政策变更等调整以前年度盈余的事项，还应当对"年初余额"栏中的有关项目金额进行相应调整。在资产负债表中，"资产总计"项目期末（年初）余额应当与"负债和净资产总计"项目期末（年初）余额相等。

资产负债表的"期末余额"一般根据资产、负债和净资产类科目的期末余额填列，具体可以分为以下几类。

▶ 1. 直接根据总账科目余额填列

"短期投资""财政应返还额度""应收票据""预付账款""应收股利""应收利息""待摊费用""长期股权投资""固定资产原值""固定资产累计折旧""工程物资""在建工程""无形资产原值""无形资产累计摊销""研发支出""公共基础设施原值""公共基础设施累计折旧（摊销）""政府储备物资""文物文化资产""保障性住房原值""保障性住房累计折旧""长期待摊费用""待处理财产损溢""短期借款""应交增值税""其他应交税费""应缴财政款""应付职工薪酬""应付票据""应付政府补贴款""应付利息""预收账款""其他应付款""预提费用""预计负债""托代理负债""累计盈余""专用基金""权益法调整""无偿调拨净资产""本期盈余"等科目，应当根据总账科目的余额填列。

▶ 2. 根据几个总账科目余额计算填列

（1）"货币资金"项目，应当根据"库存现金""银行存款""零余额账户用款额度""其他货币资金"科目的期末余额的合计数填列；若单位存在通过"库存现金""银行存款"科目核算的受托代理资产，还应当按照前述合计数扣减"库存现金""银行存款"科目下"受托代理资产"明细科目的期末余额后的金额填列。

（2）"存货"项目，应当根据"在途物品""库存物品""加工物品"科目的期末余额的合计数填列。

（3）"其他流动资产"项目，应当根据除了本表中所列各项之外的其他各项流动资产科目期末余额的合计数填列。

（4）"其他非流动资产"项目，应当根据除了本表中所列各项之外的其他各项非流动资产科目期末余额的合计数填列。

（5）"其他流动负债"项目，应当根据除了本表中所列各项之外的其他各项流动负债科目期末余额的合计数填列。

（6）"其他非流动负债"项目，应当根据除了本表中所列各项之外的其他各项非流动负债科目期末余额的合计数填列。

▶ 3. 根据有关科目余额减去其备抵科目余额后的净额填列

（1）"应收账款净额"项目，应当根据"应收账款"科目的期末余额，减去"坏账准备"科目中对应收账款计提的坏账准备的期末余额后的金额填列。

（2）"其他应收款净额"项目，应当根据"其他应收款"科目的期末余额减去"坏账准备"科目中对其他应收款计提的坏账准备的期末余额后的金额填列。

（3）"固定资产净值"项目，应当根据"固定资产"科目期末余额减去"固定资产累计折旧"科目期末余额后的金额填列。

（4）"无形资产净值"项目，应当根据"无形资产"科目期末余额减去"无形资产累计摊销"科目期末余额后的金额填列。

（5）"公共基础设施净值"项目，应当根据"公共基础设施"科目期末余额减去"公共基础设施累计折旧(摊销)"科目期末余额后的金额填列。

（6）"保障性住房净值"项目，应当根据"保障性住房"科目期末余额减去"保障性住房累计折旧"科目期末余额后的金额填列。

▶ 4. 根据总账科目和明细账科目余额分析计算填列

（1）"一年内到期的非流动资产"项目，应当根据"长期债券投资"等科目的明细科目的期末余额分析，将在1年内(含1年)到期的长期债券投资金额填列至"一年内到期的非流动资产"项目中。

（2）"长期债券投资"项目，应当根据"长期债券投资"科目的期末余额减去其中将于1年内(含1年)到期的长期债券投资余额后的金额填列。

（3）"受托代理资产"项目，应当根据"受托代理资产"科目的期末余额与"库存现金""银行存款"科目下"受托代理资产"明细科目的期末余额的合计数填列。

（4）"一年内到期的非流动负债"项目，应当根据"长期应付款""长期借款"等科目的明细科目的期末余额分析，将于1年内(含1年)偿还的非流动负债的金额填列至"一年内到期的非流动负债"项目中。

（5）"长期借款"项目，应当根据"长期借款"科目的期末余额减去其中将于1年内(含1年)到期的长期借款余额后的金额填列。

（6）"长期应付款"项目，应当根据"长期应付款"科目的期末余额减去其中将于1年内(含1年)到期的长期应付款余额后的金额填列。

▶ 5. 根据本表中的项目计算合计数填列

（1）"流动资产合计"项目，应当根据本表中"货币资金""短期投资""财政应返还额度""应收票据""应收账款净额""预付账款""应收股利""应收利息""其他应收款净额""存货"

"待摊费用""一年内到期的非流动资产""其他流动资产"项目金额的合计数填列。

（2）"流动资产合计"项目，应当根据本表中"货币资金""短期投资""财政应返还额度""应收票据""应收账款净额""预付账款""应收股利""应收利息""其他应收款净额""存货""待摊费用""一年内到期的非流动资产""其他流动资产"项目金额的合计数填列。

（3）"资产总计"项目，应当根据本表中"流动资产合计""非流动资产合计""受托代理资产"项目金额的合计数填列。

（4）"流动负债合计"项目，应当根据本表"短期借款""应交增值税""其他应交税费""应交财政款""应付职工薪酬""应付票据""应付账款""应付政府补贴款""应付利息""预收账款""其他应付款""预提费用""一年内到期的非流动负债""其他流动负债"项目金额的合计数填列。

（5）"非流动负债合计"项目，应当根据本表中"长期借款""长期应付款""预计负债""其他非流动负债"项目金额的合计数填列。

（6）"负债合计"项目，应当根据本表中"流动负债合计""非流动负债合计""受托代理负债"项目金额的合计数填列。

（7）"净资产合计"项目，应当根据本表中"累计盈余""专用基金""权益法调整""无偿调拨净资产"（月度报表）"本期盈余"（月度报表）项目金额的合计数填列。

（8）"负债和净资产总计"项目，应当按照本表中"负债合计""净资产合计"项目金额的合计数填列。

二、收入费用表

收入费用表反映单位在某一会计期间内发生的收入、费用及当期盈余情况。按照规定，行政事业单位的收入费用表应当按月度和年度编制。

（一）收入费用表的格式

行政事业单位收入费用表应当分别以本期收入、本期费用和本期盈余反映相应组成项目本月数和本年累计数的信息，采用的计算公式为：本期收入－本期费用＝本期盈余。行政事业单位收入费用表的格式如表12-6所示。

表12-6　收入费用表的格式

编制单位：_____　　　　　_____年_____月　　　　　单位：元

项　　　目	本　月　数	本年累计数
一、本期收入	（略）	29 730
（一）财政拨款收入		15 600
其中：政府性基金收入		
（二）事业收入		13 800
（三）上级补助收入		250
（四）附属单位上缴收入		
（五）经营收入		
（六）非同级财政拨款收入		
（七）投资收益		
（八）捐赠收入		

续表

项　　　目	本　月　数	本年累计数
（九）利息收入		60
（十）租金收入		
（十一）其他收入		20
二、本期费用		29 440
（一）业务活动费用		27 650
（二）单位管理费用		1 350
（三）经营费用		
（四）资产处置费用		410
（五）上缴上级费用		
（六）对附属单位补助费用		
（七）所得税费用		
（八）其他费用		30
三、本期盈余		290

（二）收入费用表的填列方法

收入费用表中"本月数"栏在编制年度收入费用表时，应当改为"本年数"，收入费用表中"本年累计数"栏在编制年度收入费用表时，应当改为"上年数"。如果本年度收入费用表规定的项目的名称和内容同上年度不一致，应当对上年度收入费用表项目的名称和数字按照本年度的规定进行调整，将调整后的金额填入本年度收入费用表的"上年数"栏内。如果本年度单位发生了因前期差错更正、会计政策变等调整以前年度盈余的事项，还应当对年度收入费用表中"上年数"栏中的有关项目金额进行相应调整。

收入费用表的绝大多数项目都可以直接从本期收入中的 11 个会计科目和本期费用中的 8 个会计科目的总账发生额直接取数，其中，"财政拨款收入"中"政府性基金收入"需要列示明细账发生额。在收入费用表中，"本月数"栏各项目的内容和填列方法如下。

▶ 1. 本期收入

（1）"本期收入"项目，反映单位本期收入总额。本项目应当根据收入费用表中"财政拨款收入""事业收入""上级补助收入""附属单位上缴收入""经营收入""非同级财政拨款收入""投资收益""捐赠收入""利息收入""租金收入""其他收入"项目金额的合计数填列。

（2）"财政拨款收入"项目，反映单位本期从同级政府财政部门取得的各类财政拨款。本项目应当根据"财政拨款收入"科目的本期发生额填列。

"政府性基金收入"项目，反映单位本期取得的财政拨款收入中属于政府性基金预算拨款的金额。本项目应当根据"财政拨款收入"相关明细科目的本期发生额填列。

（3）"事业收入"项目，反映事业单位本期开展专业业务活动及其辅助活动实现的收入。本项目应当根据"事业收入"科目的本期发生额填列。

（4）"上级补助收入"项目，反映事业单位本期从主管部门和上级单位收到或应收的非财政拨款收入。本项目应当根据"上级补助收入"科目的本期发生额填列。

（5）"附属单位上缴收入"项目，反映事业单位本期收到或应收的独立核算的附属单位按照有关规定上缴的收入。本项目应当根据"附属单位上缴收入"科目的本期发生额填列。

(6)"经营收入"项目,反映事业单位本期在专业业务活动及其辅助活动之外开展非独立核算经营活动实现的收入。本项目应当根据"经营收入"科目的本期发生额填列。

(7)"非同级财政拨款收入"项目,反映单位本期从非同级政府财政部门取得的财政拨款,不包括事业单位因开展科研及其辅助活动从非同级财政部门取得的经费拨款。本项目应当根据"非同级财政拨款收入"科目的本期发生额填列。

(8)"投资收益"项目,反映事业单位本期股权投资和债券投资所实现的收益或发生的损失。本项目应当根据"投资收益"科目的本期发生额填列;如为投资净损失,以"－"号填列。

(9)"捐赠收入"项目,反映单位本期接受捐赠取得的收入。本项目应当根据"捐赠收入"科目的本期发生额填列。

(10)"利息收入"项目,反映单位本期取得的银行存款利息收入。本项目应当根据"利息收入"科目的本期发生额填列。

(11)"租金收入"项目,反映单位本期经批准利用国有资产出租取得并按规定纳入本单位预算管理的租金收入。本项目应当根据"租金收入"科目的本期发生额填列。

(12)"其他收入"项目,反映单位本期取得的除了以上收入项目之外的其他收入的总额。本项目应当根据"其他收入"科目的本期发生额填列。

▶ 2. 本期费用

(1)"本期费用"项目,反映单位本期费用总额。本项目应当根据本表中"业务活动费用""单位管理费用""经营费用""资产处置费用""上缴上级费用""对附属单位补助费用""所得税费用"和"其他费用"项目金额的合计数填列。

(2)"业务活动费用"项目,反映单位本期为实现其职能目标,依法履职或开展专业业务活动及其辅助活动所发生的各项费用。本项目应当根据"业务活动费用"科目本期发生额填列。

(3)"单位管理费用"项目,反映事业单位本期本级行政及后勤管理部发生的各项费用,以及由单位统一负担的离退休人员经费、工会经费、诉讼费、中介费等。本项目应当根据"单位管理费用"科目的本期发生额填列。

(4)"经营费用"项目,反映事业单位本期在专业业务活动及其辅助活动之外开展非独立核算经营活动发生的各项费用。本项目应当根据"经营费用"科目的本期发生额填列。

(5)"资产处置费用"项目,反映单位本期经批准处置资产时转销的资产价值以及在处置过程中发生的相关费用或者处置收入小于处置费用形成的净支出。本项目应当根据"资产处置费用"科目的本期发生额填列。

(6)"上缴上级费用"项目,反映事业单位按照规定上缴上级单位款项发生的费用。本项目应当根据"上缴上级费用"科目的本期发生额填列。

(7)"对附属单位补助费用"项目,反映事业单位用财政拨款收入之外的收入对附属单位补助发生的费用。本项目应当根据"对附属单位补助费用"科目的本期发生额填列。

(8)"所得税费用"项目,反映有企业所得税缴纳义务的事业单位本期计算应缴纳的企业所得税。本项目应当根据"所得税费用"科目的本期发生额填列。

(9)"其他费用"项目,反映单位本期发生的除了以上费用项目之外的其他费用的总额。本项目应当根据"其他费用"科目的本期发生额填列。

▶ 3. 本期盈余

"本期盈余"项目，反映单位本期收入扣除本期费用后的净额。本项目应当根据本表中"本期收入"项目金额减去"本期费用"项目金额后的金额填列；如为负数，以"－"号填列。

三、净资产变动表

净资产变动表反映单位在某一会计年度内净资产项目的变动情况。按照规定，行政事业单位的净资产变动表应当按年度编制。

（一）净资产变动表的格式

行政事业单位净资产变动表采用矩阵的格式，即一方面列示净资产的各组成部分，如列示累计盈余、专用基金、权益法调整等，另一方面列示净资产各组成部分增减变动的具体原因，如列示本年盈余、无偿调拨净资产、归集调整预算结转结余、提取或设置专用基金、使用专用基金等，净资产各组成部分的增减变动原因与净资产的相应组成部分形成对应。行政事业单位净资产变动表的格式如表 12-7 所示。

表 12-7　净资产变动表的格式

编制单位：_____　　　　_____年　　　　单位：元

项　　目	本　年　数				上　年　数			
	累计盈余	专用基金	权益法调整	净资产合计	累计盈余	专用基金	权益法调整	净资产合计
一、上年年余额	426 850	220		427 070				
二、以前年度盈余调整（减少以"－"号填列）	——	——				——	——	
三、本年年初余额	426 850	220		427 070				
四、本年变动金额（减少以"－"号填列）	－19 710	10		－19 700				
（一）本年盈余	－19 710	——	——	－19 710		——	——	
（二）无偿调拨净资产								
（三）归集调整预算结转结余								
（四）提取或设置专用基金		40		40				
其中：从预算收入中提取	——		——		——		——	
从预算结余中提取		40		40				
设置的专用基金	——		——		——		——	
（五）使用专用基金		－30	——	－30				
（六）权益法调整	——	——				——	——	
五、本年年余额	407 140	230		407 370				

注："——"表示单元格不需要填列。

（二）净资产变动表的填列方法

净资产变动表金额部分由"本年数"和"上年数"两栏构成。本表"上年数"栏应当根据上年度净资产变动表中"本年数"栏内所列数字填列。如果上年度净资产变动表规定的项目的名称和内容与本年度的不一致，应对上年度净资产变动表项目的名称和数字按照本年度的规定进行调整，将调整后金额填入本年度净资产变动表"上年数"栏内。本表"本年数"栏反映本年度各项目的实际变动数，"本年数"栏各项目的内容和填列方法如下。

（1）"上年年末余额"行，反映单位净资产各项目上年年末的余额。本行各项目应当根据"累计盈余""专用基金""权益法调整"科目上年年末余额填列。

（2）"以前年度盈余调整"行，反映单位本年度调整以前年度盈余的事项对累计盈余进行调整的金额。本行"累计盈余"项目应当根据本年度"以盈余调整"科目转入"累计盈余"科目的金额填列；如调整减少累计盈余，以"－"号。

（3）"本年年初余额"行，反映经过以前年度盈余调整后，单位净资产各项目的本年年初余额。本行"累计盈余""专用基金""权益法调整"项目应当根据其各自在"上年年末余额"和"以前年度盈余调整"行对应项目金额的合计数填列。

（4）"本年变动金额"行，反映单位净资产各项目本年变动总金额。本行"累计盈余""专用基金""权益法调整"项目应当根据其各自在"本年盈余""无偿调拨净资产""归集调整预算结转结余""提取或设置专用基金""使用专用基金""权益法调整"行对应项目金额的合计数填列。

（5）"本年盈余"行，反映单位本年发生的收入、费用对净资产的影响。因为年末结转时，"本期盈余"科目余额转入"本年盈余分配"，"本年盈余分配"根据有关规定提取"专用基金"后剩余金额转入"累计盈余"，所以"本年盈余"转入"本年盈余分配"的金额会增加或减少"累计盈余"，本行"累计盈余"项目应当根据年末由"本期盈余"科目转入"本年盈余分配"科目的金额填列"本年盈余分配"科目，则以"－"号填列。

（6）"无偿调拨净资产"行，反映单位本年无偿调入、调出非现金资产事项对净资产的影响。本行"累计盈余"项目应当根据年末由"无偿调拨净资产"科目转入"累计盈余"科目的金额填列；如转入时借记"累计盈余"科目，则以"－"号填列。

（7）"归集调整预算结转结余"行，反映单位本年财政拨款结转结余资金归集调入、归集上缴或调出，以及非财政拨款结转资金缴回对净资产的影响。本行"累计盈余"项目应当根据"累计盈余"科目明细账记录分析填列；如归集调整减少预算结转结余，则以"－"号填列。

（8）"提取或设置专用基金"行，反映单位本年提取或设置专用基金对净资产的影响。本行"累计盈余"项目应当根据"从预算结余中提取"行"累计盈余"项目的金额填列。本行"专用基金"项目应当根据"从预算收入中提取""从预算结余中提取""设置的专用基金"行"专用基金"项目计数填列。

"从预算收入中提取"行，反映单位本年从预算收入中提取专用基金对净资产的影响。本行"专用基金"项目应当通过对"专用基金"科目明细账记录的分析，根据本年按有关规定从预算收入中提取基金的金额填列。

"从预算结余中提取"行，反映单位本年根据有关规定从本年度非财政拨款结余或经营结余中提取专用基金对净资产的影响。本行"累计盈余""专用基金"项目应当通过对"专用基金"科目明细账记录的分析，根据本年按有关规定从本年度非财政拨款结余或经营结余中提取专用基金的金额填列；本行"累计盈余"项目以"－"号填列。

"设置的专用基金"行，反映单位本年根据有关规定设置的其他专用基金对净资产的影响。本行"专用基金"项目应当通过对"专用基金"科目明细账记录的分析，根据本年按有关规定设置的其他专用基金的金额填列。

（9）"使用专用基金"行，反映单位本年按规定使用专用基金对净资产的影响。因为使用专用基金购置固定资产、无形资产的，借记"固定资产""无形资产"科目，贷记"银行存款"科目，同时，借记"专用基金"科目，贷记"累计盈余"科目，所以使用专用基金时，"专用基金"减少，"累计盈余"增加。本行"累计盈余""专用基金"项目应当通过对"专用基金"科目明细账记录的分析，根据本年按规定使用专用基金的金额填列；本行"专用基金"项目以"－"号填列。

（10）"权益法调整"行，反映单位本年按照被投资单位除了净损益和利润分配以外的所有者权益变动份额而调整长期股权投资账面余额对净资产的影响。本行"权益法调整"项目应当根据"权益法调整"科目本年发生额填列；若本年净发生额为借方时，以"－"号填列。

（11）"本年年末余额"行，反映单位本年各净资产项目的年末余额。本行"累计盈余""专用基金""权益法调整"项目应当根据其各自在"本年年初余额""本年变动金额"行对应项目金额的合计数填列。

（12）本表各行"净资产合计"项目，应当根据所在行"累计盈余""专用基金""权益法调整"项目金额的合计数填列。

四、现金流量表

现金流量表反映单位在某一会计年度内现金流入和流出的信息。单位可根据实际情况自行选择编制现金流量表。按照规定，行政事业单位的现金流量表应当按年度编制。

现金流量表所指的现金，是指单位的库存现金以及其他可以随时用于支付的款项，包括库存现金、可以随时用于支付的银行存款、其他货币资金、零余额账户用款额度、财政应返还额度，以及通过财政直接支付方式支付的款项。现金流量是指现金的流入和流出。

（一）现金流量表的格式

行政事业单位现金流量表应当分为日常活动产生的现金流量、投资活动产生的现金流量和筹资活动产生的现金流量，反映现金流入和现金流出的信息，采用的计算公式为：现金流入－现金流出＝现金流量净额。行政事业单位现金流量表的格式如表 12-8 所示。

表 12-8　现金流量表的格式

编制单位：_____　　　　_____年　　　　　　单位：元

项　　　目	本 年 金 额	上 年 金 额
一、日常活动产生的现金流量：		
财政基本支出拨款收到的现金		
财政非资本性项目拨款收到的现金		
事业活动收到的除了财政拨款以外的现金		
收到的其他与日常活动有关的现金		
日常活动的现金流入小计		
购买商品、接受劳务支付的现金		

项　　目	本 年 金 额	上 年 金 额
支付给职工以及为职工支付的现金		
支付的各项税费		
支付的其他与日常活动有关的现金		
日常活动的现金流出小计		
日常活动产生的现金流量净额		
二、投资活动产生的现金流量：		
收回投资收到的现金		
取得投资收益收到的现金		
处置固定资产、无形资产、公共基础设施等收回的现金净额		
收到的其他与投资活动有关的现金		
投资活动的现金流入小计		
购建固定资产、无形资产、公共基础设施等支付的现金		
对外投资支付的现金		
上缴处置固定资产、无形资产、公共基础设施等净收入支付的现金		
支付的其他与投资活动有关的现金		
投资活动的现金流出小计		
投资活动产生的现金流量净额		
三、筹资活动产生的现金流量：		
财政资本性项目拨款收到的现金		
取得借款收到的现金		
收到的其他与筹资活动有关的现金		
筹资活动的现金流入小计		
偿还借款支付的现金		
偿还利息支付的现金		
支付的其他与筹资活动有关的现金		
筹资活动的现金流出小计		
筹资活动产生的现金流量净额		
四、汇率变动对现金的影响额		
五、现金净增加额		

（二）现金流量表的填列方法

现金流量表中"本年金额"栏反映各项目的本年实际发生数。现金流量表"上年金额"栏反映各项目的上年实际发生数，应当根据上年现金流量表中"本年金额"栏内所列数字填列。行政事业单位应当采用直接法编制现金流量表。在现金流量表中，"本年金额"栏各项目的内容和填列方法如下。

▶ 1. 日常活动产生的现金流量

（1）"财政基本支出拨款收到的现金"项目，反映单位本年接受财政基本支出拨款取得的现金。本项目应当根据"零余额账户用款额度""财政拨款收入""银行存款"等科目及其所属明细科目的记录分析填列。

（2）"财政非资本性项目拨款收到的现金"项目，反映单位本年接受除了用于购建固定资产、无形资产、公共基础设施等资本性项目以外的财政项目拨款取得的现金。本项目应当根据"银行存款""零余额账户用款额度""财政拨款收入"等科目及其所属明细科目的记录分析填列。

（3）"事业活动收到的除了财政拨款以外的现金"项目，反映事业单位本年开展专业业务活动及其辅助活动取得的除了财政拨款以外的现金。本项目应当根据"库存现金""银行存款""其他货币资金""应收账款""应收票据""预收账款""事业收入"等科目及其所属明细科目的记录分析填列。

（4）"收到的其他与日常活动有关的现金"项目，反映单位本年收到的除了以上项目之外的与日常活动有关的现金。本项目应当根据"库存现金""银行存款""其他货币资金""上级补助上缴收入""经营收入""非同级财政拨款收入""捐赠收入""利息收入""租金收入""其他收入"等科目及其所属明细科目的记录分析填列。

（5）"日常活动的现金流入小计"项目，反映单位本年日常活动产生的现金流入的合计数。本项目应当根据本表中"财政基本支出拨款收到的现金""财政非资本性项目拨款收到的现金""事业活动收到的除了财政拨款以外的现金""收到的其他与日常活动有关的现金"项目金额的合计数填列。

（6）"购买商品、接受劳务支付的现金"项目，反映单位本年在日常活动、接受劳务支付的现金。本项目应当根据"库存现金""银行存款""财政拨款收入""零余额账户用款额度""预付账款""在途物品""库存物品""应付账款""业务活动费用""单位管理费用""经营费用"等科目及其所属明细科目的记录分析填列。

（7）"支付给职工以及为职工支付的现金"项目，反映单位本年支付给职工以及为职工支付的现金。本项目应当根据"库存现金""银行存款""零余额账户用款额度""财政拨款收入""应付职工薪酬""业务活动费用""单位管理费用""经营费用"等科目及其所属明细科目的记录分析填列。

（8）"支付的各项税费"项目，反映单位本年用于缴纳日常活动相关税费而支付的现金。本项目应当根据"库存现金""银行存款""零余额账户用款额度""应交增值税""其他应交税""业务活动费用""单位管理费用""经营费用""所得税费用"等科目及其所属明细科目的记录分析填列。

（9）"支付的其他与日常活动有关的现金"项目，反映单位本年支付的除了上述项目之外与日常活动有关的现金。本项目应当根据"库存现金""银行存款""零余额账户用款额度""财政拨款收入""其他应付款""业务活动费用""单位管理费用""经营费用""其他费用"等科目及其所属明细科目的记录分析填列。

（10）"日常活动的现金流出小计"项目，反映单位本年日常活动产生的现金流出的合计数。本项目应当根据本表中"购买商品、接受劳务支付的现金""支付给职工以及为职工支付的现金""支付的各项税费""支付的其他与日常活动有关的现金"项目金额的合计数填列。

（11）"日常活动产生的现金流量净额"项目，应当按照本表中"日常活动的现金流入小计"项目金额减去"日常活动的现金流出小计"项目金额后的金额填列；如为负数，以"－"号填列。

▶ 2. 投资活动产生的现金流量

（1）"收回投资收到的现金"项目，反映单位本年出售、转让或者收回投资收到的现金。本项目应该根据"库存现金""银行存款""短期投资""长期股权投资""长期债券投资"等科目的记录分析填列。

（2）"取得投资收益收到的现金"项目，反映单位本年因对外投资而收到被投资单位分配的股利或利润，以及收到投资利息而取得的现金。本项目应当根据"库存现金""银行存款""应收股利""应收利息""投资收益"等科目的记录分析填列。

（3）"处置固定资产、无形资产、公共基础设施等收回的现金净额"项目，反映单位本年处置固定资产、无形资产、公共基础设施等非流动资产所的现金，减去为处置这些资产而支付的有关费用之后的净额。由于自然灾害造成的固定资产等长期资产损失而收到的保险赔款收入，也在本项目反映。本项目应当根据"库存现金""银行存款""待处理财产损溢"等科目的记录分析填列。

（4）"收到的其他与投资活动有关的现金"项目，反映单位本年收到的除了上述项目之外与投资活动有关的现金。对于金额较大的现金流入，应当单列项目反映。本项目应当根据"库存现金""银行存款"等有关科目的记录分析填列。

（5）"投资活动的现金流入小计"项目，反映单位本年投资活动产生的现金流入的合计数。本项目应当根据本表中"收回投资收到的现金""取得投资收益收到的现金""处置固定资产、无形资产收回的现金净额""收到的其他与投资活动有关的现金"填列。

（6）"购建固定资产、无形资产、公共基础设施等支付的现金"项目，反映单位本年购买和建造固定资产、无形资产、公共基础设施等非流动资产所支付的现金；融资租入固定资产支付的租赁费不在本项目反映，在筹资活动的现金流量中反映。本项目应当根据"库存现金""银行存款""固定资产""工程物资""在建工程""无形资产""研发支出""公共基础设施""保障性住房"等科目的记录分析填列。

（7）"对外投资支付的现金"项目，反映单位本年为取得短期投资、长期股权投资、长期债券投资而支付的现金。本项目应当根据"库存现金""银行存款""短期投资""长期股权投资""长期债券投资"等科目的记录分析填列。

（8）"上缴处置固定资产、无形资产、公共基础设施等净收入支付的现金"项目，反映本年单位将处置固定资产、无形资产、公共基础设施等非流动资产所收回的现金净额予以上缴财政所支付的现金。本项目应当根据"库存现金""银行存款""应缴财政款"等科目的记录分析填列。

（9）"支付的其他与投资活动有关的现金"项目，反映单位本年支付的除了上述项目之外与投资活动有关的现金。对于金额较大的现金流出，应当单列项目反映。本项目应当根据"库存现金""银行存款"等有关科目的记录分析填列。

（10）"投资活动的现金流出小计"项目，反映单位本年投资活动产生的现金流出的合计数。本项目应当根据本表中"购建固定资产、无形资产、公共基础设施等支付的现金""对外投资支付的现金""上缴处置固定资产、无形资产、公共基础设施等净收入支付的现金""支付的其他与投资活动有关的现金"项目金额的合计数填列。

（11）"投资活动产生的现金流量净额"项目，应当按照本表中"投资活动的现金流入小计"项目金额减去"投资活动的现金流出小计"项目金额后的金额填列；如为负数，以"—"

号填列。

▶3. 筹资活动产生的现金流量

（1）"财政资本性项目拨款收到的现金"项目，反映单位本年接受用于购建固定资产、无形资产、公共基础设施等资本性项目的财政项目拨款取得的现金。本项目应当根据"银行存款""零余额账户用款额度""财政拨款收入"等科目及其所属明细科目的记录分析填列。

（2）"取得借款收到的现金"项目，反映事业单位本年举借短期、长期借款所收到的现金。本项目应当根据"库存现金""银行存款""短期借款""长期借款"等科目记录分析填列。

（3）"收到的其他与筹资活动有关的现金"项目，反映单位本年收到的除了上述项目之外与筹资活动有关的现金。对于金额较大的现金流入，应当单列项目反映。本项目应当根据"库存现金""银行存款"等有关科目的记录分析填列。

（4）"筹资活动的现金流入小计"项目，反映单位本年筹资活动产生的现金流入的合计数。本项目应当根据本表中"财政资本性项目拨款收到的现金""取得借款收到的现金""收到的其他与筹资活动有关的现金"项目金额的合计数填列。

（5）"偿还借款支付的现金"项目，反映事业单位本年偿还借款本金所支付的现金。本项目应当根据"库存现金""银行存款""短期借款""长期借款"等科目的记录分析填列。

（6）"偿付利息支付的现金"项目，反映事业单位本年支付的借款利息等。本项目应当根据"库存现金""银行存款""应付利息""长期借款"等科目的记录分析填列。

（7）"支付的其他与筹资活动有关的现金"项目，反映单位本年支付的除上述项目之外与筹资活动有关的现金，如融资租入固定资产所支付的租赁费。本项目应当根据"库存现金""银行存款""长期应付款"等科目的记录分析填列。

（8）"筹资活动的现金流出小计"项目，反映单位本年筹资活动产生的现金流出的合计数。本项目应当根据"偿还借款支付的现金""偿付利息支付的现金""支付的其他与筹资活动有关的现金"的项目金额合计数填列。

（9）"筹资活动产生的现金流量净额"项目，应当按照本表中"筹资活动的现金流入小计"项目金额减去"筹资活动的现金流出小计"金额后的金额填列；如为负数，以"－"号填列。

▶4. 汇率变动对现金的影响额

"汇率变动对现金的影响额"项目，反映单位本年外币现金流量折算为人民币时，所采用的现金流量发生日的汇率折算的人民币金额与外币现金流量净额按期末汇率折算的人民币金额之间的差额。

▶5. 现金净增加额

"现金净增加额"项目，反映单位本年现金变动的净额。本项目应当根据表中"日常活动产生的现金流量净额""投资活动产生的现金流量净额""筹资活动产生的现金流量净额"和"汇率变动对现金的影响额"项目金额的合计数填列；如为负数，以"－"号填列。

五、财务会计报表附注

会计报表附注是对在会计报表中列示的项目所作的进一步说明，以及对未能在会计报表中列示项目的说明。附注是财务报表的重要组成部分。凡对报表使用者的决策有重要影响的会计信息，不论本制度是否有明确规定，单位均应当充分披露。

根据现行政府会计制度的规定，财务会计报表附注主要包括下列内容。

（一）单位的基本情况

单位应当简要披露其基本情况，包括单位主要职能、主要业务活动、所在地、预算管理关系等。

（二）会计报表编制基础

（三）遵循政府会计准则、制度的声明

（四）重要会计政策和会计估计

单位应当采用与其业务特点相适应的具体会计政策，并充分披露报告期内采用的重要会计政策和会计估计。主要包括以下内容。

（1）会计期间。

（2）记账本位币，外币折算汇率。

（3）坏账准备的计提方法。

（4）存货类别、发出存货的计价方法、存货的盘存制度，以及低值易耗品和包装物的摊销方法。

（5）长期股权投资的核算方法。

（6）固定资产分类、折旧方法、折旧年限和年折旧率；融资租入固定资产的计价和折旧方法。

（7）无形资产的计价方法；使用寿命有限的无形资产，其使用寿命估计情况；使用寿命不确定的无形资产，其使用寿命不确定的判断依据；单位内部研究开发项目划分研究阶段和开发阶段的具体标准。

（8）公共基础设施的分类、折旧（摊销）方法、折旧（摊销）年限，以及其确定依据。

（9）政府储备物资分类，以及确定其发出成本所采用的方法。

（10）保障性住房的分类、折旧方法、折旧年限。

（11）其他重要的会计政策和会计估计。

（12）本期发生重要会计政策和会计估计变更的，变更的内容和原因，受其重要影响的报表项目名称和金额，相关审批程序，以及会计估计变更开始适用的时点。

（五）会计报表重要项目说明

单位应当按照资产负债表和收入费用表项目列示顺序，采用文字和数据描述相结合的方式披露重要项目的明细信息。报表重要项目的明细金额合计，应当与报表项目金额相衔接。报表重要项目说明应包括但不限于下列内容。

（1）货币资金的明细信息，包括货币资金的种类，每种货币资金的年初余额、期末余额等情况。

（2）应收账款的明细信息，包括债务人的类别和名称，应收各债务人款项的年初余额和期末余额等情况。

（3）存货的明细信息，包括存货的种类，每种存货的年初余额、期末余额等情况。

（4）其他流动资产的明细信息，包括其他流动资产的种类，每种其他流动资产的年初余额、期末余额等情况。

（5）长期投资的明细信息，包括长期债券投资的明细信息，长期股权投资的明细信息，当期发生的重大投资净损益项目、金额及原因。其中，长期债券投资的明细信息包括债券发行主体，每一主体的年初余额、本期增减变动数额、期末余额等情况；长期股权投资的明细信息包括被投资单位，每一被投资单位的核算方法、年初余额、本期增减变动数额、期末余额等情况。

（6）固定资产的明细信息，包括固定资产的种类，每种固定资产的原值、累计折旧、账面价值、年初余额、本期增减变动数额、期末余额等情况，已提足折旧的固定资产名称、数量等情况，出租、出借固定资产以及固定资产对外投资等情况。

以固定资产的明细信息披露为例，披露的格式如表 12-9 所示。

表 12-9　固定资产明细表的格式　　　　　　　　　　单位：元

项　　目	年 初 余 额	本期增加额	本期减少额	期 末 余 额
一、原值合计				
其中：房屋及构筑物				
通用设备				
专用设备				
文物和陈列品				
图书、档案				
家具、用具、装具及动植物				
二、累计折旧合计				
其中：房屋及建筑物				
通用设备				
专用设备				
文物和陈列品				
图书、档案				
家具、用具、装具及动植物				
三、账面价值合计				
其中：房屋及建筑物				
通用设备				
专用设备				
文物和陈列品				
图书、档案				
家具、用具、装具及动植物				

（7）在建工程的明细信息，包括在建工程的项目名称，各项目的年初余额、本期增减变动数额、期末余额等情况。

（8）无形资产的明细信息，包括无形资产的种类，每种无形资产的原值、累计摊销、账面价值、年初余额、本期增减变动数额、期末余额等情况，计入当期损益的研发支出金额、确认为无形资产的研发支出金额，无形资产出售、对外投资等处置情况。

（9）公共基础设施的明细信息，包括公共基础设施的种类，每种公共基础设施的原值、累计折旧、账面价值、年初余额、本期增减变动数额、期末余额等情况，确认为公共基础设施的单独计价入账的土地使用权的账面余额、累计摊销额及变动情况，已提足折旧继续使用的公共基础设施的名称、数量等。

（10）政府储备物资的明细信息，包括政府储备物资的种类，各种类物资的年初余额、本期增减变动数额、期末余额等情况。

（11）受托代理资产的明细信息，包括受托代理资产的种类，各种类资产的年初余额、本期增减变动数额、期末余额等情况。

（12）应付账款的明细信息，包括债权人的类别和名称，应付各债权人款项的年初余额和期末余额等情况。

（13）其他流动负债的明细信息，包括其他流动负债的项目，各项目的年初余额和期末余额等情况。

（14）长期借款的明细信息，包括债权人的名称，向各债权人借款的年初余额和期末余额等情况。单位有基建借款的，应当分基建项目披露长期借款的年初数、本年变动数、年末数及到期期限。

（15）事业收入的明细信息，包括事业收入的来源渠道，每种事业收入的本期发生额和上期发生额等情况。

（16）非同级财政拨款收入的明细信息，包括非同级财政拨款收入的来源渠道，每种非同级财政拨款收入的本期发生额和上期发生额等情况。

（17）其他收入的明细信息，包括其他收入的来源渠道，每种其他收入的本期发生额和上期发生额等情况。

（18）业务活动费用的明细信息，包括按经济分类的明细信息和按支付对象分类的明细信息。其中，按经济分类的明细信息包括费用项目，每一费用项目的本期发生额和上期发生额。费用项目包括工资福利费用、商品和服务费用、对个人和家庭的补助费用、对企业补助费用、固定资产折旧费、无形资产摊销费等。按支付对象分类的明细信息包括支付对象名称，每一支付对象的本期发生额和上期发生额。

以业务活动费用按经济分类的明细信息披露为例，披露的格式如表 12-10 所示。

表 12-10　业务活动费用按经济分类明细表的格式　　　　单位：元

项　　目	本期发生额	上期发生额
工资福利费用		
商品和服务费用		
对个人和家庭的补助费用		
对企业补助费用		
固定资产折旧费		
无形资产摊销费		
公共基础设施折旧（摊销）费		
保障性住房折旧		
计提专用基金		
……		
合计		

（19）其他费用的明细信息，包括其他费用的类别，每一费用类别的本期发生额和上期发生额。其他费用的类别如利息费用、坏账损失、罚没支付等。

（20）本期费用的明细信息，包括本期费用的项目，每一费用项目的本年数和上年数等情况。

会计报表重要项目的说明，大多数用表格的形式加以说明，简洁明了。对于需要使用文字进行说明的地方，应当使用文字进行说明。

（六）本年盈余与预算结余的差异情况说明

为了反映单位财务会计和预算会计因核算基础与核算范围的不同而产生的本年盈余数与本年预算结余数之间的差异，单位应当按照重要性原则，对本年度发生的各类影响收入（预算收入）和费用（预算支出）的业务进行适度归并与分析，披露将年度预算收入支出表中"本年预算收支差额"调节为年度收入费用表中"本期盈余"的信息。有关披露格式如表12-11所示。

表 12-11　本年盈余与预算结余的差异情况说明表的格式

项　　目	金　　额
一、本年预算结余(本年预算收支差额)	
二、差异调节	
（一）重要事项的差异	
加：1. 当期确认为收入但没有确认为预算收入	
（1）应收款项、预收账款确认的收入	
（2）接受非货币性资产捐赠确认的收入	
2. 当期确认为预算支出但没有确认为费用	
（1）支付应付款项、预付账款的支出	
（2）为取得存货、政府储备物资等计入物资成本的支出	
（3）为构建固定资产等的资本性支出	
（4）偿还借款本息支出	
减：1. 当期确认为预算收入但没有确认为收入	
（1）收到应收款项、预收账款确认的预算收入	
（2）取得借款确认的预算收入	
2. 当期确认为费用但没有确认为预算支出	
（1）发出存货、政府储备物资等确认的费用	
（2）计提的折旧费用和摊销费用	
（3）确认的资产处置费用(处置资产价值)	
（4）应付款项、预付账款确认的费用	
（二）其他事项差异	
三、本年盈余(本年收入与费用的差额)	

（七）其他重要事项说明

具体包括以下内容。

（1）资产负债表日存在的重要或有事项说明。没有重要或有事项的，也应说明。

（2）以名义金额计量的资产名称、数量等情况，以及以名义金额计量理由的说明。

（3）通过债务资金形成的固定资产、公共基础设施、保障性住房等资产的账面价值、使用情况、收益情况及与此相关的债务偿还情况等的说明。

（4）重要资产置换、无偿调入（出）、捐入（出）、报废、重大毁损等情况的说明。

（5）事业单位将单位内部独立核算单位的会计信息纳入本单位财务报表情况的说明。

（6）政府会计具体准则中要求附注披露的其他内容。

（7）有助于理解和分析单位财务报表需要说明的其他事项。

在线测试

在线测试

实务技能训练

参 考 文 献

[1]《中华人民共和国会计法》

[2]《中华人民共和国预算法》

[3]《政府会计准则——基本准则》

[4]《政府会计准则第 1 号——存货》

[5]《政府会计准则第 2 号——投资》

[6]《政府会计准则第 3 号——固定资产》

[7]《政府会计准则第 4 号——无形资产》

[8]《政府会计准则第 5 号——公共基础设施》

[9]《政府会计准则第 6 号——政府储备物资》

[10]《政府会计准则第 7 号——会计调整》

[11]《政府会计准则第 8 号——负债》

[12]《政府会计准则第 9 号——财务报表编制和列报》

[13]《〈政府会计准则第 3 号——固定资产〉应用指南》

[14]《政府会计制度——行政事业单位会计科目和报表》

[15]《财政总预算会计制度》

[16] 张庆龙，王彦. 政府会计制度解读与操作实务指南[M]. 北京：中国财政经济出版社，2018.

[17] 赵建勇. 政府会计[M]. 上海：上海财经大学出版社，2018.

[18] 政府会计制度编审委员会. 政府会计制度详解与实务 [M]. 北京：人民邮电出版社，2018.

[19] 刘京平，蔚敏，齐军，许娟.《政府会计制度》核算指南——事业单位会计实务案例精讲[M]. 北京：
中国财政经济出版社，2018.

[20] 许娟，齐军，刘京萍，蔚敏.《政府会计制度》核算指南——行政单位会计实务案例精讲[M]. 北京：
中国财政经济出版社，2018.

[21] 许玉凤. 预算会计[M]. 北京：中国商业出版社，2018.

[22] 财政部、中国人民银行关于印发《财政国库管理制度改革试点方案》的通知，财政国库〔2001〕24 号.

[23] 财政国库管理制度改革试点会计核算暂行办法，财库〔2001〕54 号.

[24]《财政总预算会计制度》暂行补充规定. 财库〔2001〕63 号.

[25] 财政部关于印发《财政国库管理制度改革试点会计核算暂行办法补充规定》的通知，财政国库〔2002〕
39 号.

[26] 财政部关于印发《财政国库管理制度改革试点资金支付管理暂行规定》的通知，财政国库〔2002〕
28 号.

[27] 财政部关于印发《财政国库管理制度改革试点年终预算结余资金管理暂行规定》的通知，财政国库
〔2003〕125 号.

[28] 财政部关于印发《财政国库管理制度改革试点年终预算结余资金账务处理暂行规定》的通知，财政国
库〔2004〕190 号.

[29] 财政部、中国人民银行关于印发《中央单位国库集中支付代理银行垫付资金计息管理暂行办法》的通
知，财政国库〔2005〕10 号.

[30] 王宗江，李曼. 预算会计[M]. 北京：高等教育出版社，2018.

[31] 中华会计网校. 政府会计制度及新会计法规汇编[M]. 北京：中国商业出版社，2018.

教师服务

感谢您选用清华大学出版社的教材！为了更好地服务教学，我们为授课教师提供本书的教学辅助资源，以及本学科重点教材信息。请您扫码获取。

>> 教辅获取

本书教辅资源，授课教师扫码获取

>> 样书赠送

会计学类重点教材，教师扫码获取样书

 清华大学出版社

E-mail: tupfuwu@163.com
电话：010-83470332 / 83470142
地址：北京市海淀区双清路学研大厦 B 座 509

网址：http://www.tup.com.cn/
传真：8610-83470107
邮编：100084